MINGSHI CHENGZHANG YANJIU CONGSHU

【名师成长研究丛书】

吕达 刘立峰 主编

杨远芳教化学

YANG YUANFANG JIAO HUAXUE

杨远芳 著

YSP

北京燕山出版社

图书在版编目(CIP)数据

杨远芳教化学 / 杨远芳著. -- 北京 : 北京燕山出版社，2019.3

ISBN 978-7-5402-5365-3

I. ①杨… II. ①杨… III. ①中学化学课－教学研究 IV. ①G633.82

中国版本图书馆CIP数据核字(2019)第048131号

杨远芳教化学

著　　者　杨远芳
责任编辑　贾　勇　王　迪
封面设计　刘珊珊
责任校对　岳　欣
出版发行　北京燕山出版社有限公司
地　　址　北京市丰台区东铁营苇子坑路138号
电　　话　010－65240430
邮　　编　10078

字　　数　280千字
印　　张　15
版　　次　2019年3月第1版
印　　次　2019年3月第1次印刷
定　　价　39.80元

目　录

第一部分　我的教育叙事

第二部分　我的教学主张

第三部分　我的课堂实践

第一部分　我的教育叙事

我的读书故事

遇见你是我的缘

我是一个爱读书的人吗？现在回答这个问题，我会毫不迟疑地说："是。"但是成为一个爱读书的人，仅仅是近十年的事。

我肯定骨子里是爱读书的。上大学时，我是每天晚饭后等在阅览室门口的抢座者之一，不是因为学习刻苦，而是第一个冲进去抢杂志。《当代》《译林》等中外小说的大厚本的杂志，是我的最爱。工作以后还连续订阅了多年《译林》。《简爱》《悲惨世界》《飘》《安娜卡里尼娜》等经典名著无疑丰富了我的精神世界。不知是因为结婚生子、还是工作太忙，没有了读小说的时间，教辅书成了仅有的书籍。

2009年4月参加天津市未来教育家奠基工程学习，工程办给每位学员发了二十多本必读书和选读书，要求写读后感、写博客。这批书籍包括教育经典、教育研究、教师教育、教育演讲录等。迫于任务我开始了读书，其中有些书理论性太强，我至今没有读完。但是，肖川、石中英、李吉林、李镇西、吴非、朱永新、叶澜、于漪、顾明远、李希贵等当代教育家进入了我的视线，我开始了"追随教育家的足迹"系列研究。我为自己的选择而庆幸，如果不是有这样的选题，我将无法获得这一段包含着惊叹、感动、愧疚、所见略同、相见恨晚的丰富的心路历程。

2012年5月，奠基工程历时三年结业了，但是，读书已成为我每天生活中不能割舍的部分。为了提升理论素养，我读了《教育——财富蕴藏其中》《第五项修炼》；为了完善自我、提升修养，我读经典：《论语》《道德经》《给教师的建议》；为了教育理想，我读教育随笔集《不跪着教书》《做最好的教师》

《教育的理想与信念》；为了思考当前教育热点问题，我读了《三适连环教育》《今天怎样做教师》《为了自由呼吸的教育》；为了申报“幸福教育”课题，我读了《幸福教育论》《学校特色论》《教师的幸福人生与专业成长》；为了研究“有效教学”策略，我读了《新课程有效课堂教学行动策略》《课堂密码》《高效课堂八讲》；为了成为教科研的行家，我读了《做研究型教师》等。

我因为需要而功利地读着，但我收获颇丰，心中充满喜悦。对教育的思考、工作的创新、幸福的生活、心灵的安顿，一切一切均来自读书学习。

读书，使我认识到高尚的师德修养和丰厚的文化底蕴是立身之本。“根植于内心的修养，无需提醒的自觉，以约束为前提的自由，为别人着想的善良”。如果说“知识改变命运”，那么，智慧则引领人生。健康的心智与思想的睿智比书本知识重要千百倍！教师要成为对生命充满敬畏，对生活充满热爱，对工作充满激情，对社会充满责任，对他人充满友爱的人。

推动书香校园

我在读书与教育教学、教科研、教师专业发展方面尝到了甜头，我想把“读书是这么好的事”告诉更多的老师。2011年我提出了创建“书香校园”的建议：为教师赠书，每年4月23日（世界读书日）举办“四十五中读书节”，每年评选“四十五中读书人物”，优秀读书随笔集结成册等。

推荐哪些书呢？我参考了《中国教育报》读书周刊“2011年影响教师的100本书”和我读过的好书，先后推荐提高教师素养方面的：《教师最需要什么》《影响教师一生的100个好习惯》《教师的20项修炼》《致青年教师》《教师的幸福资本》。介绍读书方法的：《如何阅读一本书》。转变教育观念的名著：《教学勇气：漫步教师心灵》《第56号教室的奇迹》《让生命超越平凡》《学生第一》。课堂教学改革的：《叩问课堂》《有效教学十讲》。青年教师一定需要育儿方面的书：《窗边的小豆豆》《好妈妈胜过好老师》。喜欢听讲座但没机会参加培训的教师可以看黑白封面、作者照片的教育讲演录系列：《教育是慢的艺术》《做一个幸福的教师》等。为教师解压和提高幸福感的：《为心灵解压》《幸福的方法》《幸福超越完美》等，两年来，老师们共读、共写，两本优秀的读书随笔集结成册《最是书香能致远》《但凭诗书长精神》，参加第四届、第五届“全国教师暑期阅读随笔大赛”，连续两年荣获中国教育报、中国教育新闻网、中国教师报颁发的“全国教师暑期阅读随笔大赛”组织奖。这个奖项的获得，是所有四十五中人共同努力的结果，更是对四十五中“书香校园”读书活动的最大肯定。

读书恰逢知天命

从功利地读到随性地读，读书笔记记了三本。在学校读工作需要的书，记在一个本上；在家读有兴趣的人文类书，记在另一个本上。晨读七点半到八点，下午四点半到五点半，是主要的读书时间，节假日更是愉快的读书时光。

这一年感到读书的好，应该是到了知天命之年恰好读了几本感悟人生的书，与这类书相遇是一种缘分，就是在适当的时间遇到了生命中的有缘人，有了对人生前所未有的感悟。读过《把心安顿好》《永远的史铁生》《季羡林谈佛》《人生不过如此》等，体会最深的是"修心"比"健身"更重要。现在大家对饮食、营养、保健、运动等健康问题非常关注，其实，读书"修心"，才是永葆健康的大智慧。

人到了不惑之年应该懂得自省，到了知天命之年时应该懂得倾听内心。自省和倾听后需要调整自己，做到统筹兼顾，平衡发展，让自己的欲望与个人的能力相平衡，这就是佛家提倡的知足。知足就是欲望与能力的均衡。把自己的修养提升上来，将欲望降下去，进取与知足看似矛盾，实则是统一的，关键是如何达到一种平衡。幸福感就是一种平衡。

一个负责学校教科研的副校长，可能在很多人眼里，都有表面的"科研为先导"的重要性和实际的"形同虚设"的尴尬。几年来，我是在读书中保持内心的平衡和收获专业发展和职业幸福的。为申报"幸福教育实践研究"特色高中校和"十二五"课题，我读了有关幸福教育的大量书籍，使自己对教师职业的社会责任感有了新的认识，对今天的教育表现出的功利主义取向，对生命的漠视、人文教育的缺失有了新的思考。读书使一个特级教师有了新的追求，树立了崇高的教育理想，从最初的"虽不能至，然心向往之"，到"为之坚守，以心游万仞的心态"去调整自己，保持动态中的平衡。我们最需要花费的心思也就在于这样的教育自觉上，目光向内才可能知道自己的责任，才可能知道一切变革因为"我们"的参与而变得更有可能。

应试体制迫使教师和学生就范，但不可能把个人的相对自由完全扼杀掉，同样体制下，是积极的贯彻，还是认清并力争减轻其弊端，不同的态度会导致不同的结果。这需要教师和家长站得足够高，对教育理念有正确的理解，用最有效的方法对付应试，另一方面最大限度地拓展素质教育的空间，在数字（分数）上与素质上寻求平衡，取得双赢。幸福教育的特色建设和"幸福校本课"

的创新开发，成功迈出了有重要意义的一步。

读书使自己体验了生命的快乐和精神的快乐。健身，关爱家人、学生、朋友，享受自己的爱好乐趣，忙碌中保持心的从容。有了内心的安静、勇敢，在外在的气度上才能表现为处变不惊。“天地有长风，生命自浩荡。”我最大的爱好是旅游，亲山临水，也是养心，“行万里路”，胸襟和眼界自会不同。

阅读经典，向自己的内心寻找快乐，它滋养心灵、提升素质、温暖生命，它是幸福的智慧之源。

读书带给我的最大收获就是“美的培育”，不仅避免了我在过于平淡的教育生活中成为一个枯燥的人，还让我在充满希望的将来和当下的时时处处发现生活的情趣，更在于“美的培育”是一个树立责任与信念的过程、给我以勇气和智慧的过程。书籍给我的不是知识，而是美感，我是怀着美的感受去收获“知识”的。读书引发愉悦、启动希望、丰富生活，她使我的心变得宽广、平和、坚实、深刻、超然，书像一盏灯，照耀着生活的道路。

书籍——我的生命伴侣，遇见你是我的缘。

读《论语》，让孔子与斯密对话

读《论语》，读得吃力，随手拿起《道德情操论》，越读越有意思。我突发奇想，何不让孔老夫子与亚当·斯密来一个超时空对话。

子曰：“巧言令色，鲜矣仁！　”

斯密：审慎的人总是严肃认真地研究学习，想要了解他声称他所了解的东西，而不单是为了说服他人他了解它。他既不会企图像一个狡猾的骗子那样使用奸计欺骗你，也不会企图像一个假装博学的人那样摆出一副傲慢的架子欺骗你，更不会像一个浅薄无耻自命不凡的人那样信口开河地欺骗你，他甚至不会夸示他真正拥有的那些本领。他的言谈既简单又谦虚，他厌恶所有夸大吹嘘的伎俩，尽管他知道，其他人经常使用这种伎俩，强迫推销他们自己，以夺取公众的注意和名声。

子曰：“古者言之不出，耻躬之不逮也。”

斯密：审慎的人始终是诚实的，他一想到虚伪被看穿时，必然会使他自己为人所不齿，便感到极端厌恶。他未必认为自己有义务，在没被适当询问要求时，说出全部真话。正如他在行动上小心翼翼，所以他在言语上也含蓄保留；他绝不会贸然或没有必要地发表他对任何人、事、物的看法。

子曰：“君子欲讷于言而敏于行。”

……

子曰："君子耻其言而过于行。"

……

子曰："先行其言而后从之。"

……

子曰："不在其位，不谋其政。"

斯密：审慎的人不愿意承受任何不是他的本分要求他承受的责任。他不会汲汲于与他无关的事务；他不是一个好管他人闲事的人；他不会自命为顾问和参议，说一些没人要求的意见。在尽其本分所容许的范围内，他只过问他自己的事情，他对许多人希望得到的那种愚蠢的满足感，即希望从看起来对他人怎样处理自己事务有些许影响力，而似乎得到的那种自以为重要的满足感，完全不感兴趣。

读书，做一个有思想的教师

我读《三适连环教育》

我正在读一本好书，推荐给大家。

“三适”即适性、适量、适时。

“三适连环教育”理论是何福田教授创立的，该理论融中国经典教育理论“有教无类”、“因材施教”和西方“多元智力理论”于一体，“适性适时适量”地进行教育，努力提高教育实效。

何教授有两句简单的话“天才不教变平庸”、“愚痴学对成大师”，精辟地概括出适性教育的重要性。书的语言虽言简意赅，但都是多年处心积虑，刻苦研究的成果，也为我们一线教师指明了教育的方向。

第五章尤其好，题目是“三适连环教育与三不得”，适性教育与“丢不得”，适量教育与“比不得”，适时教育与“急不得”。“丢不得”，即教育不能丢弃任何一个学生；“比不得”，即教育不该实施没有意义的比较；“急不得”，即教育不能操之过急。

三适连环教育理论就是适性教育、适量教育、适时教育三者有机统一的连环式教育的一种教育模式。

何教授所谓的三适教育与孔子的“因材施教”完全是同一内涵，所因之材，当然不是智育成绩，一个称职的教师在施教时，必须注意因材施教所具有的下列三个教育意义。

适性教育：每个学生因为遗传与环境的交互影响，在其身心特征上，显现出不同的材质，也就是现代教育与心理学家都同意的“个别差异”理论，施教者在教学时，第一个要注意观察到的，便是学生的本质是什么？能够判别学生的材质，是有效教学的第一个关键，然后再依据不同的材质者，施以不同的教育方式，使其原来就有的性向作最佳的发挥。学校教育，由于学生数多，老师常没做好适性教育，统一的教学方式下，虽然成就了某些学生，但有更多的学生遭到错误的教学之害，因此老师常是功不抵过的。

适量教育：也就是适合个别能量的教育。父母不会一视同仁，强迫儿童吃食等量的饭菜，扛等重的物品。但在“多多益善”的刻板印象下，几乎不会有父母和教师去注意学生学习还会有“适量”、“不适量”的问题。

学习量给的太少则效果不好，真要说来，过之害大于不及。学习的量不足，只是少学一些，量太过则会产生因厌而弃，拒绝学习的后果。何教授向大家介绍了他的教育妙招——“七分饱的妙用”。

适时教育：是适合学习时机的教育。过晚与抢早都是问题。学生的成熟度是必须要考虑的问题，太早学习常造成揠苗助长的后果，常可听到“不要输在起跑点上”这句话，慎始的重要性古有明训，问题是，赢在起点是否就是慎始或不失误？或者就能赢在终点？

适性教育、适量教育与适时教育三者合一才是因材施教的真义。三适连环，威力无穷，适合的才是最好的。

生命在教育中的失落与反思——读《生命与教育》有感

2011年6月我参加了在北师大召开的“基础教育未来发展的新特征研究”专题研讨会。在开幕式上，中国教育学会顾明远会长的致辞给我留下了深刻印象，他说：最近自己心情不好，目前社会、学校“反教育”的行为令人忧心忡忡，例如：某校园的大幅标语写着“争一分，多一分，一分决定终生”；“生时何必久睡，死后必然长眠”等“激励”高三学生拼搏的口号。他还说，一些学校存在着不尊重学生人格、歧视“差生”、用分数打击学生的情况，使生命在教育中失落。

今天的教育表现出功利主义的取向，使人不再关注自身，而是关注社会的需要，因此，教育不是成“人”的教育，而是成“材”、成“器”的教育。从根本上偏离了教育本真的意义，成为一种在工具理性操作下的功利主义教育。只教人掌握“何以为生”的本领，放弃了引导受教育者对“为何而生”的思考。不断发生的中小学生对生命的自残和对他人生命、对自然界生命的漠视，本质上就是独尊技术知识教育、缺乏人文教育的恶果。

最近读冯建军的《生命与教育》一书，让我对基础教育有了认真的思考。对基础教育的“基础性”的理解，长期以来局限于学制化。把它理解为整个教育事业的基础，把小学作为进入中学的基础，中学作为考取大学的基础。日益激烈的“应试教育”竞争，已经从中学、小学蔓延到幼儿园阶段，展开起跑线上的竞争，家长和孩子在各种“兴趣班”之间疲于奔命，使多少孩子失去了童年的欢乐和自由，游戏的时间没有了，甚至连充足的睡眠时间也被无情地挤掉了。“应试教育”成为重智育、轻体育、轻思想品德、轻情感意志的培养，造成学生身体素质下降、创造力贫乏、人格不健全等，破坏了生命的和谐和平衡。全国少工委和中国青少年研究者中心调查报告，有近14%的小学生和22%的中学生感到“学习已成为一种沉重的负担，希望自己能快点离开学校”。产生对学习的厌恶和逃避，除了学业负担过重，还表现在考试繁多，学生因担心成绩不好，受到老师和家长的批评，经常处于焦虑之中。有48.6%的小学生认为“考试成绩不好是最可怕的事情”。

基础教育不是升学教育的基础，而是素质教育的基础。这个“基础性”的新定位，应该把每个学生的潜能开发、健康个性的发展、自我教育、终身学习的愿望和能力的初步形成作为重要任务，它更重视赋予学生学习的兴趣和乐趣、学会学习的能力以及对知识的好奇心，为每个受教育者奠定生存基础、做人的基础、做事的基础和终身学习的基础，即为他们奠定终身发展的基础。

教育离不开内容，人们对知识观的认识，不仅决定着教什么，而且决定着怎么教。如何使“课堂焕发生命活力”，首先要进行知识观的转型。结合我校“幸福教育”的办学特色，我校在新校本课程的开发方面关注了人文教育的内容。

2011年10月，“四十五中幸福课”开课了。我校高一、初一、初二、内高的全体学生以极大的热情，通过自己选课，参加到29个校本课程的学习中。“幸福课”遵循学校的教育理念和核心价值追求，将课程分三大类：中华传统文化课程、幸福教育课程、生命教育课程；六个主题为：健康生活奠基幸福、和谐身心提升幸福、文化探源体会幸福、开阔视野感悟幸福、关爱生命拥有幸福、艺体陶情分享幸福。具体课程有：营养与健康、饮食趣味、积极心理学、感恩与幸福、品茗闻香、翰墨飘香、茶文化、灯谜、典故与中国文化、美文背后的故事、旗袍、诸子百家、生肖文化、节日文化、品茗心境、词海掠影、品味中庸、植物的种类、文化与自然遗产、灾害自救、关于生命、急救基本知识、生命瞬间、紧急避险、中医精华、水墨芬芳、篆刻艺术、古月琴音动画影片欣赏、手工编织等。

中华传统文化是向“内”寻找幸福的文化，它对人类文明特别是亚洲文明做出了杰出贡献，在当今世界影响力日益增强，具有独特的人文价值，它滋养心灵、提升素质、温暖生命，它是幸福的智慧之源。每个民族都在积极保护和发展自己的文化，因为那是民族的“根”。文化发展的关键是重视文化教育，培养文化人才。学校是文化教育的重要基地，只有将中华传统文化理念、艺术欣赏融入日常教育，让每个学生从小就能感受文化、欣赏文化，这样才能使整个社会的文化氛围真正浓郁起来，才会为文化的可持续发展提供不竭动力。一位教师在幸福45中博客的留言中说：“幸福课程师生共同受益，在没有指标和压力的课程中享受艺术之旅，学生自己选课，因此参与度极高。学生的水墨画作品已放在我的博客中。”

我校在校本课中重视了生命教育的内容。教育，首先应该为生命而存在。珍惜生命，健康生活，成就幸福人生，应该是生命教育的核心。所以，学校应该教会学生，如何面对各种灾害，学会自救与帮助别人。在校本课中，我们有针对性地让学生了解火灾、地震等灾害的特点及应对措施，对于烫伤、运动受伤、溺水、心脏病发作等常见问题，介绍正确的应知应会的基本知识。生命是宝贵的，学校教育如果只是为了考试而存在、为分数而存在，忽略了生命教育，将是非常失职的。

在幸福教育课程中，培养学生正确的幸福观，积极的生活态度，感恩、关爱他人的善良心灵，帮助学生树立远大理想、人生目标，这些都可以在以幸福为指向的课程实施中得到实现，幸福的人生也得到奠基。校本课程在促进学生人格的完善、素质的提高、潜能的开发、培养创新精神和实践能力、全面而有个性的发展过程中发挥了重要作用。

让教学充满智慧——读《思维教学的深化研究》

《思维教学的深化研究》一书作者杨玉东是天津市未来教育家奠基工程的首批学员。暑假前我收到了杨老师寄来的他新出版的书，我仅用了两天的时间，就通读了一遍，然后假期又精读了一遍，感觉他的研究对课堂教学的改革有很大的指导作用，也引发了我对当前教育改革问题的深入思考。

目前，中小学教育在很大程度上是“知识本位”的教育，课程的主体是知识，教师主要讲的是知识，训练的重点是知识，考试的核心是知识，评价针对的还是知识。学生被淹没在知识的海洋中，思维被挤压了、冲淡了、吞噬了、赶走了。教师为知识而教、学生为知识而学，师生为考试和分数而奋斗，学生成了分数的奴仆。结果，知识学多了，分数攀升了，思维却似乎并没有质的变化，学生的学习品质没有得到应有的提高。其实，教学虽然负载了基础知识和基本技能训练的任务，但教学的根本目的并不在于所谓的“双基”训练，而在于学生在“使用”知识、“欣赏”知识以及与知识“打交道”的过程中发展学生的思维能力，启迪智慧。总之，教会学生思维应当成为教育普遍的、终极的目标，要让每一位学生都能自己发现问题、思考问题、解决问题，这正是教育的崇高使命。

我在教学中一方面要保证分数在年级领先，同时有强烈的研究实践意识，明确课堂教学改革的重要性，尝试优化教学方法，但经常处于完不成教学任务，担心分数下降；同时引导学生主动参与的课堂效果也不理想的两难境地。《思维教学的深化研究》一书使我坚定了教育的理想和信念，帮我打开了思路，提供了可以操作的方法。

思维教学的显著特点是以问题为纽带的教学，强调学生的参与性，关注思维的过程，注重思维的差异性，以质疑与创新为亮点。这种以问题为纽带的思维教学，不仅局限在教师提问学生，还可以学生提问教师、学生提问学生。学生主动地参与学习，积极地感知、思考、想象、愉快地体验，自觉地行动，从而把蕴含于知识中的社会观念、价值、道德规范转化为个体的品质。思维教学要求教师展示思维的过程，因为学生的思维也是从模仿开始的，教师从讲经验发展到着重讲方法、讲规律。不同学生个体具有不同的思维方式，有的倾向于借助形象思维分析问题，有的倾向于进行抽象的逻辑思维，要准确发现，扬长避短，完善其思维结构。思维教学要培养学生创造性思维，鼓励学生不断地提出问题，进行质疑、批判。

要实现从知识习得到思维教学的转变，关键是教师的思维方式的转换——从习惯性思维走向反思性思维。反思性教学围绕着“我如果采用某种教学策略，学生的思维将得到更好的发展”这个主题。有些人质疑中小学教师做科学研究的能力，“人人有课题”一度也为功利。其实，教师如果不想成为教书匠，年复一年地重复自己，就做独立的反思性教学者和反思性思维者吧。最好的思维可能只是教师持续地处于反思中的思维，最好的教学可能只是教师不断地挑战自我的教学。

苏格拉底说过：“没有一种方式，比师生间的对话更能够提高沟通能力，更能启发思维技巧的。”思维起源于质疑，思维是一个不断提问、不断解答、不断追问、不断明朗的过程。课堂教学要由传统的讲授式教学向“对话式教学”转换。外部的提问能够成为思维的激发点。为思维而教的教学方式必须打破传统的“教师独白”而走向教师与学生“对话”。

叶澜教授在《重建课堂教学过程观》一文中指出：“要把教学过程看成是

师生为实现教学任务和目的，围绕教学内容，共同参与，通过对话、沟通和合作活动，产生交互影响，以动态生成的方式推进教学活动的过程。”新课程提倡自主学习、合作学习等学习方式，来提升课堂教学的实效性。我先后尝试了多种教学方法，在“对话式教学”实践中，我体会到“对话式教学”更有利于转变传统的教师“独白式教学”方法，更能够启发学生思维，为学生主动参与教学提供了机会。尝试“先学后导——问题评价”教学模式，实验了以教师为主导，学生的自主、合作学习为主体，师生共同合作完成教学任务的教学模式。还尝试了学生小组合作、大组合作、接龙、抢答，互动完成章复习课、会考复习课，不仅使所学的知识综合归纳整合，提高了复习课的效率，同时灵活多变的方式，使课堂气氛热烈高涨，化学课成了学生主动参与的课。

《思维教学的深化研究》一书中还谈到，中小学教育“转识成智”的首要途径就是让学生回归心灵的圣洁，回归喜悦的宁静，回归生命的灵动与本能，在感悟中获得解决问题的智慧。打开心灵的智慧之窗，激发生命的内在潜能，唤醒生命的智慧的方法是要热爱、要单纯、要专注。充满爱心的人，会由爱心生耐心、情感、意志。爱心连接热情，热情产生灵感，灵感激发智慧。激发人性之“爱”，是教育之根、教育之本。“单纯”指简单纯净，属于生命本身的属性，与智慧紧密连接。现实社会让人们留住的单纯越来越少了。专注是将身心力量凝聚到目标上，激发人生智慧。教师应通过自我管理与训练，让专注成为灵魂深处的一种精神、一种信念、一种能力、一种智慧。同时，要指导学生在不断探索世界、扩大眼界、博览群书、广泛涉猎的同时，让自己专注起来、执着起来、一心一意读书、一心一意学习。

学生发展核心素养与教师专业发展　——读《帕夫雷什中学》

党的十八大提出把“立德树人”作为教育工作的根本任务,从国家层面更加深入系统地考虑“教育要立什么德、树什么人”或者说“教育要培养什么样的人”这一根本问题。以“培养全面发展的人”为价值取向建构理论与框架，为此提出我国学生发展核心素养。学生发展核心素养把“立德树人”这样一个总的要求变得更加具体、更加可操作。基于此背景，在教师的职业生涯规划中就应该基于核心素养让自己的专业发展更科学、更系统、更合理，并更好地培养学生的核心素养。

以学生核心素养推动教育和课程改革已成为当前国际焦点。分析关于核心素养研究的时代背景，归纳核心素养研究的思路与方法的国际经验,并比较国际组织、世界主要国家和地区核心素养的指标体系与具体内容，提出我国学生发展核心素养的内涵和关键指标。

核心素养是学生在接受教育过程中，逐步形成的适应个人终身发展和社会发展需要的必备品格和关键能力。核心素养包括三大领域、六项指标，即文化修养、自我发展、社会参与三大领域,人文底蕴、科学精神、学会学习、健康生活、责任担当、实践创新六项指标。

教师专业发展指教师在整个职业生涯中，通过专业训练、获得教育理论知识和专业技能，能够专业自主，逐步提高自身的职业道德和执教素质，成为一个教育专业工作者的发展过程。主要是指教师的专业知识、专业技能、专业道德和专业情感四个方面的综合发展。教师核心素养，包括热爱教育事业、精深的专业知识、开阔的人文视野及教育理论功底。

基于学生发展核心素养的教师专业发展，要求教师也要不断提升文化修养、开阔人文视野、坚持科学精神，具备终身学习、自我超越、自我实现和“立德树人”的责任担当、实践创新能力。

学生发展核心素养是当前推进教育改革的重要内容。深化基于核心素养的教育改革主要体现在课程标准改革、课程实施、教师培训、考试评价等方面。其中，促进教师理解核心素养是关键，提高教师教育教学能力(即教师核心素养)，要加强基于核心素养的教师培训，理清核心素养与各学科素养的关系；改进基于核心素养的课程实施，改善教师教学方式，促进教师的专业发展。

最近读了苏霍姆林斯基著的《帕夫雷什中学》一书，书中苏霍姆林斯基提出：“学校教育的理想是培养全面发展、和谐发展的人，社会进步的积极参与者。”而要实现全面发展，就要使智育、体育、德育、劳动教育和审美教育深入地相互渗透和相互交织，使这几方面的教育呈现为统一的完整过程。和谐全面发展的核心是高尚的道德。他提出：学校要有“丰富而多方面的精神生活”，以致每个人在德、智、体、美、劳诸方面的需求和兴趣都得以形成、发展和满足，并使每个人都能找到展示、表现、确立自己力量和创造才能的场所。

苏霍姆林斯基在《帕夫雷什中学》一书中介绍了教师集体的教育信念。一个好教师意味着什么？苏霍姆林斯基概括地说，热爱孩子，尽可能深入了解每个孩子的精神世界；精通所教学科，用以引起学生对学科学习的兴趣；精通心理学和教育学，懂得教育科学的知识和方法；一个好教师还要有某项技能或爱好专长，如园艺、木工等，能指导一个、两个课外活动小组。“教师，这是学生智力生活中第一盏，继而也是主要的一盏指路灯，是他在激发学生的求知欲，教会他们尊重科学、文化和教育”。“教师要成为学生精神生活的指导者、教育者和鼓舞者。”

苏霍姆林斯认为教师集体的财富之源，首先在于教师的个人阅读。苏霍姆林斯基对教师的要求是“必须是读书爱好者”。他对自己的要求是“切勿忘记关注教师读些什么书，他怎样对待书籍和科学”。他把读书作为衡量教师发展的标准，他说：“只有当读书成为教师的一种很重要的精神需求，只有当他不仅有书而且也有读书的时间的情况下，他才有可能借鉴别人的经验。阅读和交流科学、技术、艺术、社会精神生活的书籍对全面发展和不断加深教师的知识具有特别重要的意义。教师的知识越多，他的学生掌握基础知识就越容易，他在学生和家长中的威信和信誉就越高，孩子们就越把他当作知识之源而被他们吸引。”知识、学识、眼界，都是教师享有高度威信的基础，这样的教师善于激起学生对科学、对知识的惊异之感，点燃学生智力生活的心灵火花。

苏霍姆林斯认为教师丰富多彩的智力生活，是学生全面发展的重要条件。教师集体要有多样化的兴趣、广阔的眼界、顽强的钻研精神、对科学新事物的敏感性和在学识上的不断提高。否则他的学生将蒙受呆读死记之苦，从而趋于愚钝。

苏霍姆林斯基还有一个重要的教育信念，就是确信学科爱好对促进全面发展的巨大作用。他认为，掌握所有学科的基础知识与发展一门知识上的特殊兴趣相结合——这是人的全面发展的重要条件。他还指出，每个学生在获取各门学科知识的同时要找到自己最喜欢的学科，并在这门学科上达到远远超出教学大纲的要求——这是个性全面发展的规律之一，而且是丰富多彩、充满兴趣、精神生活的需要。他认为，教师的重要任务在于，帮助每一个学生在青少年时期有意识地找到适宜自己的志向。若他个人兴趣与社会需要相结合，职业适合他的天赋和志向，就会使他的个性得到充分发挥，深入到喜爱的工作中，他的能力和天资就会得到更好的发展，他的生活也会更加幸福。教师要在人文知识和审美的“宽阔背景”下逐步设定活动内容及范围，而绝不意味着在学校里就预先决定专业的选择。

帕夫雷什中学的教师们把研究教育问题作为学校生活中的重要内容。在每周的校务会上都有一个有关教育与个性全面发展方面的某一问题的理论报告。报告由校长、主任和最有经验的教师准备。每篇报告都建立在集体教育工作的生动事实的基础上，目的在于改进工作。报告后，通常都要展开热烈的讨论。不论是报告中，还是讨论中，他们注意的中心总是孩子的精神世界。

帕夫雷什中学的教师集体得出一个个结论：“才能是在活动中得到发展

的。”“真正的学习，就是儿童个人的创造性活动。只有当学习过程中的脑力劳动触及了学生的情感，只有当真理的获得使他感到是他个人努力的结果时，学生才会感到自己是一个能进行创造的人”。“每个教师还要把会学习这个工具交到孩子手里，这个工具包括五把“刀具”，即五种技能：1读、2写、3思考、4观察周围世界的现象、5用语言表达所见、所做、所想及所观察到的事物。“教育任务就是让劳动渗透到我们所教育的人的精神生活中去，渗透到集体生活中去，使得对劳动的热爱在少年时期和青年早期就成为他的重要兴趣之一。”“大自然的教育观。大自然是美育的源泉，是德育的起步内容和有效途径，自然现象是综合训练观察、思考语言表达能力的极好手段。”

教育集体力量最重要。“全体教师团结一致，是教育教学工作的保证。”“学生有充足的课余活动时间，学校建立了为数众多、足以满足每个学生精神生活需要的课外活动小组，引导学生突出一项爱好：最喜爱的课外读物、最喜爱的学科、最喜爱的劳动项目等。”

做富有人文情怀的教师

拿什么奉献给你——我亲爱的高三学生

今天是高三学生在校的最后一天，我的化学课是最后一节课。走进教室，环视同学们，他们正各自忙着。我用商量的口气问学生：我想用三分钟的时间和大家共同欣赏钢琴协奏曲《黄河》的第一乐章《黄河船夫曲》，大家是否有兴趣。同学们欣然接受。因为在三周前，有学生状态不佳时，我曾经建议他听过。有两个同学主动帮助接好电脑、打开投影。我做了简短的介绍，并担任了朗诵和解说。

（朗诵词：
朋友！
你到过黄河吗？
你渡过黄河吗？
你还记得河上的船夫
拼着性命
和惊涛骇浪搏战的情景吗？
如果你已经忘掉的话，
那么你听吧！）

（大屏幕上出现了黄河奔腾汹涌的画面，震撼心灵的音乐声响彻教室。）

咳哟！划哟……
乌云啊，遮满天！
波涛啊，高如山！
冷风啊，扑上脸！

浪花啊,打进船!
咳哟!划哟……

哈哈哈哈……

我们看见了河岸，（解说：抒情优美的慢板，给你平静的心境，美丽的画卷已为你展开，你感受到了吗?）

我们登上了河岸,
心啊安一安,
气啊喘一喘。
回头来,
再和那黄河怒涛
决一死战!决一死战!
决一死战!
决一死战!

（解说：这是最后的拼搏，我们无比振奋，我们充满信心，我们势不可挡!）

咳!划哟……

三分二十四秒后音乐停了。学生们脸上的表情和眼睛告诉我，他们读懂了音乐的语言和我想要说的话，有个学生竟然掏出手机为我拍照。

这节课是为体现《教育的使命与责任》的生命教育理念，践行李吉林老师的如诗如画的情景教育而设计的。

生命教育作为教育的价值追求，不仅要对学生的升学考试负责，更要对学生一生的生命质量负责，要为学生的幸福人生奠基。生命教育关注学生当下的生命状态，努力创造生命化的校园，生命化的课堂。让课堂充满生命的气息，让生命的活力充分涌流，让智慧之花尽情绽放，是生命教育视域中教学的自觉追求。

“有效教学”，对教师来说，意味着精神享受，意味着尊严的获得与提升，意味着生命价值的实现。而对学生来说，意味着智力的愉悦、情感的陶冶、心灵的净化和道德的升华。

其实，我在三年前的高三毕业生中曾做过同样的实验，回校看望老师的学生送给我的教师节礼物是钢琴协奏曲《黄河》的CD。但今天有生命教育的理论支撑，我对这次体验充满期待。今天，三分二十四秒，我和我的学生的生命境界再一次得到提升。

听《窦娥冤》一课

上星期推门听了一节高一语文复习课，复习的戏剧单元中有《窦娥冤》一课，老师让学生齐读第三折全剧矛盾冲突的高潮部分，《滚绣球》一曲：

"有日月朝暮悬，有鬼神掌著生死权。天地也，只合把清浊分辨，可怎生糊突了盗跖、颜渊。为善的受贫穷更命短，造恶的享富贵又寿延。天地也，做得个怕硬欺软，却原来也这般顺水推船。地也，你不分好歹何为地？天也，你错勘贤愚枉做天！哎，只落得两泪涟涟。"

我不是语文学科教师，但是我被关汉卿这段指斥天地高亢激越，冤气冲天的文字强烈地感染了。听着学生毫无激情地像念经一样地读着这段文字，哪里有"感天动地"的控诉，哪里会招致"六月飞雪"、"亢旱三年"。我推断语文老师一定会指出不足并示范，或亲自领读，或找一个学生领读。但出乎我的意料，老师没说什么，只是让学生又齐读了一遍，然后老师说："这一遍读得熟多了。"　……

这是一次多好的感受语言之美、悲怆情感之深的契机啊！这又是一次多好的情感态度的教育契机啊！为什么就放过了呢？表面上窦娥猛烈地指责天地鬼神不分清浊，混淆是非，致使恶人横行，良善衔冤，对神权的大胆谴责，实质上是对封建统治的强烈控诉和根本否定。她那似岩浆迸射如山洪决堤般的愤激之词，反映了广大人民的觉醒意识和反抗精神。关汉卿揭露了元代吏治的腐败残酷，反映了当时的社会黑暗，歌颂了窦娥的善良心灵和反抗精神。

课后反思读石中英教授《知识转型与教育改革》一书，现代学校在满足社会和个体的世俗性物质需要的同时，越来越忽视整个社会及其个体的德行教化、情感陶冶与性格训练，越来越忽视青少年一代正确的人生观、世界观和幸福观的培养。可以说，现代教育的许多问题都与这种人文知识、人文精神的缺失有关。当前的基础教育过分强调升学的需要，人为地重教书、轻育人。中学生情感冷漠，缺乏对他人的关心、关爱，缺少精神寄托，没有健康的情趣和爱好，厌学成普遍现象等等。毫无疑问，这些是教育改革必须要重点解决的问题。

石中英教授在《知识转型与教育改革》一书中谈到，从教育思想史看，现代教育的目的是——促进学生个体的和国家的发展。这个发展究竟是什么意义上的“发展”？又要以牺牲哪些有价值的的东西为“代价”？这种教育所追求的发展目标对于“个体的生命”和“文化的生命”究竟意味着什么？对于整个“人类的生命”又意味着什么？从后现代知识的性质来看，后现代教育目的应该着重于追求的“发展”理想之一是：在个人发展方面，着重于追求以知识的鉴赏力、判断力与批判力为标志的“内在发展”，而非以追求知识的记忆、掌握、理解与应用为标志的“外在发展”。

今天的课堂教学改革，尤其是在实现情感态度价值观的教学目标方面，我们需要不懈追求！

为中学生打开音乐之门

如果不是亲身经历，真无法想象演出是如此成功。2009年4月10日由易绢子执棒的天津交响乐团来到四十五中学，为师生奉献了一场“蓝色多瑙河——世界名曲交响音乐会”。

我为音乐的魅力所折服，也为四十五中的学生而自豪。之前的担心真是多余了。学生列队单排进出体育馆，几乎没有什么声音，不管是坐在看台上，还是席地坐在篮球馆场地中间，都是那样整齐有序，这样的面貌只有在军训基地看到过，但脸上的表情是不同的，一种是强制命令下的表情，一种是向往期待的表情。

我们的音乐家带来的不仅是经典名曲，还有他们的高尚艺德，为了这场下午三点钟的义演，他们中午一点之前就到了学校，特别是易绢子老师的带病指挥更是感人。

我们的学生既是文明的观众，又是音乐素养极高的欣赏者，他们或认真地倾听现场讲解，或安静地欣赏乐曲，或适时地热烈鼓掌，以及合着音乐节奏的互动，使演出气氛不断掀起高潮。最后一个是学生活动环节，推选一名学生指挥“拉德斯基进行曲”，由于没有事先准备，一个高一男同学被选中，他也并不推辞。看得出他对这段曲子非常熟悉，但没有一点指挥经验，大家为勇敢和充满自信的他报以热烈的掌声，这次经历一定使他终身难忘。

教育的责任，不仅是要对学生的升学考试负责，更需要对学生的终身发展和幸福人生奠基。要使学生形成阳光的心态和健康的人格，要提高学生的自尊和自信，使学生内心变得越来越充实和富有力量。人的精神世界的形成是通过某些实际体验来实现的。赞科夫在《与教师的谈话》中说：“人的亲密感情、兴趣、动机的形成，又是一种方式，不同于掌握某种知识、规律和技巧。譬如，可以对学生讲解某个算术规则或语法规则，让他们做相应的例题和习题，结果他们会掌握这个规则。但是，假定以善良和同情为题进行谈话，然后布置相应的作业，指望用这种方法培养出善良和有同情心的人，那是不可能的。用这样的方法最容易培养伪君子和伪善的人。”由于脱离了丰富多彩的生活，不可能培养出真正的生活者，而生活与生活世界正是道德教育赖以发生的真实背景。

道德教育必须关照学生的生活世界，反对和摒弃那种高高在上的道德训诫，那种从教条主义出发，脱离学生的真实需要的教育无异于带着枷锁跳舞。

“在学校教育中，培养学生敏感的心灵、丰富的体验、细腻的感受，是完整人的教育所需要的。让学生有更多的活动、更多的参与、更多的平等与对话、更多的美感陶冶、更多的与自然界交融、更多地感受到被人欣赏、被人关爱的温暖与幸福，这就是道德教育的现实途径。”（肖川《教育的使命与责任》）

艺术与人生相伴，它是人生哲理的形象表达，是生活的审美表现，蕴含着人对真善美的诚挚追求。为中学生打开音乐之门吧，进入神圣的音乐殿堂，让音乐的雨露甘霖滋润干枯的心田，给他们以悦心明智的启迪，引领他们去追寻真实的生命状态，感受艺术的魅力，净化心灵、升华境界，他们真的需要。

为中学生打开音乐之门吧，我们全社会和教师都可以为此做出努力！

感恩之心

“为什么我的眼中常含泪水？因为我对这土地爱得深沉……”这是艾青的诗句。我读着吴非的教育随笔《不跪着教书》，这种感动也围绕着我。“永不凋谢的玫瑰”、“感恩之心”、“老师，我的神”几次让我的视线模糊，让我想起我学生的故事。

我喜欢有感恩之心的孩子。

十月份，一个2002届的学生媛媛到我家来看我，她在医学院本硕连读7年，最近刚找好工作，来向我汇报了。媛媛高三毕业时给我的留言我还清楚地记得，她说：“我知道我不是您最好的学生，但我知道您是我最好的老师。”她每年教师节都到学校来。这次来她说起自己找工作的思想斗争过程，掩饰不住的兴奋，根本没有我插话的空隙，自己说完后，起身就要走，说：“太晚了不打扰您休息了。”这个医学院的高才生，在选择去高薪的肿瘤医院，还是留在实习的总医院，确实犹豫再三，但最后的选择是总医院，这令她引以自豪，所以她这次来是让老师为她骄傲，为她祝福。

上星期有一个不大爱说话的女同学，下课问了个问题，然后她说："老师，您办公室的门把手松了，应该找人修一修了。"我说，"你说得对，我也发现了，谢谢你！"她没有马上走开，我们的眼光依然对视着，彼此心中充满了快乐、感激，这冬日里的温暖至今让我难以忘怀。

对一个教师来说，最大的安慰，就是我们培养出了人，有感恩之心的人，只要能经常地发现这样的孩子，就会觉得既幸福又平常。

奥斯曼哭了

今天听了内高班的英语课，W老师是新毕业的大学生，和新疆学生一样是新学期刚来到学校的。老师首先点名表扬了单词默写90分以上的十几个学生，并且给本周三次默写都在90分以上的6位学生发了奖品（塑料文件袋），全体同学以热烈的掌声祝贺每一个受表扬的和获得奖品的同学，教室里的掌声接连不断。接下来老师说，"只有一名同学默写成绩在70分，想知道是谁吗？"有几个同学小声说，"想知道"。我有些担心的事出现了，老师脱口说出了："就是奥斯曼，相信他下次会提高。"我就坐在离奥斯曼不远处，听到他说："不太可能的。"

老师开始讲课了，同学们积极思考，抢着回答老师的问题，还有同学善于提出问题，课堂气氛别提有多好了。但是奥斯曼一直低着头，老师让看屏幕或是看书他都没有动作，连他的同桌也受到影响，一声不响也不回答问题了。老师显然是观察到了，提问了奥斯曼一个问题，并说："别难过，今后努力就行。"站在位子上的小伙子，此时再也抑制不住难过的心情，哭了，并对老师说了句"对不起"，径直走出了教室。老师派一个同学跟出去，几分钟后那个同学说，"他很难过，先不进来了"。

后半节课，奥斯曼都没有进来，直到下课了他才回到教室。

作为班长的奥斯曼，热心为同学服务，工作积极、能力很强。多才多艺的他，前几天古尔邦节他和同学表演的情景剧和独唱，都给我留下深刻印象。他对自己要求很高，自尊心较强。他学习是非常努力的，但各科成绩不太理想。英语课受到点名，使他的内心受到伤害，加上由于成绩不理想，刚刚被撤掉了物理课代表，对他也是个打击。

教师要认识到学生的基础知识和学习能力方面，是存在着差异的，要培养他们良好的心理品质，树立学习和上进的信心，采用多种多级评价标准，经常地肯定和鼓舞学生，并保护学生的自尊心，相信“学困生”的困难是暂时的，也是可以克服的。

片面的评价标准使像奥斯曼这样的素质优秀的学生成为学校教育的“失败者”，学习上的落伍和随之而来的各方面的责难，不断强化着“学习困难学生”的失败心态，使他们渐渐失去了信心，最终导致他们失败的人生。

在教育中，我们有许多成功是建立在学生身心损害的基础上的，以个性的分裂为代价，这样，部分个性的“成功”换来的是整个人的失败。教师要帮助学生把积极的个性品质积淀、迁移成学习的成功体验，帮助学生以积极的自我，自尊、自信的生活态度为突破口，寻找学习上的认真主动、乐观进取、敢负责任，相信自己在学习上有能力和潜力，有可贵毅力和面对挫折、批评的承受能力。

要从实际出发，帮助学生在自己的基础上经过努力不断取得进步，用进步与成功的愉悦体验激发他们的学习动机，提高学习效率和成绩，扩展自己的优势，争取更多的成功。

不要让学习成绩蒙住了教师的双眼，而忘了教育应有的使命。

有效教学从心育开始

在学校“有效课堂教学策略”的课题研究实践中，课题组成员对教学的内容、方法和评价等做了许多方面的研究，但是这些正在进行的教学技术层面的改革实践是否就是做到了关键处，是否是真正意义上的有效策略。教育改革从整体上看，没有很好的研究价值层面上的教育有效性问题，以至于师生负担越来越重。其实教学中学生厌学，课堂教学效果差，根源是德育问题。我逐渐认识到，其实价值层面的教育有效性观念更能持久地培育和保护学生的持续发展，如学习兴趣、态度、愿望、习惯、毅力、能力，这需要教师的教育责任意识。

在学校教育中德育地位是不言而喻的，而教学任务是最繁重的任务，教学时间占了教师、学生的绝大部分时间。学校普遍存在着班主任负责学生的教育问题，学科老师主要任务就是教课，提高考试成绩，“教书育人”就凭任课教师的自觉性了。学科教师为了能够及时看到成绩的效果，情愿放弃教育的功能，甚至放弃教学的功能，而直接实施学科知识的传授了。学科教师往往对学生付出的真实情感较少，或者对学生的态度会因为教学成绩的变化而变化，有时甚至会因为考试成绩的糟糕而对学生恶语相加、怒气冲天，教师将自己的压力与功利转嫁到学生身上，从而疏远了师生关系。

学科教师如何能让学生持久地保持学习兴趣与促进学生的全面发展，需要具有“学科教学从德育开始”的理念。从本质上说，教育就是“以心灵感应心灵”的过程，要让学生敞开心灵，学科教师只有真正地走近学生，了解学生日常生活中的喜怒哀乐，才能把学科教学与学生的全面发展融为一体，才能把教师精神的能量渗透到学生的心灵深处。

石中英教授在《知识转型与教育改革》中说：“现代教育面临的危机之一是教育的人文精神危机。”“日益现代化的学校教育情景也日益功利化，从整体上失去了其精神陶冶的意义。培养了许多有知识、有能力，但在人格、精神和德性上却有很大缺陷的‘空心人’、‘单面人’、‘非道德的人’。”“教育过程中的教学关系是一种独特的人与人之间的关系，这种关系的价值远远超越知识传递的价值。”“教育的价值在于引导年轻的一代去思考拼搏与竞争对于自己存在和人类存在的真正意义。只有这样，才能获得走向存在的最高境界，才能有勇气面对自我、社会和人类文明的缺陷，真正解决精神危机问题，创造一个更美好的人间乐园。”

我在课堂教学中有意识地开展了与学生心灵沟通的行动。在开学初问问学生假期的收获；基地实践回来后交流一下感兴趣的话题；放假前给学生提点阅读建议；从新加坡教育考察归来给学生讲一讲收获。虽然占用了一些教学时间，但是收获了融洽的师生关系，为课堂有效教学打好了基础，在引领学生学会学习、学会思考、学会生活等方面收到了一些效果。

学科教师不能功利地只要求学生对自己所教的学科感兴趣，而不顾及学生对学习和生活的整体感受。我们帮助学生获得知识，同时我们与学生共同生活，也许在这样的环境中，学生才能感受到我们对他们真挚的希望。这希望是师生共同生活的意义，我们彼此葆有希望，这样的信念是教育生活的动力也是价值所在。

我们也曾是学生

今天我也成了学困生

2009年7月13日，今天“奠基学员”进行了英语摸底测试，让我着实体验了一次学困生参加考试的经历。听不懂、看不懂，好在是选择题，全选C后，15分钟交卷。心情还好，也没觉得难堪。这让我联想到前不久发生的一件事。

6月20日我校是高中学业水平考试的考点，有位考生不听从监考老师的劝阻，半小时就要交卷，并冲出考场。我把该学生带到考务中心，进行了严肃的警告和批评教育。

每次考试都有学生在考场上一直睡觉，在考试将要结束时才匆匆选择ABCD，主观题空白交卷。还有更可笑的，靠掷硬币作完答案的一个同学，当考试将结束时，他又开始掷硬币，我很奇怪地问这是为什么，他说再检查一遍……,今天我终于理解了他们，因为我也是学困生了。我似乎体验到了他们在考场之内身心的疲惫和压抑、精神的空虚和无聊，和在考场之外由于得不了好分数而受到个性、独特性的忽视，甚至不应有的歧视和蔑视。

爱学生，爱好学生容易，真正发自内心地爱学困生、爱问题学生难。缺乏对学困生的了解和尊重，爱就会变成支配与控制，有时我们教师很少关注学困生的现实处境，认为我说得对，我觉得重要，作为学生，你就一定应该认识到它的重要性，就要照着去做，使得学生不得不压抑自己的兴趣和爱好，花成倍的时间和精力去钻研自己不喜欢、不擅长的学科。大考小考的排队分等，使学校成为造就失败者的场所，学困生在一次次打击中历练，学习成了苦不堪言的差事，继而导致厌学和恐学，导致内心的畸形和人格的扭曲。

作为教师，对待学困生，要学会等待、学会分享、学会宽容。

为学生减负的尝试

今天化学课我检查作业完成的情况，大多数同学都做了，有几个同学没有做，我没有批评他们。因为是昨天晚自习后发的卷子，需要回家后做，发卷子时我听到两个同学在说，今天作业真多，还有别的学科作业。课上我问了几个同学，“你们每天做作业到几点？”答：“每天几乎都到11点。”我真有些惭愧，因为我每天10点半就睡觉了。前几天给学生留质量监测本章两套题时，我说，没办法下星期就要期中考试了，只有抓紧做才行。现在看来我必须在为学生作业减负上做些尝试。首先完成书后习题，然后是质量检测，再练习一套去年的期中试卷。不再布置“赢在课堂”参考书上的题，不再留“学习测评”的习题，不再做高一备课组长给印的三套练习卷子。抓好45分钟的效率，精讲精练，在期中考试中检验减负后教学效果，实践、研究、反思、推广，带动化学教师和所有教师，形成师生轻负担、高质量的快乐学校生活。

苏霍姆林斯基给教师的建议（25）中说：想克服负担过重现象，就得使学生有自由支配的时间。这个提法初看起来有些荒谬：只有让学生不把全部时间都用在学习上，而留下许多自由支配的时间，他才能够顺利地学习。但是，这并不荒谬，而是教育过程的逻辑。学生的学习日被各种学校功课塞得越满，给他留下的供他思考与学习直接有关的东西的时间越少，那么他负担过重、学业落后的可能性就越大。

自由时间的问题，不仅是涉及教学，而且是涉及智育、全面发展的最重要的问题之一。正像空气对于健康一样，自由时间对于学生是必不可少的。之所以必不可少，乃是为了使学生能够顺利地学习，不让他经常感到有学业落后的威胁。自由时间是丰富学生智力生活的首要条件。我们要使学生的生活中不单单只有学习，还要使学习富有成效，那就需要给学生自由时间。

学生的自由时间来自课堂：明智的、善于思考的教师能给学生赢得自由时间。学生本身也是赢得自由时间的重要助手。知识处于何种状态——是处于能动的、积极的状态，还是处于僵化的状态，这在很大程度上也取决于学生。此外，还有一个条件决定着有没有自由时间，这就是作息制度。

首先，根据多年的经验，我想指出在脑力劳动的制度中必须加以防止的做法。绝不允许在刚刚上完几节课以后，就让学生接连几小时地坐在那里读教科书和做练习。而在高年级，学生经常在下半天还是3、4个甚至5、6个小时地从事着和课堂上同样紧张的脑力劳动。每天10至12个小时坐在那里读书、听讲、思考、记忆、回想、再现，以便能回答教师的问题，——这真是一种无法胜任的、使人精疲力竭的劳动，它归根结底将会摧残学生的体力和智力，使学生对知识产生冷淡的和漠不关心的态度，使得一个人只有学习，却没有智力生活。

思考苏霍姆林斯基的话，想想我们学校的课程设置，我们应该能做些什么。

再谈为学生减负

上学期期中考试后，我开始了为学生减负的尝试。减负后的教学效果如果用上星期的月考成绩检验，应该算基本失败。原来这个班的单科平均分比其他班级高5分以上，现在只高出1分多。减负是只完成书后习题和质量检测，不再布置“赢在课堂”参考书上的题，不再留“学习测评”的习题，不再做其他印的练习卷子。采取的措施是抓好45分钟的效率，采用先学后教、精讲精练、当堂掌握、及时复习、重视落实，给不同基础的学生留不同的作业，给学有余力的同学留选做作业等等，目的是使学生轻负担、高质量愉快地学习化学。

减负后的收获是学生对我的热爱。例如：有一次我外出开会，晚自习前赶了回来。推开教室的门，响起了热烈的掌声，我很诧异地问“什么意思?”有学生说：“上午的化学课没有上，大家都盼着晚自习能上，结果您真的赶回来了。”我很高兴，更多的是感动。每节课下课，当我走到教室门口，都有几个学生挥手并高声喊着“杨老师再见”。我其实很惭愧，因为工作、学习的需要常常倒课，或请其他老师短期代课，学生从无怨言。收获着学生纯真的爱，感受到他们对化学学习的兴趣、对化学与社会生活相联系的知识不断地丰富，相信他们的学习能力会不断提高，我的减负尝试将最终取得成效。

目前学生的负担依然很重，一些学科作业仍较多，学生并不能真正掌握学习的主动权，这可能也是化学成绩不理想的原因之一。

为了每一个学生

期末放假前的最后一天，学生评教问卷调查结果发到我的手中：师德与表现、教学态度与能力、教学特色及现代技术、作业及课后辅导、满意程度均为53个A，一个D，在年级所有教师中排在第二名，与上学期的问卷结果完全相同。一个学期的努力竟然没有收到一点成效，那一个D没有变成A，怎么也应该变成B或C呀？我真是百思不得其解。

本学期开学我认真反思了上学期学生的评价结果，分析了几种可能的原因：上学期刚接高一4班，54个学生与姓名还没完全对上，可能是我忽略了某个同学；可能是我无意中伤害了某个同学；可能是我在某些方面确实存在问题。我没有在班上直接问同学，而是在心里暗下决心，要发现这个D是谁打的。很快，我记住了全班所有的孩子，不看座次表，可以自如地提问：想要回答又有点犹豫的，我及时叫他，答不全我引导他，回答后我鼓励他；我选择较易的问题提问基础差的她；没精打采要睡着的也叫着他的名字，"请到黑板上写一下"。平时对我表情冷淡的一个女生，是我"怀疑"的重点，我找机会与她搭话，默写或作业发下来时，走到她身边对她的错误单独辅导一下，后来，她开始对我露出了笑脸。进入六月化学会考快到了，我更加有针对性的进行重点知识的复习，同学们进步很快，充满信心。个别两三个同学，我采取中午单独辅导的方式，他们很感激老师。对每一个学生的关注，或制定更高目标，或重点点拨方法，或纠正学习习惯等。

一切一切的努力之后，本学期学生评价仍没有得到满意的结果。为此，我问了做心理咨询的朋友丽珊老师，这个"D同学"是什么人。她说：他的不满情绪可能不是针对你，你别往自己身上连。他可能很"变态"，或是表面上与你特要好的人。我越加想搞清这个"D同学"，不是为了自己，而是越来越想了解他、帮助他。

推行素质教育以来，"为了一切的学生，为了学生的一切，一切为了学生"成了众多学校高举的大旗和高呼的口号。然而，一切学生的发展不可能是一致的，学生的一切需求也不可能是统一的。过去，我没能深刻领会这句话的内在含义，认为"为了一切的学生……"只是一句将人抽象化之后，使教育目标也抽象化了的，永远无法实现的口号。而"为了每一个学生"则将千差万别的学生具体化了，具体化为每一个孩子有不同的个性需求。在他们人生的不同阶段，有不同的需求，学校和教师以每个学生为本，就是具体地感受每个孩子需求的多样性，尽力以自己的教育服务满足他们的多样化需求，从而使他们每个人感受各自不同的愉悦，这是可以触摸到的具体的目标，也是可以实现的目标。找到D同学，了解他的需求，不是为了追求完美，而是我遇到了难得的、不应该放弃的"为了每一个学生"的机会。

享受课堂

用教学机智将“偶发事件”潜价值最大化

上星期听了一节高三化学复习课，内容是“盐的水解”，一位青年教师的机智应变，恰当的追问，解决了许多同学的疑问，也给我留下深刻反思。孙老师问：碳酸钠溶液与醋酸钠溶液的碱性谁更强？学生答：碳酸钠强，因为碳酸根存在两步水解。孙老师没有立即肯定或否定，而是追问：那么碳酸钠与次氯酸钠溶液的碱性谁更强呢？学生犹豫了，同学们也纷纷发表意见，讨论的结果使大家对问题有了深刻的认识，教学效果很好。

叶澜教授在《重建课堂教学过程观》一文中指出：“要把教学过程看成是师生为实现教学任务和目的，围绕教学内容，共同参与，通过对话、沟通和合作活动，产生交互影响，以动态生成的方式推进教学活动的过程。”

备课预设是课堂教学的前提和基础，在预设的同时要对偶发事件做好充分的准备，或者说要把偶发事件作为预设的一部分，要有应对这些突发事件的办法，及时调整教学方法，把它转化为可利用的教学资源。若没有认识到这一点，面对“偶发事件”，面对不曾预料到的问题或现象时，忽视偶发事件的价值，只顾追求与预设的一致，势必导致课堂教学在某种意义上的失败。教学资源难得，课堂生成的资源更难得。很多老师面对课堂中的“偶发事件”，避而不谈，置学生的问题于不顾，白白浪费了教学资源。还有少数教师甚至采取强硬手段，断然拒绝学生的问题或对学生的疑问进行压制和训斥。

新课程背景下，课堂教学不应是教师按照预设的教学方案机械、僵化地传授知识的线性过程，而应是根据学生学习的实际需要，不断调整，动态发展的过程，这样的课堂需要将学生的发展放在第一位，更需要教师的机智，更需要教师做一个敏锐的倾听者和发现者，善于抓住课堂上每一个这样的契机，把

“偶发事件”的价值最大化。

习题课、试卷分析课的有效教学

经常遇到这种情况，我去听推门课，来到教室门口，老师说：我这节课是习题课，不讲新课，改天再来听吧。我坚持要听，并说：没关系，你按原计划该怎么讲就怎么讲。教师让学生打开《质量监测》，每道题逐一分析讲解。有一半同学跟着回答老师的提问，课堂效果好像还可以。

期中考试后，听了节试卷分析课。试卷没判完，选择题在学生手里，这节课从第一道选择题开始分析，结合有关的基础知识，有提问，有板书，学生热情参与，课堂气氛好，下课前共分析了33道选择题（共有50道选择题）。

听公开课和听常态课（推门课），往往差别是较大的，然而听新课和听习题课、试卷分析课差别又是较大的。教师一般重视新课的讲授，而对习题课、试卷分析课有些教师就不是很重视了。我想谈谈习题课、试卷分析课的有效教学的问题，因为习题课占整个课程的一半儿以上，的确不容忽视。课堂教学中存在的问题：一是教学目标不明确。课堂教学要有的放矢，这个“的”就是教学目标。试卷中的50道选择题不知道学生哪道答得好，哪道答得差，没有进行统计，就在不明目标的情况下，不备课就上课了。其实即使如此，在讲课前给学生几分钟时间，让学生说说他们哪些题出了错，哪些题需要让老师给讲，然后再开始解决主要的问题。二是学生主体与教师主导问题。把满堂提问、学生集体回答当成是主体性的体现，只是表面繁荣：会的同学热情参与，不会的同学还是没能明白。三是教学方法单一。分析试卷“独角戏”方式，整节课一贯制。四是批评性语言多于鼓励性的语言。“这道题见过没？”“你考好了吗？还不注意听！”“做对的举手。你们为什么没做对？这道题讲过几遍了？”老师表情严肃，多次埋怨学生没考好。其实也应该反思自己“学生为什么讲过的知识没落实”。

课堂究竟是谁的用武之地，于漪以自己的切身感受告诫同行，“过去认为教师只要讲深讲透，学生自然就会了。实践证明，这是极大的误解。教不等于学，教过不等于学会，教师的滔滔不绝，占用了课堂宝贵的时间和空间，机械重复的训练充斥课堂，学生被动接受，主动性、创造性难以发挥。学生应是课堂的主人，教师应启发、引导、点拨，为学生的学服务。教师要研究学生，做到目中有人，把学生思维的时间、空间还给学生，让学生自主学习。同时，课堂结构要改变，改变教师讲、学生听，教师问、学生答的单向型直线交流。

上好习题课、试卷分析课除要从以上几个问题上改进，还有教师要引导学生学习，把方法交给学生。一是试卷分析课上，发完试卷要给学生一些时间自己改错或同学之间互助，解决一些他们自己能解决的问题。在这一环节中教师要了解学生具有代表性的疑难问题，明确本节课的重点、难点。二是习题课、试卷分析课也要上出新意。习题的变形、相关的扩展和解题的奇思妙想，都给学有余力的同学以新的激励。

听课

听了一节期末复习课，感到很震惊。老师拿着空白的质量检测就上课，说是正课都讲完了，就差讲题了。上课先是默写方程式用了十多分钟，然后是打开检测，没有对题目类型的归纳，没有方法的点拨，甚至有两个题自己没看清题，还责怪学生。下课了，我们俩交流，首先我检讨自己有主要责任，九月到现在我只听过他两节课，没有尽到师傅的职责。他说：去年刚教过一遍高一，所以题没有重新做，再说，教华英中学的学生也不需要认真准备，他们基础差，问不出什么有价值的问题……我把自己这节习题课的设计讲给他听，例如：监测上的例题与习题是按什么顺序重新编排、精心挑选的，那道题要强调学生注意得到什么收获的；教师面对学困生应有的态度是尊重，而不是轻视，更不能在课堂上说那些话；教师在课上缺乏热情，要求学生积极思考作答可能吗；在我自己年轻时，学校化学组老教师多，我总是教高一、高二，有时甚至教文科班化学课，总没有机会教高三，现在看来我的扎实的学科基础知识就受益于那些年。

教师要对学生有感恩之心。我们的经验都来自教学实践，在实践中甚至有错误，我们的学生总是宽容了我们。青年教师的教学是在用学生“练手”，有什么道理不认真备课，不尊重本应感恩的学生，要让“每一节课都像面对全世界在讲课”，“让学生如沐春风”，如何提高学困生的教学效果，更应研究思考。

“没有使命感的教育是盲目的，没有责任担当的教育是轻薄的。使命与责任赋予教育以高度和灵魂。”——肖川

我的教育理想

我的教育理想

我的教育理想是使孩子们成长为自立、自强、自尊、自重、自信、自助的全人，一个能担当造福社会、成就民族未来希望和享有幸福人生的人。

作为一个教育者兼家长，我感到欣慰的是我的教育理想首先在儿子明远身上实现了。

像许多家长一样，小时候让孩子上各种班，学习画画、弹琴、舞蹈等。明远上小学前后也学过电子琴和围棋，一年多的时间，观察他不太喜欢，成效并不出众。虽然我很喜欢弹琴，明远爸喜欢画画，但我们知道了他的潜能不在于此，也就不能一心按照自己的私心来“塑造”孩子。但这些学习成就了他的自信心。小学音乐课上，他是班里少数认识五线谱的孩子，唱歌总受到表扬。和我办公室的老师玩连五子，小家伙输赢各半。小学、初中代表班级参加学校的棋类比赛，有一次还到少年宫参加区级的三项棋类比赛。

和许多家长不一样，我们从小就让明远做家务。小学时是洗自己的袜子，中学时星期日早起给全家买早点，大学寒暑假洗碗的活全是他的，他洗衣服时总是问问我们有没有要洗的。记得初中时，有一次让他去买一个塑料水桶，他买回来一个带盖的，问他：盖的颜色怎么不太一样？他回答说：和老板划价，结果他白饶了盖。

和许多家长不一样，我们能正确对待孩子不理想的学习成绩。初二时贪玩儿，成绩下降，我和明远爸各自忙，急躁之外没有能帮助他（至今的遗憾）。初三时发现明远对知识理解得快，忘记得也快，老师说：平时课上表现得很好，可是考试成绩总是低于他自己的水平。中考、高考成绩都不理想，但我们已经能坦然面对了。

和许多家长不一样，我们首先关注孩子的身心健康。他的兴趣在篮球等运动上，我们经常和他一起看NBA实况转播。

明远上了大专，担任了学生会的体育部长，发挥了自己的特长，组织开展各种体育活动，并在运动会上和羽毛球比赛中多次获奖。大雨中去火车站，将返校的外地同学接回家中。义务献血，积极申请入党，专业成绩优秀......

和许多学生不一样，他大学毕业选择了参军。我问过很多学生，是否愿意参军，他们都说太苦，不去。的确，选择了参军，就选择了吃苦、失去“自由”，甚至更多。

新兵训练时，明远来信中说：“训练强度逐渐增大，但我基本都能承受。”“伙食没有多好，但我不挑。”“部队允许家长来探望新兵，但我觉得你们没有必要来。战友们相处的都不错。”“我最近没有时间看书学习，现在写信的时间都很少。由于时间条件不允许就先不给姥姥、大爷写信了，代问他们好。”“今天新兵授衔了，我被任命为12班的副班长。”“新兵训练三个月结束后，有体能考核，必考科目是3公里跑、单杠引体向上，这我还是有点担心的。”

前不久，明远结束了新兵训练，5公里负重越野跑、引体向上都合格了，分配到海军南海舰队总司令部警卫勤务连。“你们不要来看我，你们来了，我就要请假，我的岗就要让班里的战友来替，他连站4个岗就太辛苦了。”

“独生子女”教育与我的教育观

“独生子女”遇上了大好年代，摆脱了贫困，一家人过上了小康生活，后辈人自然而然的享受着富裕的生活。当前“独生子女”的教育问题，已经越来越显得重要了。疼爱孩子，是人的天性。但给他锦衣玉食，最好的受教育环境，不让他受一点委屈、吃一点苦，就是爱吗？几天前，报上的一则新闻消息在我家激起了反响。“2009年高校应届毕业生入伍报名全面展开”。我儿子刚好完全符合条件。三年前的高考志愿中，我就建议他填报首批录取的军事院校国防生，他勉强同意了。但是，考试分数相差太远，只上了本市的高职院校。临近毕业了，他已找到工作，每天早八晚五地去上班了。他看到征兵入伍的消息后，当天晚上就回学校参加咨询会去了，坚定地想报名参军。这态度的转变是我没想到的。

接下来有亲朋知道了孩子报名参军的事，第一个问我是不是舍得，言外之意觉的我心够狠的，我说：倒退30年我也差点当兵，那是一个我没有实现的理想。其实，我和我丈夫的考虑是通过两年的部队生活，使孩子成长为一个自立、自强的人。即使没有任何更好的发展机会，两年的磨练也是难得的人生经历，会为他的终身发展和幸福人生打下坚实的基础。

我的军人情节很重是因为我父亲是军人，我十岁以前是在部队家属院长大的，童年的经历肯定影响了我的一生。一九七九年虽然考上了大学，但我至今仍然羡慕那些参过军的儿时伙伴。

在政府工作的我的一个领导对我说："你的想法我不赞同。我是军人出身，我的父亲也是部队的老革命了，我们都不同意自己家的孩子再当兵。……"我很固执地认为，他说的是个别现象。

面对"独生子女"教育的问题，作为一个教育工作者，为人父母的人，如何爱孩子？一个英国心理学女博士写了一本非常好的如何为人父母的书，书的开头她说："这个世界上所有的爱都是以聚合为最终目的，只有一种爱以分离为目的，那就是父母对孩子的爱。父母真正成功的爱，就是让孩子尽早作为一个独立的个体从你的生命中分离出去，这种分离越早，你就越成功。"

教师，你会教育自家孩子吗?

前不久与学校的三个老师谈到孩子的教育问题，其中Z老师说，她的孩子高考没上线，今年又复读了，自己觉得特别没面子。巧得很，我们四个人的孩子学习成绩曾经都不是很好，但我们三个不同意Z老师的"没面子"的说法。其实我也有过同样的尴尬，在面对同行、学生和家长的时候，自己的孩子"不够出色"，多少会有底气不足的感觉，不愿主动提起孩子的学习成绩，作为教师的成就感大打折扣。

与大多数教师一样，我们每天忙着关爱学生，下班后身心疲惫到顾不得自己孩子的学习，甚至经常缺乏与他交流的耐心，孩子有朴实、乐于助人、热爱劳动等方面的优点，也很少表扬、赞赏，在子女的教育上，我们是有愧的。

但是，多年后反思自己的教子经验，也不是一无是处的。例如，重视儿子身心的健康成长，支持鼓励他参加文体活动；考试成绩不理想时，做家长的也能以平常心对待，不苛求、不急躁。

作为家长，同时作为教师，如何教育好自己的孩子？这在某种程度上反映了身为教师的我们是否够专业。

教师的专业化水平，首先受益的是自己，其次是孩子，第三才是学生、学校等。其实对子女的教育是教师的教育观念的体现。是唯分数论，还是重视德、智、体、美等方面的全面发展，今天在学校里的"高才生"，将来在社会上能否迎接各种困难的挑战？新时期要做一个智慧型教师，首先要在教育自己孩子的过程中，智慧起来，专业起来。

教师在教育自家孩子方面，我想应该注意以下几方面。

一要多付出时间和精力。要有足够的耐心去了解孩子，每一个孩子都是一个不同的世界。小时候可以带他参加艺术、体育等学习班，目的是发现他的潜能所在，适性、适量、适时很重要，让孩子愉快，而不是“牛不喝水强按头”，以特长生加分为目的。另一目的是培养一两种爱好，提高感受和欣赏美的能力，为成人后的幸福人生奠基。

二是如果孩子的学习成绩一般，也要以平常心对待，总有比成绩更重要的品德修养、乐观坚韧、进取向上等品质值得重视。不要把所有的时间都用在学习教材上，要兴趣广泛，要热爱读书，要以自己爱读书、爱生活的身教，为孩子树立榜样。

三是教师的角色意识不要带回家。教师要以生活中的充满个性的人的形象成为家庭的一员，以亲情、关爱和温暖的父母形象，贴近孩子的心。不能将教师常见的威严、说教带给孩子，以及不自觉地用集中了很多学生的优点做标准，来要求自己的孩子，势必导致孩子缺乏自信，甚至产生逆反心理。

过幸福完整的教育生活

在平和中找寻做教师的幸福

“什么是教育?”那就是一个成年人做了有利于孩子发展的正确的事情。”刘可钦对教育的本质的理解虽然通俗易懂，但这便是一位教师在多年的历练与反思后对教育最平和最贴近心灵的追问。是啊，任何良善的教育，其出发点和归宿都只有一个：那就是孩子的发展。作为教师，其全部的生命价值就是为每个孩子提供足够多的思考、选择、创造、展示的机会，帮助每个孩子成长为“最佳的我”。

不久前在一个自助餐厅，有一对三十多岁的夫妻走到我面前，“您是杨老师吧？您变化不大，我们是您的学生，您还记得吗?”我有些抱歉地说：“想不起来了。”他们说出了自己的姓名，并告诉我那时我刚参加工作，第一年当班主任。我也回忆起了他们小时候的样子。接下来“男同学”的一番话，让我意外。他说：当时他家较困难，只想高中毕业上技校，早点工作挣钱，是杨老师的教育，使我改变了原来的想法，通过努力考上了大学，我一直心存感激，今天向您当面说一句：谢谢!

联想石中英教授的话“教师是影响学生一生的人”，今天我收获了二十六年后的幸福，我要自豪地说：教师——太阳底下最幸福的职业。愿天下所有的教师，都能如此平和而幸福地行走在教育之路上，将自己最真的爱撒遍每一个孩子的心房。

人是需要一点精神的

从紧张的学习培训状态回到家，第一个感受是疲惫不堪，睡不醒，浑身没劲。看来人是需要一点精神的。

新的一周开始了学校的工作状态，使我为之振作的是给高三的学生上课，看着一张张充满期待的笑脸，我的幸福感油然而生。为了尽快了解同学们的进步和不足，我认真地统计和分析每个人的试卷，有计划地个别谈话或辅导，“一个精神饱满、严谨负责的杨老师又回来了”。

这一周我还召开了课题组会，研究制定出课题调查问卷；文献检索出几百篇相关论文，进一步确定了研究方向。

这一周听课评课共5节，有作文讲评课；有春秋笔法的曲笔欣赏；有关于矛盾特殊性的“具体问题具体分析”；有“变幻的自然万象”美术课，课课都有精彩，我在听课中得到快乐……

在阅读学习班的必读书目的同时，我把书籍推荐并借给干部和教师，与他们交流我的学习体会。

我运动　我快乐

8月8日我们迎来了奥运周年纪念日和第一个全民健身日。关于运动、健身一时间又成为热门话题。今天，四十岁及其以上和体弱多病的人更多的认识到了运动与健康的重要关系，我却特别想说的是运动带给我的快乐。

大学时代的体育课让我对滑冰着了迷，自己花八十元钱买了一双花样冰鞋，这在八十年代初是笔不小的开销。上大二那年的寒假正月初八在“二宫”冰场，我不小心把脚崴了，右腿腓骨骨折。第二年冬天，再次上冰，没有留下任何阴影，后来还成了我爱运动的谈资。我记得不止一次地对别人说过：“你体会过骑着自行车从桥上疾驶而下的感觉吗？滑冰带给我的快感就是这样。”

游泳、羽毛球都带给我许多快乐。最近，我又体会着乒乓球带来的快乐。

体育运动已成为文明的人类生活中不可或缺的一部分，在影响和塑造现代人的精神与身体方面发挥着越来越大的作用。德国体育教学法专家海克尔教授评价体育课的质量时提出了这样的标准:一是“出汗”，二是“笑”。适当的“笑”能使大脑皮层中的兴奋灶转换，消除精神紧张，加快疲劳的消除，提高机体的工作能力。而实际上，体育的价值远远不止促进身体发育、强健体魄和劳逸结合的功能，更深层次的价值在于培植、释放和提升人心灵深处潜在着的狂热和痴迷，以及身体感知世界的能力，从而充分调动我们所有的感官投入生活，使心灵丰满和生活圆融。——《教育的智慧与真情》

《奥林匹克宪章》说得好："奥林匹克主义是增强体质、意志和精神并使之全面发展的一种生活哲学。奥林匹克主义谋求把体育运动与文化和教育融合起来，创造一种在努力中求欢乐、发挥良好榜样的教育价值并尊重基本公德原则为基础的生活方式。"奥林匹克运动绝不仅仅是一项运动，更是一个蕴含深刻的"主义"，是超越国家、阶级、种族、意识形态的共同理想和"生活哲学"，是令全世界或年轻或不年轻的所有人共同向往的"生活方式"。

"你的心情现在好吗?"

"你的心情现在好吗，你的脸上还有微笑吗……"最近，这首歌总是不自觉的浮现出来，甚至有时哼唱出来。

假期有一个将要退休的优秀教师得了抑郁症住进了医院，我去看他，他的状态令人忧心。长时间的失眠折磨着他，过分的自责苦恼着他，他的表情很木然，他的目光躲闪着，他的手不知所措地搓着床单。

医院心理行为医学科主任告诉我，现在心理门诊10%的患者为教师，"他们都有对自己苛求完美的性格倾向，很好强，而且希望自己次次都强，不容许有失误。""他们主诉症状多是失眠、睡眠差，心理测评，发现其焦虑、抑郁以及强迫分都比较高。"这些老师大多反映经常失眠、心悸、头昏、对什么都不感兴趣、脾气变得有些暴躁。

国家中小学生心理健康教育课题组曾用国际公认的专用工具进行检测，结果显示，教师心理障碍发病率高达50%。另据上海市"小学教师心理健康问题"研究课题组公布的调查数据显示：上海市小学教师心理健康问题检出率达48%，其中12%有明显的心理症状，2%程度较为严重。我国小学教师的心理健康状况由此可见一斑。专家认为，目前，大中小学学生的心理健康问题日益受到社会的重视，而教师的心理健康却没有得到应有的关注，尤其是很多一线的中青年把关教师和班主任老师，他们是学生德育工作的中坚力量，正因为工作压力大，所以也最容易产生心理压力，心结也最重。目前教师存在心理焦虑情况有所增多，其中班主任教师成为心理问题最易感人群，不仅与他们工作压力大有关，他们极强的责任心和对自我期望值要求值过高也是形成心理压力的主因。专家建议班主任教师也要学会自我放松，放下包袱；学校也应对此进行关注和关怀，帮助老师们进行心理疏导和减压。

专家指出，老师的生活方式多年如一日，很枯燥。再加上这几年持续不断的教改，有些中年教师明显有跟不上的感觉。可以这样说，学生的压力其实老师都有，像考试、升学等等。除此之外，教师还要面对职业竞争、职业倦怠等问题，其实烦恼多多。

心理学专家称，教师心理健康问题不容忽视，教师也需“减压减负”。

在民盟厦门市委课题组进行的“厦门中小学教师健康状况调查”中，在接受调查的400多名教师中，有128人写出了自己的看法和建议。这些建议，民盟厦门市委课题组认为是反映了教师们要求改善健康状况的心声。

教师们的建议主要是：

1. 取消坐班制，减缓教师因工作和生活中的双重压力导致的身心疲惫。

2. 提高教师待遇和社会地位。别让教师有不公平、政府空喊口号的感觉。目前教师的待遇比公务员的待遇差很多，教师没有其他福利可言，唯有这么点工资。而现在的消费那么高，辛苦一辈子也买不起一套商房。

不要把分数放在首位，不要将分数作为衡量教师的唯一标准，不要进行任何变相的学校之间的分数评比。

要严格限制教师、学生在校的时间，不能让教师的加班加点成为一种无原则的习惯和服从（迫于聘任制度，老师对学校的要求敢怒不敢言）。

改变评价制度，对教师和学生实现以人为本的评价与管理。

对于中小学教师的健康状况，厦门双十中学校长陈江汉表示，现在，社会对教师的期望值比较大，教师的无形压力比较大，因此，“社会对教师的期望值应该定位得合理些”。

陈江汉认为，现在社会各界（包括政府、家长、学生等）对教师的期望值都比较高，负责任的教师在无形中承担了很大的压力；而实际上，有些压力是教师难以承担的。

陈江汉还认为，目前，应该改变以升学率、分数为主要依据的教师评价机制，这对为教师减负很重要。而提高教师待遇，真正贯彻实施《教师法》，比如真正解决目前厦门教师与公务员收入之间的实际差距等问题，对教师减负也很重要。

支招：给自己“减压”，缓解心理压力

1.充分利用寒暑假放松自己。如果发现自己陷入焦虑或抑郁无法排解时，不妨想办法（如调调课）休几天假，外出旅游、度假，跳出工作的小圈子，开阔一下心胸，给自己换个环境充充电。

2.碰到烦恼时，不妨找家人或好友倾诉，把不愉快闷在心里，既解决不了问题，更会加重病情。

3.发现他人的优点，建立良好的人际关系。善于发现每个人的优点，接纳与赞许他人，是良好人际关系的基础。积极、主动地与人合作，乐于助人，心胸坦荡，相信同事和学生都会喜欢并尊重你的。

4.别对自己太苛刻。追求完美，是很多教师所追求的生活目标。但如果真的力所不及，可以向同事或朋友讨教，不要过分责难自己。

5.养成定期运动的好习惯。运动不但能健身，还能带来快乐。

6.有健康的娱乐方式。如：唱红歌。

向幸福出发

难得这个周末有点闲暇的时间，把自己的心里话写成文字。忙碌了4个周末，区高考义务咨询、五一假期为学校申报特色高中校写实施方案、82中高三学生辅导讲座、准备盘山道中学课题研究讲座、写奠基工程结业论文开题报告、为学校申报“十二五”课题写论证设计，现在这一切都完成了，不禁有点得意，“都来吧，谁怕谁!”

我把申报特色高中校和申报“十二五”课题两件事合并为一件，真是着实体会了一把“事半功倍”的快乐。所申报的“幸福教育”课题，也是一年来阅读了许多书籍和文章，在思想上已经形成了一定的准备，例如：设计了近十个子课题和一系列的专项活动，开发新校本课程等。将幸福教育理论全面地在实践层面上进行探索，摊子有点大，过于理想化，现实中会有诸多困难，但研究试图解决当前教育的功利化，偏离教育的本源和规律，转变素质教育理论与实践相脱离，对学校办学管理、教师成长、学生的全面发展有重要的意义和价值。

我的得意：用幸福理论的解释是实现论的发扬，即心理幸福感，是自我价值的实现，是有意义的快乐实现。另外，帮助青年教师修改论文，每周坚持打乒乓球、每天晚饭后坚持步行40分钟，都是阅读积极心理学理论，积极情绪、生命活力、健康关注、利他行为等，提升主观幸福感、心理幸福感的实践。

说不出来的收获

从“说不出来的收获才是最大的收获”说起

在2010年度天津市中小学“未来教育家奠基工程”总结汇报会上，张俊芳市长说：“两年来的工程带给学员的收获是很多的，但我认为说不出来的收获才是最大的收获。”这话我非常认同，但是我还是要说一说奠基工程带给我的最大收获。

一个人的成长过程，按照拉康的说法，要经过一个“镜像”阶段，这个“镜像”就是一面镜子。事实上社会就是在每个人面前摆上了一个瞬息万变的大镜子，人的行动和语言就是参照着这个镜子里面的信息不断发展。

塑造一个人审美观的“镜像”无处不在。在我看来，奠基工程带给我的最大收获就是“美的培育”，它不仅避免了我在过于平淡的教育生活中成为一个枯燥的人，还让我在充满希望的将来和当下的时时处处发现生活的情趣，更在于“美的培育”是一个树立责任与信念的过程，给我以勇气和信心的过程。回想两年来面对困难与困惑时鼓舞我的“镜像”，那些“镜像”通常是由某种美的憧憬构成的。在我的心里，“镜像”给我的信息不是知识，而是美感，我是怀着美的感受去收获“知识”的。我恋爱着导师、同学，恋爱着父母、家人、同事、学生、课堂、书籍、运动、自然……我的心“美”极了。

“美”，虽然不是全能的，却像一盏灯，照耀着生活的道路，如果再次运用拉康的理论，即美是一种“镜像”，这种“镜像”引发愉悦、启动希望、丰富生活。

博客交流　《教育家素质》

最初看到这个交流的主题，觉得有些多余。在第一期学习培训中很多专家就这一主题都已经讲得很多了，作为学员的我们也已经知道应该怎样提高素质，努力成为教育家了。为了完成学习交流的任务，我开始了“追随教育家的足迹”系列研究，重点放在当代教育家上，我登陆他们的网站、博客，阅读他们的著作，随着对他们的深入了解，我意识到自己开始了一次“神圣之旅”，肖川、石中英、李吉林、李镇西、吴非、朱永新……，在一个接一个的“驿站”中，我留恋不舍，远离了喧嚣纷扰的尘世，聆听着他们的倾诉，或从圣洁崇敬中得到心灵的滋润，或向自己的灵魂发问，或结合反思再实践。我为自己的选择而庆幸，如果不是有这样的选题，我将无法获得这一段包含着惊叹、感动、愧疚、所见略同、相见恨晚的丰富的心路历程。

怀着对教育家的崇敬之情，我读着他们的著作，不仅形成了我对教育家的整体印象，而且深入了解了他们每个人的个性，深切地感受到他的著作就是他的奋斗历程，就是他的精神自传，他在著作中所极力主张的多是他在实践中竭力实行的，我觉得自己的精力太有限，每天的时间太短暂，但我不虚此行，获得了种种的幸福。

撰写博客的体会

教了二十六年化学课，写过几篇论文和发言稿，除此之外，再没写过什么，现在被迫开博，心里别提有多为难了。向语文老师请教，有很大收获，她告诉我，没有那么难，“用最朴素的语言说事就行了，无需考虑优美华丽的修辞。”

三个月来，写了二三十篇博文，受到朋友和同学的夸奖，当然我知道他们是为了鼓励我。我博客想追求的风格是：理论与实践相结合；读书与行动相结合；实践与反思相结合；博客写工作生活中的真情实感。撰写博客的收获是：从不愿意写、不会写，到练笔和有兴趣写；从被动地完成作业，到主动地观察及反思；读书更加自觉，生活更加丰富多彩，因为我相信“要想写得精彩，首先要活得精彩。”

《拿什么奉献给你——我亲爱的高三学生》，我用钢琴协奏曲黄河第一乐章“黄河船夫曲”，为高考前的学生上了我的最后一课，这是与读肖川的《教育的使命与责任》，实践生命教育理念结合的尝试及反思。

《我的教育理想》是我的教子观，以及什么是父母对孩子真正的爱。

读《论语》体会《中国式乐活》的思想精髓，为坚持朴素、温暖的生活态度，过上心灵所需要的那种快乐生活，我写了《我爱父亲》《我爱摄影》，我还有自己的健身计划，练歌伙伴。

《听〈窦娥冤〉一课后反思教育改革》《为中学生打开音乐之门》都是反思教育现象的博文，结合读石中英教授的《知识转型与教育改革》反思现代教育的目的，在实现情感态度价值观的教学目标和道德教育方面，尝试可以选择的切入点。

我非常有幸的可以求教自己学校的那么多老师，听他们的作文讲评课；春秋笔法的曲笔欣赏课；变幻的自然万象美术课，我与老师们交流读书体会、写博体会，特别是《走进老黄　学习老子》，在与黄老师交流中，我学习老子、学习国学，聊“当前明月”和他的书，感悟黄老的人生。

学会等待，意味着教师能够用发展的眼光看待学生，用从容的心态对待自己的工作。不急于求成，不心浮气躁，不指望收到立竿见影的效果。永远不对学生说“你不行”。

学会分享，意味着学会倾听，学会走进学生的内心世界，学会用他们的眼光看待世界。意味着对自我中心、自以为是的倾向的自我防范。学会欣赏学困生的闪光之处，它会带给我们单纯的满足和快乐。

学会宽容，就是使自己变得心胸开阔，心绪宁静，尽可能地尊重多样性、珍视个性。每个人的生活境况、生活道路各不相同，因此每个人对于同样的事情有不同的态度、不同的看法和不同的能力，就再正常不过了。

今天我作为学困生，更要有设身处地为他们着想的品质和推己及人的胸怀。

“奠基工程”周年纪念

今天是天津市中小学“未来教育家奠基工程”研修学习一周年的日子。我从来不说这个全称，而是以“奠基工程”来代替。“奠基工程”这个名称太好了。“奠基人生　奠基教育　奠基未来”，最初在耀华滨海学校看到这个布标时，感受并不深，今天真的感受到它的内涵。

几十场报告产生的震撼，提升了责任感；几十本书籍的研读，远离了喧嚣纷扰的尘世，开阔了眼界，解放了思想，促进了独立思考；追随教育家的足迹，又让我获得一段包含着惊叹、感动、愧疚、所见略同、相见恨晚的丰富的心路历程。这些先不说了。

“奠基工程”开发了潜能。写博文从不愿意写、不会写，到练笔和有兴趣写；从被动地完成作业，到主动地观察、实践、反思，读书更加自觉。

再有就是唱歌。一年前不可能当众唱歌，因为不会用嗓子，声音放不开。跟耀华滨海学校的音乐李老师学了两次，然后每天和几个同学一起练歌，有很大的进步。后来回到学校和同组的老师去唱卡拉OK，把他们都震惊了。现在敢唱女高音李谷一、彭丽媛的歌了。春节祝福短信竟然收到“祝你早日成为教育家和歌唱家!”

健身计划是在三年自我发展规划中的，一年来乒乓球水平提高最快，偶尔在周日上午与打球的朋友见面。

“奠基工程”不仅开发了潜能，“奠基工程”也奠基了幸福人生。

“和美教育”与“幸福教育”

我与睿智的何穆彬校长交流学校特色文化，他解读北师大天津附中“和美教育”的理念对我很有启发。“也许我们的教育因出发太久，而忘了我们的目的。”“如果我们的教育不能使我们的教育者享受快乐，那我们的教育目的又何在。”中国有一个重要的字——和。“和”字古老的意义是不同音色的管，和在一起时能够发出更美妙的声音，这就是中华五千年文化的精髓。北师大天津附中的发展就是在“和”中追求着一种“美”。“和”是事物按照规律协调运转达到的最佳状态；“美”是指到达美好的境界，培养和谐发展的人，它是和美教育的目标。造就学生“和谐而美”的人文素养，最终达到人格和人生境界的升华，这就是“和美教育”。

我所在的天津四十五中学的“幸福教育”理念，是在科学的教育观指导下，使学生获得幸福的感受。使他们形成正确的幸福观和自信心及自主追求幸福的能力，从而使他们逐步发展成为拥有幸福能力的生命的主体。

幸福教育的追求既包括人的完善和道德的追求，也包括对智慧、知识与技能的追求，幸福教育有意识地以科学、艺术与体育影响人的身心发展，引导学生改善自身，迈向理解和生存于世界的更真实途径的精神之旅。幸福教育既关注学生未来幸福，又关心师生当下幸福。教育的目的是为了幸福，教育的过程本身也应是幸福的。

和美教育与幸福教育，和谐与美好的过程必将会到达幸福的教育目标。

写在“奠基工程”两周年的日子里

2009年4月21日是“天津未来教育家奠基工程”首批学员开学的日子，今天是两周年纪念日。非常巧合的是今天下午工程办召开了《教育规律与教育管理》专题报告和2011年研修培养计划会。教委黄永刚主任为学员提出了4条建议，我感受最深的是提升理论素养、突出实践创新、努力回报工程。两年来的主要收获：

一、读书学习，完善自我

经典类有：《给教师的建议》《论语》《道德经》；理论类有：《教育走向生本》《教育激扬生命：再论教育走向生本》《知识转型与教育发展》《教育——财富蕴藏其中》《坏世界研究》；教育随笔有：《不跪着教书》《做最好的教师》《师道实话》《教育的使命与责任》《教育的理想与信念》《教育的智慧与真情》《给教师的一百条新建议》《中国最佳教育随笔》；关于教育热点的有：《三适连环教育》《今天怎样做教师》《乖孩子的伤，最重》《芬兰教育全球第一的秘密》《教育是没有用的》；提高教师素质的有：《跟孔子学当老师》《教师最需要什么》《影响教师一生的100个好习惯》《教师的20项修炼》《为了自由呼吸的教育》《世界因你不同》；关于幸福教育的有：《幸福教育论》《做一个幸福的教师》《破解幸福密码》《哈佛大学幸福课》《走出忧郁》《水知道答案》《教师的幸福人生与专业成长》《教师幸福论》《心理学视野中的幸福——幸福感理论与测评研究》；关于有效教学的有：《新课程有效课堂教学行动策略》《新课程背景下的有效课堂教学策略》《课堂密码》。

二、学思结合，实践创新

领题研究联合国教科文组织中国可持续发展教育（ESD）项目“十一五”规划重点课题《新课程背景下有效课堂教学策略研究》，现正在结题。领题开展学校《幸福教育的理论与实践研究》，并已进行“十二五”课题的开题论证。建议并主持开发新校本课程：中华传统文化课程、幸福教育课程、生命教育课程，共三大类，34种课程。健全学校教科研机构，成立学校教科研核心组，并任组长。倡导网络文化建设与学校核心价值理念相结合，新浪开博“幸福45中”。

三、引领辐射，立言立行

在校、区、市做《教科研课题研究的一般过程》《青年教师专业发展》《有效教学策略研究与实践》《实验探究课例分析》《高考复习策略》讲座共8次。为教师修改论文、研究报告10多篇。最近主动要求申报“十二五”课题的教师很多。撰写博客文章：读书感悟、教学反思、教育随笔、教育考察纪实、快乐生活等170篇。《高中化学新教材必修模块教学实践研究》发表在《天津教育60年》文集理论篇，获中国教育学会20次学术年会论文一等奖；《高中化学新课程教学实践研究》发表在《现代教育科学》2009年第10期；《探究“月饼包装里的小袋黑色粉末”》教学案例，获天津市第四届中学化学教学优秀论文一等奖；《从生活中走进化学——化学有效教学策略研究与实践》获中国教育学会22次学术年会论文二等奖；《新加坡的德育和群育》发表在2010.11.10《天津教育报》；《狮城行记》发表在《校长》2011年第1期；《幸福教育的探索与实践》发表在《天津教育》2010年第10期；《中学教育科研的现状与对策》发表在《河西教育》2010年第1期；《教师的幸福感调查报告》获中国基础教育研究会论文一等奖。

追随教育家的足迹

上海之行 走近顾泠沅

9月金秋，有幸见到了全国知名的教育家顾泠沅，由于他的精彩报告，即使是中午也全无困意，反而非常快乐。

对于顾泠沅这个名字，早就听过“北有魏书生，南有顾泠沅”之说，他在上海青浦县主持长达15年的数学教育改革实验，并进行了近十年的后续研究。他从中学数学教师、教研员到区进修学院院长、区教科所所长，再到上海市教育科学研究院副院长、研究员、华东师范大学教授、博士生导师、特级教师、国务院特殊津贴获得者、上海市首届教育功臣等，现在是教育部基础教育司“创建以校为本教研制度建设基地”项目专家组组长。他的人生历程伴随着青浦实验也完成一步步的跨越，成为青浦实验的一个里程碑，一个青浦精神的化身。

美国当代教育学家布鲁姆对他的评价是：“你在东方做了10年，我在西方做了40年，所得的结论几乎是一致的。”这个评价足以证明他对教育的研究已经具有相当的高度。

顾老首先介绍了他的经历：复旦大学数学系毕业的他被分配到一所乡村学校教语文，处于对当时语录式教科书的不满足，自己编写了辅助教材并取得了不俗的教学成绩，后来陆续在青浦县任中学教师十余年，任该县教师进修学校校长，从他的经历我们可以知道：他是一个从教育一线走过来的专家。

顾泠沅一生得益于三位名师的指点：“苏步青教授严谨的治学风格，刘佛年教授民主宽容的大家风范和吕型伟教授实在、求实的科学态度。”老师们让他懂得了要认真做事，一丝不苟做学问，让他懂得了如何真诚待人，宽厚对人，教会他脚踏实地搞事业。

顾老的报告——《行动学习：造就名师团队之路》体现了他对教师专业发展的基本态度。

如何追求卓越，顾老说“行走在自己个人能力的极限边缘上，就能成为名师”。要敢于说“我来试试看”，挑战自己的能力极限。

“教育有其自身规律，我们理应按它本身的规律行事，抓起点，抓基础，抓关键，让所有学生都有效地学习，这才是大面积提高教学质量的必由之路。”

教育好比吃馒头

顾泠沅老师讲了一个古人吃馒头的寓言：一个和尚饿了，吃馒头。吃完第一个，不饱；吃第二个，还是不饱；再吃第三个，饱了。吃饱了，和尚就开始发议论‘早知吃第三个会饱，就不吃前面两个了!’”教育就好比三个馒头，第一个是原理基础，第二个是知识链接，第三个是应用策略，以前中国教育一直在吃前面两个，突然发现西方教育吃了第三个就能饱，于是认为前面两个可以不用吃了。其实近年来西方教育也在反思，认为前面两个馒头也很重要，因此寻找中西教育的中间地带对未来教育发展很重要。

顾泠沅老师回忆起与美国同行交流时的情景，对方称赞：“我太佩服你们的中小学教师了，有那么好的成绩，那么好的经验!”紧接着却跟了一句不那么好听、不那么客气的话：“但我不佩服你们的研究人员，这么好的成绩和经验都没有总结出来。”“哇，你们中国的寓言太好了!这第一、第二个馒头就是概念、原理，第三个馒头是策略、问题解决技能。你们一直都在吃前两个馒头，而我们想只吃第三个馒头，不好好吃前两个。我们的基础教育都有问题!”

中国是“听中学”，国外是“做中学”

顾泠沅老师讲了一个故事：在美国，一个老师带30个学生去海边学游泳，老师会一声令下，“你们一起跳!”“你们要挣扎！不挣扎就要被淹死!”最后，20个孩子淹死了，10个孩子学会了游泳。而在中国，同样是学游泳，老师会手把手地教，再带他们去海边，结果，30个孩子没有一个被淹死，全部学会了。

顾泠沅认为，美国的30个孩子，虽然只有10人学会了游泳，但这10人一定很优秀，而它付出了淹死20个孩子的代价；而中国的30个孩子都学会了游泳，但付出了一部分孩子本来可以通过挣扎自己学会游泳的代价。两国的这两种教育模式，一种是接受式，一种是活动式，各有利弊，要善于合理安排、取长补短，寻找“中间地带”。

“在中美两国教育之间，可能存在一个中间地带，双方可以基于各自的本土文化，相互借鉴，取长补短，用以改进本国的教育教学。寻找中间地带是一种智慧，一种不走极端而达到集大成的智慧。”

今天再听顾泠沅讲述“寻找中间地带”，人们已经没有任何异议了。20世纪80年代以来，中国的基础教育引起了国际教育界的关注，西方学者对中国的中小学教学进行了初步调查，结果发现中国的中小学教学既有其独特的优势，也存在着不容忽视的弊端。

当时西方学者认为中国教学主要存在几种弊端：一是单一讲授的上课方式，教师灌输，学生被动接受；二是班级规模大，一般超过40人，多至50人以上；三是低认知水平的频繁考试和高度竞争，造成教师、学生沉重的负担。有学者甚至把中国的教学特点描述为“一个受尊敬的长者传输知识给处于服从地位的年少者”。

然而，从学生学业评价的角度看，中国中小学教学又具有明显的优势。大量研究显示：海外中国留学生一般会取得比其实际智商预期更高的学业成就；IEA研究表明中国学生成绩总是高于美国学生的成绩；在国际数学奥林匹克比赛中，中国学生表现一贯优异。

这些优势和弊端促使顾泠沅对中国中小学课堂教学进行深层思考，并在上海地区开展了一系列课堂观察研究活动。

狮城行记，新加坡教育印象

教育不是束缚人的个性，而是顺从人的发展

2010年9月，为期28天的天津市中小学骨干教师新加坡教育学访考查圆满结束了。我们在南洋理工大学学习了三周，还分别深入8所中小学考察了6天。在此期间，了解了新加坡的教育概况、教师评估、教师在职培训、创意教学法等；深层次地了解了中学教育的历史和现状、办学制度和课程安排、学校管理等；同时还参与了听课观课，并与老师学生座谈。下面我将新加坡教育考察的收获与大家交流分享。

如果用8个字来概括新加坡基础教育的最大特点，那就是：因材施教，分流教学。这种分流教学从小学四年级就已经开始了。小学毕业，需要参加全国统一离校考试，按成绩进入中学。为满足每个学生的发展需求，中学一般都设有三种不同的课程：快捷、普通学术和普通工艺，学生可根据个人情况选择分别为4年制或5年制的学习内容。凡选择中学快捷课程的学生需参加剑桥高级教育证书会考，然后进入初级学院和理工学院。凡选择中学普通学术和普通工艺课程的学生需参加普通教育证书会考，然后决定毕业去向。每年完成中学教育后进入各类学校的学生比例大致如下：

工艺教育学院占22.2%，理工学院（大专性质）占41.6%，初级学院占30.5%，进入大学（在理工学院、初级学院之后的高等教育）的仅占24.8%。

新加坡基础教育的成功之处在于它找到了精英教育与大众教育的结合点。学生从上小学开始就可以根据自己的学习兴趣、学习能力以及资质的差异，来选择不同难度等级的基础课程。升学时可以根据需要选择接受学术性教育或职业技能教育。其实新加坡完全有条件普及高等教育，但却长期坚持既保证重点培养精英，又保证造就有专业素质的普通劳动者的做法。

虽然新加坡从小学就实行了分流制度，但是它又设置了足够多的交叉升学途径，如果你是普通课程的学生，你完全有机会通过努力，进入正规大学学习。新加坡教育以其灵活多变的教育体制，来满足每个学生不同阶段的发展需求，把“以人为本”从口号落实成为行动，真正实现了“条条大路通罗马”；并民主科学全面地推动了国家教育的良性发展，实现了与世界先进教育的接轨。

只有先进的教育理念，才能创造鲜活的教育特色

新加坡总理李显龙曾经说过：“我们得教少点，让孩子多学一点。”通过此次访学，我才深刻认识到新加坡的“少教多学”，并不是我最初理解的“课堂上的以学生为中心，教师少讲一点”，而是针对国家的教育方针——如何办教育、怎样治校，才是为学生的终身发展服务，才能实现教育的可持续发展。“少教多学”这一全面实施素质教育的先进理念，被有效地落实在课程设置和教学内容的安排上。而最能体现这一理念的是新加坡丰富多彩的课程辅助活动。

新加坡的中学只有半天课程，学生整个下午的时间都用来参加课程辅助活动。所谓课程辅助活动包括体育活动、制服团体、表演艺术和社团活动。学生们必须参加四大组别中的其中一项。所有的课程辅助活动都强调社会交流，同时各类活动又有其特定的目的性：体育活动讲求的是健康活力和公平竞争；制服团体更注重团队精神和自律能力；表演艺术帮助学生们培养出优雅品味以及对多元种族社会丰沛文化艺术的接受力和欣赏力；社团活动更是培养了学生广泛的兴趣爱好和创新能力。此外课程辅助活动还注意培养学生的创业精神、冒险态度和审美眼光，而这些对个人的全面发展都是非常必要的。形式多样的课程辅助活动，带给我很多震撼和思考。从制服团体的活动中我看到了自立、自律，具有良好适应力及服务他人精神的社会好公民；从学生军团铿锵的口号、整齐的步伐中我感受到责任与担当，他们将是新加坡未来的钢铁长城；从红十字团队的模拟紧急救护，担架上肩练习中，我看到了专业化的水准和救死扶伤的职业道德。在行云流水般的华乐团演奏中我感受到了中华文化的魅力——民族的就是世界的。在一幅幅健康向上的学生美术创意作品中我仿佛看到了一张张阳光的笑脸……这一切让我进一步理解了“教育即生活，生活即教育”的真谛。

新加坡的学校还非常重视海外交流，以此来开阔学生的视野，应对瞬息万

变的国际形势和未来的挑战。学校积极和海外优秀学府联系，进行学术与文化上的交流，并到一些落后地区参与社区服务工作。三分之一的中学生和二分之一的大学生都有至少一次的海外学习经历。这个数字是非常可观的，由此我们可以看到教育部门的决心和力度。我考察的林景中学就与上海建平实验学校结为了姐妹学校，进行双向的文化交流；设计与工艺科技课程的师生还到韩国取经，而文化艺术课程的师生们则到澳洲进行访学。此外，学生们也将接待许多前来学校参观交流的外国师生。

新加坡教育的目标是注重德、智、体、群、美五育的均衡发展。让我感触最深的是“德育”和“群育”。

专门开设“公民与道德教育”课程是新加坡学校道德教育的重要内容。学校通过这门课程，把国家提倡的“为国尽忠”的价值观念传达给受教育者，让学生把“成为一个能对国家发展做出有益贡献的人”当作人生的信条。新加坡崇尚儒家文化，注重用儒家伦理的精华塑造学生坚毅正直的品格，从而形成正确的道德观和价值观。在课程内容的设置上，把抽象的儒家伦理与形象的事例相结合，把严肃的道德哲理与生动活泼的表现形式相结合，寓教于乐，从而避免了生硬的说教。

事实证明，新加坡德育是富有成效的，在学校里我们看不到任何喧哗打闹的场景，取而代之的是彬彬有礼，谦和恭敬。新加坡是允许对问题严重或屡教不改的学生进行相应体罚的，以此让他们接受教训，从而达到教育的目的。在我们访学的林景中学就有一间专门的问题学生反省室，每天平均有六七个学生在这里或站或坐面壁思过。学校还有专门的辅导老师，任课教师可以把影响教学的有纪律、品行问题的学生交给校方，由专职老师负责谈话，在学生认识到自己的问题后，要写出“情书”交给校长检讨自己的错误。新加坡的学校还设有鞭刑，如果一个学生犯了大错（如盗窃），他将会在全校师生面前接受鞭刑。当然，为了杜绝过度体罚，执行起来也有许多非常严格的要求：首先学生要能够清楚地认识、并承认自己的错误；其次要征得学生家长的同意，而且必须是在学生的身体条件允许的情况之下进行。一般只有校长才有权力执行鞭刑。一鞭下去，相信那刻骨铭心的疼痛和教训一定会是终生难忘的。

“群”教育是我第一次接触到的教育理念，它强调的是学生的群体意识和团结协作精神，目的是培养学生的社交能力。新加坡的学校要求每一个学生都必须参与一个社团的群体活动，比如华乐团、红十字团、制服团等，学生乐此不疲地享受着丰富的校园生活，并从中学会团结协作和服从集体利益，培养一种大局观。这个教育理念非常符合它的国情，新加坡本来就是一个多元种族的国家，英语和各种族母语共有四种，由“群”教育我们可以看到在国家意志影响下学生形成的乐群意识促进了多元种族的融合。

新加坡的学生都必须学习英文和母语。新加坡的华族占总人口的74.1%，马来族占13.4%，印度族占9.2%，其他占3.3%。英语能帮助他们与来自不同文化背景的人交流，借此了解东西方文化以及他们的世界观，而母语又能让他们守住自己的文化遗产，不被全球化世界淘汰。我们访问的许多中学的校长甚至都会四种语言，这样和所有的学生交流起来都更加亲切和谐,真是令人钦佩。

教师的素养决定教育的高度

短短28天的访学，让我感受到新加坡有一支高素质的教师队伍。

新加坡德明政府中学的符传丰博士是新加坡中学校长中的著名人物，早在见到他本人之前，就不止一次听人提起他，一见之下果然名不虚传，我们私下里都称他为“魅力校长”。我们就自己关心的问题和他进行了交流，他思维敏捷，语言敏锐，很有儒者风度，话语中处处显示出自信的大家风范。他说：面对21世纪的教学，我们大家都是“半杯水”，要不断汲取另半杯水。就什么是“高潜能教师”的问题，他回答说：想做，肯做，会做，给他机会做，能做出成绩，也不介意多做！同时他也抛给我们许多尖锐的思考题，比如“树人”与“教书”都是教育工作者的任务，哪个任务更重要？在数值（分数）与素质之间你如何寻求平衡？比如你属于下列四种类型中的哪一类领导？（A有德有才，爱才　B有德无才，惜才　C有才无德，忌才　D无德无才，毁才）比如得奖和追求奖项有什么不同？我想我们每个人思考这些问题的过程也就是一个自我反思、自我提高的过程。他还将个人的人生感悟与我们分享：“回首向来萧瑟处，也无风雨也无情”，人生旅途有顺境逆境，不论是自然界的风风雨雨，还是人生的荣辱升沉都是常见的事，我们应该保持通达、豪放、乐观的精神，“不以物喜，不以己悲”的态度，以“不变应万变”，这样才能使胸襟开朗、意志坚定、信心满满，从容应对人生各种问题，面对未来挑战。这番肺腑之言令我们受益非浅。

还沉浸在符校长富有哲理的话语中，南洋理工大学教育学院教授们的讲座，又让我们大开眼界。这些讲座包括了新加坡教育制度、教师评估、教师在职培训、课程发展与设计、学习和思维的测评、创意教学法、科学的研究方法、学校教育领导学等各个方面，但是教授给与我们的远不止这些，课程之外内容更让我们动容：以“生命列车”为题的配乐诗画让我们更深入地思考人生，“我爱新加坡”的歌曲、“五月的花海”共青团之歌让我们感受到教授们对自己祖国的挚爱……这些能引起共鸣的情感交流瞬间拉近了两国师生之间的距离。在这个时候内容和形式都不重要了，教授们自身的人文素养让我感受到了一种无形美，一种让人心中升起怜悯、热爱、共鸣或赞叹的美。这种心灵的沟通，才是教育的真谛。

不仅是这些学者教授，新加坡的普通老师也有很高的人文素养。在新加坡教师入职的门槛较高，教育部录取的教师大学成绩一般排在全国的前30%。教师属于国家公务员，享受高薪和公积金待遇。这充分体现了政府对教育的重视，也使更为优秀的人才进入了教师队伍。新加坡还非常注重教师的培训，强调终身学习，鼓励教师不断争取更高的专业资历。并开通网上培训自习平台，每位教师每年都必须参加100小时的教育培训活动，同时享有津贴，用来购买书籍或材料。注重学习过程的分享、合作和反思，学校也支持、鼓励、推动教师们自发地提高专业素养和技能，让教师们在自己的工作岗位得到满足感。此外教育部还颁布了一套完整的教师评估细则。校长及学科主任每年根据教育教学目标的完成情况对教师进行细致的评估，评估分五个等级。A等：表现杰出，并且超额完成任务，大约占到全部教师的5%；B等：表现优秀，占大约25%；C等：能胜任工作，占大约65%；D等：表现一般；E等：不能完成本职工作，（D、E合计约5%）。C等是基本要求，D等级教师将接受校长的谈话，E等级教师将面临解聘。教师的资格晋级更室体现激励机制，如若教师连续三年C等，不可以晋级。在这个评估体系中还包含着潜能评估，它是校长及学科主任对教师能否胜任更高职务、以及未来可能的发展方向做出评估。学校将为这些有潜能的教师制定“未来领导培训计划”。新加坡教育部为教师的职业发展设计了三条“管道”：

教师管道　　教师－科主任－高级教师－特级教师

领导管道　　教师－级主任－部门主任－副校长－校长－司长

专业管道　　教师－级主任－高级专科发展员

每条“管道”都体现着教师资格与任用、培训、晋级的紧密关系，使得教师的资格更具灵活性，使教师潜力的挖掘更有活力。

新加坡的教师入职门槛高，又有系统的培训和严格的考评，因此他们普遍具有很高的专业技术和人文素养，所以除了教书育人，他们还在生活的各个方面对学生有着潜移默化的影响。新加坡的教师工作很辛苦，他们每周大约有33—36节课（每节课30分钟），平均每天要上7节课。下午2点开始课程辅助活动，没有活动的学生和教师可以离校（每个团队每周活动两次），但是很多老师都会主动留在学校备课、处理作业或者给有需要的学生辅导，通常都会到5点钟以后才离开，而有课程辅助活动的教师6点以后才能离校。新加坡的教师都是多面手，每个人除了教两门课外，还要负责课程辅助活动，有的还要做行政管理工作，虽然很辛苦，但很乐观、很敬业、很爱学校和学生。因为他们认为工作是个人能力的体现。

教育不是为生活做准备，而是生活本身

利用每天晨练的机会，我参观了新加坡的许多街道，发现新加坡排水、蓄水系统的主要特点是用明渠。大大小小的明渠星罗棋布，形成了城市排水、蓄水的网络，这些明渠暗沟将雨水分别排向新加坡的17个大蓄水池，成为水资源的重要源头。暴雨过后，道路上不会产生积水，明渠的优势正在于此。

在考察中我们还参观了滨海湾堤坝和新生水厂，了解到滨海湾堤坝的主要作用是防治海水倒灌并进行海水淡化，新生水厂则是将污水再转化为饮用水，这两项建设形成了解决淡水资源的系统工程。新加坡已从水资源的严重短缺国，逐渐成为水资源能够自给自足的国家，尤其是，在解决自身水资源问题的同时，新加坡已成为掌握世界先进水务技术的国家，并进而成为水资源管理先进国和水务技术输出国。从新加坡由水资源弱国变为水管理强国的过程中，我们也看到了事物是可以向相反的方向转化的。只要有一种自强不息的精神，缺点可以转化为长处，不足可以转化为优势。对一个人来说是如此，对一个国家来说也是如此。

有了前面的发现，当我们再来到立才中学，参观这个被称为“西区环保教育卓越中心”的学校时，我才更深切地感受到新加坡中学开设的课程是相当重视与国情、社会问题相联系的。学校将解决水资源问题及环保问题作为课程辅助活动的重点，在校园中建造模拟污水处理水池、水处理人造湿地并在学校附近的班丹蓄水池中建造了浮动湿地。学校的中一至中四年级开展了环保认养活动：分别认养了双溪布洛湿地、班丹蓄水池与双溪班丹、西海岸公园、滨海湾堤坝，学生们在活动基地实地操作，自主学习。他们的学习之旅就是生活本身，其中涌现的环保积极分子更是将学习的内容融入个人生活。他们在社区积极参与环保与绿化活动，向居民们宣传污染环境带来的不良影响和废物再循环对保护环境的重要作用。相信在他们中间一定会涌现出未来的水资源专家和环保专家。

除了有面向当前的学习活动，新加坡还非常注重面向未来的教育，坚持不

懈地创造以学习者为中心的环境，设置具有前瞻性的课程。传授在知识经济社会中取得成功的重要技能，是新加坡教育的又一强项。

在林景中学考察的最后一天，我们随同手机课外学习小组走进了“启发式学习之旅”。校园中的太阳能发电机喷水池就是该小组的研究性学习成果。通过GPS卫星定位，再加上有强大的企业提供学习资源，学生们可以通过手机随时随地查询资料、拍摄传送图片，师生们还可以利用手机适时地提问和反馈学习进展，或者讨论相关问题的解决方案。这个结合了资讯及通讯科技的课程大大提高了学生自主学习的能力。这是在国家资金和资源帮助下研发出的学校创新课程，通过学校和企业合作，运用尖端科技开拓新的教学途径，让师生尝试全新的教学体验。林景中学教师和学生共同设计研发的类似学习项目，还有七个站点。

让学生们走出教室进入社会自主学习，这样的学习方式从学习兴趣、学习方法到学习能力的培养都为学生的终身学习奠定了坚实的基础。

此外，林景中学还是教育部指定的“设计与工艺科技卓越中心”，为学生提供了许多关于设计与创新的课程，从而发展学生在这方面的潜能。学校与跨国公司进行合作，公司为学校提供了两套设计软件，即“Inventor”和“Maya”,让学生把自己设计的平面图通过软件转化为三维图，然后动手制作出实物模型，优秀的学生设计还曾获得过教育部颁发的设计与工艺科技奖。这是培养创新人才的课程，是面向现代化、面向世界、面向未来的教育。

校园文化不仅是图像的展示，更是人文精神的传递

新加坡的中学都不追求豪华的外观，更不盲目攀比，建筑设计上几乎相同，在美观、大方的前提下尽量考虑适用性，不至于浪费。教室里没有装空调，只有几个吊扇，很多学校没有体育馆。但新加坡的学校十分重视校园环境的建设和文化氛围的营造，注重在校园内挖掘能体现人文精神教育的人文景观，对师生起到潜移默化的影响作用。林景中学的宋美霞校长介绍说：新加坡每所学校都有自己独特的文化传统，校园文化建设是靠学校中的人、事、物、景、情等共同营造，日积月累慢慢孕育而成的一种氛围、一种感觉，最终形成一种校风。有着90多年悠久历史的传统华校南华中学在学校广场的八个八角形柱子上分别镶嵌着“忠、孝、仁、爱、礼、义、廉、耻”八个大字；德明政府中学校园中安放有孔子的塑像……特别是在林景中学的校园中，看到新加坡历史大事记、新加坡教育目标、林景中学的愿景及校训、学生绘画作品和巨幅

学生艺术活动、绿化活动、海外交流的照片，每个从此经过的学生看到照片里的自己和朋友，怎会不激起强烈的主人翁精神？怎会不激起美好的憧憬和向上的动力？艺术墙让他们明白未来不是梦，学校是理想开始化为现实的地方。几天的参观让我们于细微处体会到了新加坡熠熠生辉的校园文化，也感受到了它对师生的深刻影响。

新加坡的校园文化建设除了有形的还有无形的，学校教育非常重视培养学生的创新实践能力。无论哪所学校，都以学生富有想像力和创造力为荣。新加坡的学校有较大的办学自主权，学校开设的校本课程、学生在各方面取得的成果都是学校的特色和亮点。特别是在“群育”活动中培养学生领袖，更是新加坡校园文化的一大特色。

畅所欲言的交流平台，我以我口说我心

我们深入学校的一个重要的内容就是随心所欲地听课，新加坡的课堂教学生动活泼，令人耳目一新，特别是一节独特的华文课给我留下了深刻的印象。这是新加坡林景中学的一节华文课，教学内容为每个同学做“3分钟口头作文”汇报，其他同学和教师进行评价打分（相当于我们英语的口语课）。之所以说它独特是因为学生汇报的内容和形式是不受任何限制的，你可以畅所欲言，尽情发挥，只要能表现你的口语水平和真情实感就好。第一个发言的是个男生，他神秘地对大家说：“见证奇迹的时间到了！我是刘谦。今天给大家表演三个小魔术。”他用的道具是纸牌和拼图，边表演边用地道的华文做简单介绍，并请嘉宾上台与他共同表演，我和长青校长都被邀请参与表演，魔术效果神奇，掌声和笑声几乎使大家忘了这是课堂。接下来发言的几位同学是华乐团的成员，他们的话题是自己学习演奏乐器过程中的酸甜苦辣，他们动情地说：他们非常感谢老师的帮助和同学的鼓励，现在的成绩让他们对自己的未来更有信心了。弹中阮的女生华文表达有些吃力，她的话语不多，但情感真挚动人。虽然每个人汇报发言的时间很短，但因为是说自己的心里话，发出自己的声音，其意义和收获比背几篇课文、记若干生词要来得深远得多，这也让我对国内的英语教学有了更多的思考。

以上是我此次在新加坡参观访学的真实感受和体会，谨以此和大家交流分享。

新的征程

甘为人梯终不悔——记天津市第四十五中学副校长、特级教师杨远芳

杨远芳，天津市第四十五中学副校长，化学特级教师。河东区人大常委，民盟河东区委副主委，天津市中小学“未来教育家奠基工程”培训班首批学员，被河东区委、区政府授予“河东区专业技术突出贡献人才”称号。在多年的教学生涯中，她本着“以人为本，育人至上”的宗旨，全身心地投入到教育教学工作中，用辛勤汗水书写自己教书育人的真实历史，用真诚托起学生立志成才的希望。

一、做学生的良师益友

杨远芳酷爱教育事业，处处以良好的师德、品德为学生做表率。在班主任工作中，她坚持“以人为本、育人至上”的原则，始终做到以德示人，以情感人，真心助人，平等待人，以老师特有的自觉积极培育真挚、热烈和深沉的爱生情感。她用爱心、耐心对待学生，心甘情愿地奉献自己的全部精力和心血，对每个学生给予尊重和信任、关怀和爱护、同情和理解。

为了帮助学生尽快适应高中阶段的学习，她请来了刚刚考上重点大学的上届学生，传授学习经验；倡议办起“化学与生活”研究性学习专栏，自己挤出业余时间首先写稿、策划；带头为初一患重病的学生捐款；把自己珍爱的藏书借给同学们传阅：到特困生家中走访，为该生购买文具、申请助学金；为母亲患癌症去世、家庭生活拮据的高三毕业生，捐助了上大学的第一笔资金。

作为一名特级教师，杨老师充分发挥自己的专业特长和优势。如：参加蓟县科技周活动和民盟中央“农村教育烛光行动”，为蓟县化学教师举办《高三总复习策略》和《新课程化学教学实践体会》的专题讲座，为中山门街低保家庭子女开办暑期义务辅导班，得到学生家长的赞誉。2007年高考前夕，与20名民盟成员一起为中山门社区高三学生义务咨询，受到学生和家长的欢迎，为创建和谐社会做出自己的贡献。

二、做教学改革的开拓者

一名优秀教师贵在有独具匠心的教学见地，有与众不同的教学风格，而杨远芳就具备这样的特质。2003年她被评为特级教师，而这并没有成为她放松自己的理由。她更加努力地学习课程改革的新理念，完成了天津师范大学化学教学论研究生课程班的学业，用学到的新理论、新方法指导研究性学习和班级学习质量管理、指导教科研活动，并承担了市“十五”规划课题“联系社会生活实际的化学教育的研究”。

在教育教学改革中，她勇于探索和创新，认真思考化学教育如何适应今天时代发展的要求，积极进行课堂教学模式的探索，激发学生的学习热情，注重化学与生活、化学与社会的联系，结合化学联系社会生活实际的教学，注重提高学生的科学素养，注重培养学生的创新能力和服务社会的意识，树立以人为本的化学教育质量观。在教学实践中，她贴近生活，创设问题情景，开展“每日化题”活动，增加“化学与健康、化学与环境”的内容，如：“如何去除蔬菜残留农药，室内装修材料的污染”等新信息；鼓励学生自己设计探究“管道通”成分的测定等实验的方案，并在实验室动手实验；请天津师范大学化学与生命科学学院院长顾柄鸿教授，来校进行“化学与生活”知识讲座；带领学生到汉沽长芦盐厂参观，了解海水提取食盐后卤水的综合利用，KCl、$MgCl_2$、溴素的生产过程和用途。学生们在体会中写道：“这次实践活动，学到了许多课堂上学不到的知识，认识到了化学学习的重要性和必要性，同时也激发了学习化学的兴趣，深切体会到了化学离不开生活；生活离不开化学。”辛勤的汗水浇灌出累累硕果、该课题获天津市教育科学“十五”规划课题A级成果，成果论文12篇，校本教材4册，约9万字，有关资料及数据8万字，课题研究报告获天津市中小学第十届教研教改双成果二等奖。

2006年秋季，天津市高一年级开始了人教版新教材的教学，她以不断挑战自我的精神主动请战，率先成为新教材的实践者。两年来，她结合对化学新课程的教学，进行了认真的实践与思考，撰写出《高中化学新教材必修模块教学实践研究》等文章，从新教材试教中老师的困惑和问题，到相应的对策和建议，为今后老师在教学中少走弯路，为新课程的顺利实施做出了自己的贡献。10月，她完成了市级新课程研讨课《金属的化学性质》。该课受到人教社教材编写组主任和教授，市、区教研室的广泛好评，课堂实录光盘作为经验被推广到其他省市。她应邀出席“全国高中新课标教材实验研讨会”，并获中国教育学会化学专业委员会、人教社“在新教材实验中，积极推进教学改革，成绩显著”表彰证书。11月，她参加了课程教材研究所“十一五”规划重点课题、人教版“高中课程标准化学实验教材”《实验与教学资源的研究》课题组，并完成教学设计、教学反思多篇成果，PPT课件和自己拍摄的实验视频短片形成系列，上传市、区教研教学资源平台，为化学新课程改革丰富了新的教学资源。

三、做无私奉献的引路人

作为特级教师，她除了完成学校的教学任务，还担负着辅导青年老师的职责。多年来，她先后与校内外12位青年老师签订师徒合同，到82中学、田庄中学、育杰中学、98中学、盘山道中学等学校指导教学，为全区化学老师作《卤素》《化学物质及其变化》《青年教师专业成长之路》等专题讲座。在她的悉心辅导下，青年老师迅速提升教育教学水平，取得了不俗的成绩。她指导多名青年教师圆满完成了《高三化学实验综合复习》《正确使用药物》《化学能与电能》《SO_2的性质》《离子反应》《二氧化碳》等市、区级观摩课、受到了同行的一致好评。

2009年1月，她入选天津市中小学“未来教育家奠基工程”首期培训学员，更加激发了她的责任感和奋发进取的精神。通过不断地学习、实践、反思，她更新博客文章几十篇，毫不保留地将课题研究的经验、成果和教学资源与大家共享。她带领一批青年教师在“新课程背景下有效课堂教学策略研究”课题组开展行动研究，完成了《从生活中走进化学——化学有效教学策略研究与实践》的论文，为四十五中学中青年老师学科带头人举办《名师发展规律与成长路径》的讲座，促进了青年老师的成长提高。

四、做高效务实的管理者

在学校的管理和教学工作中，她注意发挥模范带头作用，始终保持奋发有为的精神状态，廉洁自律，为人谦和，虚心听取意见和建议，与周围教师互相帮助，团结友爱。作为主管教科研工作的副校长，她深入教育教学研究，注重将科研成果与教育教学实践相结合，加强课程改革实践究，提高校本教研质量，重视提高广大老师实施新课程的能力和水平及教师队伍的建设。她配合校长主持修改了四十五中教科研奖办法；制定了教科研制度、课题管理制度，加强了课题的过程管理；承担天津市第四十五中学第四周期继续教育校本研究计划制订及培训工作；创刊四十五中学《教科研简报》，为老师的专业化发展起到引领示范作用。举办课题研究展示课活动，推出市、区、校级展示课。切实发挥教科研的先导作用，以教法、学法研究为切入点聚焦课堂，成立四十五中学《学案导学提高课堂有效性的研究》课题组。申报并获得联合国教科文组织中国可持续发展教育（ESD）项目“十一五”规划重点课题“中小学有效课堂教学策略研究”课题——“新课程背景下有效课堂教学策略研究”的立项批准，并开题研究。

在履行岗位职责过程中，她注重落实科学发展观，提出和制定了四十五中学“校级学科带头人”培养人评选办法；四十五中学“校级名师”评选办法；四十五中学“校级名师”管理办法等学校骨干教师队伍建设制度。她的思路不断转化为教学效益，成为天津河东教育的新亮点……

杨远芳就是这样一个认真负责，敬业创新，精心育才，追求完美，崇尚荣誉的老师；同时又是一个善于思考，勇于实践，推动行业发展的领导者。她放飞的总是希望，然而她总是以一种超脱的信念坚守自己的育人阵地，用坚强的臂膀托起育才的梦想。

《求贤》2009.10总第218期。（撰稿：艳琴　责任编辑：王振江）

化学，因生活而精彩——记四十五中化学教师杨远芳

杨远芳　四十五中学化学特级教师。民盟河东区委副主委，区第十五届人大常委。她曾获市“双优课”一等奖、市三育人先进个人、市“十五”立功奖章、区专业技术突出贡献人才。

课上，杨远芳举起手中的一个小塑料袋问：“每块月饼包装里都有这个小袋，你们知道是什么吗?”“干燥剂。”很多学生马上回答。“你们打开看过里面的粉末是什么颜色吗?”“黑色的。”“这种黑色粉末是一种金属，你们想知道它是什么金属吗?”学生们的学习兴趣立刻被激发起来。

于是，学生们开始动手做实验探究它是哪种金属。有的学生往粉末里加冷水，有的学生加热水……课堂气氛非常“热闹”。经过分析思考，学生们最终得出正确答案：是铁粉。铁消耗了氧气，使食品延长了保质期。

不久前，杨远芳把这堂课的设计方案带到了在安徽黄山举行的“高中化学新课标教材实验研讨会”上。专家们给予高度评价，“杨远芳善于发现、观察，是教育中的有心人。”

走进杨远芳的课堂，处处能感受到她的教学理念，化学离不开生活，生活离不开化学。

“葡萄糖酸锌口服液……”杨远芳话音未落，“蓝瓶的!”学生们就在下面回应。像这些学生们喜闻乐见的“广告语”经常被她引人课堂。“缺锌的孩子易得多动症。”杨老师总是不失时机地引导学生在生活中学习化学。她还时常提示学生到超市购物时，要注意看食品的保质期、所含成分等，引导学生不

仅做生活的有心人，更要懂得其中的道理。

这两天，杨老师正和学生们一起筹划一个题为“化学与生活”知识竞赛，让学生在生活中学习化学。“食盐为什么必须加碘?”“酱油为什么要加铁?”……这些生活中常见的现象，都被她纳入竞赛试题中。

每节化学课前，杨远芳都要开展“每日化学”活动，由学生讲述“化学与健康”“化学与环境”等方面的知识，如“如何除去蔬菜上的残留农药”“室内装修材料的污染”等；她还带领学生到汉沽长芦盐厂参观，了解海水提取食盐后卤水的综合利用，KCl、$MgCl_2$、溴素的生产过程和用途；她鼓励学生自己设计“食用调料”成分的测定等实验方案，激发学生学习和探究的兴趣。学生们说：“化学，因生活而精彩。”

杨远芳认为，学化学不仅仅是学习几个化学方程式，更要提高学生的科学素养和生活质量。我们的化学课不仅要培养化学家，还要培养更多的有化学素养的公民。

本报记者徐德明（天津教育报2007年11月9日）

《教育·人物》第八期台本

一、片头

二、正文

(演播室一)

主持人：

纵观事业发展，聚焦教育人物。观众朋友大家好，欢迎收看《教育·人物》。

今天我们将为您介绍的是天津市第四十五中学副校长杨远芳。杨远芳老师不仅是单位的业务骨干，同时还是单位的领导，多年来，她不仅凭借出色的专业技能在教育教学工作中多有建树，更凭借着高超的管理技能得到了领导和同事的认可，促进了单位工作的发展。接下来就来让我们走进这位优秀的教育管理者。

短片：

杨远芳，天津市第四十五中学副校长，化学特级教师。天津市中小学“未来教育家奠基工程”培训班首批学员。

在教育教学改革中，她勇于探索和创新，认真思考化学教育如何适应时代发展的要求，积极进行课堂教学模式的探索，在教学实践中，她贴近生活，创设问题情景，极大地激发了学生的学习热情。

2006年秋季，天津市高一年级开始了人教版新教材的教学，她以不断挑战自我的精神主动请战，率先成为新教材的实践者。两年来，她结合对化学新课程的教学，进行了认真的实践与思考，撰写出《高中化学新教材必修模块教学实践研究》等文章，为新课程的顺利实施做出了自己的贡献。

作为特级教师，她除了完成学校的教学任务，还担负着辅导青年教师的职责。多年来，她先后与校内外12位青年教师签订师徒合同，并多次到82中学、田庄中学、育杰中学、98中学、盘山道中学等学校实地指导教学。

在学校的管理和教学工作中，作为主管教科研工作的副校长，她深入教育教学研究，注重将科研成果与教育教学实践相结合，加强课程改革实践研究，提高校本教研质量，重视提高广大教师实施新课程的能力和水平和教师队伍的建设。在履行岗位职责过程中，她注重落实科学发展观，提出和制定了四十五中学校级“学科带头人”培养人评选办法；四十五中学“校级名师”评选办法等学校骨干教师队伍建设制度，为促进教师自身专业发展，造就一支思想品德高尚、业务精湛、综合素质一流的名师队伍做出了贡献。

演播室二：

主持人：向大家介绍一下，我身边的这位就是本期节目的嘉宾——杨远芳老师。杨老师好！

杨校长：主持人好，观众朋友大家好。

主持人：我们今天的嘉宾是非常有特点的。是化学老师，而且还兼任着单位的管理工作。在这里我有一个问题想请教，从一位一线老师成长到一位学校的领导，从教授学生知识到带领同事工作，杨老师是如何来进行这个身份的转变的呢？

杨校长：从一线教师到管理者，最知道一线教师的需求。强化服务意识，为教师服务，使我迅速实现了身份的转变。

主持人：杨校长，我知道在实际教育工作中，您非常重视对学生学习兴趣的培养，可我们知道要想让一个孩子培养出一种兴趣并不是一项容易的事情，那您是通过哪些方式来调动起学生学习化学的积极性的呢？

杨校长：联系生活实际，激发学生学习化学的兴趣。通过实验探究，改变学生过于依靠接受式学习的方式。例如：在化学必修1第三章“金属的化学性质”，第二课时教材有“金属与酸和水的反应”，“铝与氢氧化钠溶液的反应”两个知识点，我选取月饼包装里的小袋黑色粉末和“管道通”中小袋灰色粉末，这些来自生活的素材，根据学生已掌握的金属与水、与酸反应的知识，让他们设计实验方案，探究月饼包装里的小袋黑色粉末和“管道通”中小袋灰色粉末分别是哪种金属粉末。学生学习化学的兴趣被激发，体验了科学探究的喜悦，培养了学生的观察能力、对比能力、分析能力，学习了实验研究的方法，收到了很好的教学效果。在这一过程中学生获得知识与技能，掌握解决问题的方法，获得情感体验。

主持人：杨校长，我知道您参加了多项教研课题的研讨和实践工作，还在教材改革的时候率先成为了新教材的实践者，应该说敢为人先是您工作风格的一个特点，我想知道是什么样的信心和勇气让您做到这些的呢？

杨校长：我深知作为一名优秀教师，贵在有独具匠心的教学见地，有与众不同的教学风格。鲁迅先生说过：“不满是向上的动力。”因为能时时觉悟到与社会进步的需求相比，自己还有很多不足之处，我必须永远保持学习和创造的动力，才能做一名称职的人民教师。新课程的实施中有许多的问题值得我们去研讨，面对新课程试验的客观存在，深感机遇与挑战的并存，更激励着我探索的勇气和对收获的憧憬。

主持人：杨校长，我们知道您经常参加一些支教活动和公益课堂活动，您觉得作为一名教师，她都会有什么样的社会责任呢？

杨校长：教师热爱教育事业，以良好的师德、品行为学生做出表率。在支教活动和公益活动中，充分发挥自己的专业特长和优势，得到学生的爱戴和家长的赞誉，为创建和谐社会贡献自己的力量。这种发自内心的真挚的爱，是一种示范，一种精神感召，一种巨大的启迪。同时，我也从学生的爱戴中得到巨大的满足、感到无比的欣慰。

主持人：好，谢谢杨老师今天和我们聊了这么多话题，按照我们栏目的惯例，我们会邀请每一位嘉宾都总结一下自己多年来从事教育工作的心得体会，今天也请杨老师为我们写下你的教育感言。

（在一个事先准备好的大红色留言簿上写下一段心得体会）

“终身教育——终身学习——终身研究”是教师走向成功的阶梯。

——杨远芳

好，感谢观众朋友们的收看，让我们相约下一期《教育　人物》栏目，再见！

杨校长：再见！

（出片尾：下期节目预告和制作人员名单）

第二部分　我的教学主张

联系社会生活的化学教育概说

《联系社会生活实际的化学教育的研究》是天津市教育科学规划领导小组批准的天津市教育科学“十五”规划课题（课题批准号：PE146　课题负责人：杨远芳）。经过三年的实践研究，课题组成员从转变化学教育观念，联系社会、生活实际进行化学教育，结合新课程改革理念，通过化学教学内容和教学方式的改革，树立全面的化学素质教育质量观，探索并为新课程改革、教材改革、教学模式改革和教育评价的多元化积累了经验。2005年课题结题获天津市教育科学“十五”规划课题A级成果，课题研究报告获天津市中小学第十届教研教改成果二等奖，河东区教育学会第十一届学术年会一等奖。

2006年秋季，天津市高一年级开始了新课程改革，国家教育部在化学新课程计划中特增设了“化学与生活”新课程，并在高中化学新课程标准中指出：“化学与生活”要使学生“了解日常生活中常见物质的性质，探讨生活中常见的化学现象，体会化学对提高生活质量和保护环境的积极作用，形成合理使用化学品的意识，以及运用化学知识解决有关问题的能力”。新课程标准的颁发，使我们坚信实验方向的正确性，也是对我们“十五”课题研究成果的最好肯定，化学学科组的全体教师备受鼓舞，决定将已取得的研究成果作为动力，开始新一轮的更深入的、更大范围的教学实践，在实践过程中边学习研讨、边教学实验、边评价改进，以此循环不断深入。

研究依据陶行知先生“生活教育”理论中所倡导的“生活是教育的源泉、教育的中心”、“教学做是一件事，不是三件事”、“生活本身具有教育意义，课程和教学同样具有生活意义”等主张，深入理解《普通高中化学课程标准》中提出的：“从学生已有的经验和将要经历的社会生活实际出发,帮助学生认识化学与人类生活的密切关系。”以新课程改革中强调重视教育与科学、技术、社会的紧密联系为指导，在日常化学教育教学中鼓励教师积极尝试“生活化”策略的运用，了解学生原有的知识结构，更多地关注现代社会和科技的发展，注重从日常生活现象导入化学教学，将所学化学知识用运用于改善日常生活，使化学教育“生活化”。“生活化”的教学情境注重知识来源于生活,以培养学生的学习兴趣为前提，引发学生的学习主动性。具体教学实践主要有：化学教学内容和教学方式的实践，创设“生活化”的教学情境；鼓励学生“教学做合一”；通过与日常生活密切联系的化学实验，比如“探究月饼包装里的小袋黑色粉末”等达到促进学生自主学习，激发学生学习兴趣，提高学生科学探究能力的目的。

化学教育与社会生活相联系有多种渠道和多个角度，是一个涉及很多方面的研究领域。本研究力图从优化教学内容、选择教学模式等具体教育教学实践着手，对这一研究领域做一些“冰山一角”式的探索。事实上，实践证明，这种探索也是深化教育改革，全面推进素质教育的可行途径之一。研究着眼于深化新课程改革这个时代主题，对于与生活实践相联系的化学教学过程进行探索；将定量与定性研究相结合；以优化教学内容、教学途径与方法为切入点；指导组织教师边研究、边改进教学，目的在于使化学教育教学真正充分发挥育人功能、发展功能，从而提高教学质量。本研究主要内容主要涉及下述三个方面：一是教学内容研究；二是教学途径与方法研究；三是实验研究。

我的教学主张主要介绍研究的背景和研究的内容，从定量研究的角度阐明研究的意义和效果。理论成果部分按照研究的先后顺序，主要是研究中形成的一些观点，呈现了对问题的认识及实践过程。我的课堂实践成果部分包括教学设计、教学案例、校本课程纲要和课内外活动，具有大量可借鉴的范例和内容。

问题的提出

最初我在化学教学中无意识地将生活中的化学小常识介绍给学生。如：在学习铝及其化合物知识时，随口而出“油条好吃但不宜常吃”、“炒菜不宜用铝锅，要用铁锅”等“题外话”时，学生往往流露出新奇、兴奋、愉快的表情。逐渐地，我在备课、上课时有意识地联系生活进行教学，屡试不爽，我也和学生一样越来越喜欢联系生活了，教学过程成了师生愉快的享受。

1997年新教材试教中，我对化学联系社会生活实际的课堂教学模式、教学内容进行了深入的探索。2002年我将“联系社会生活实际的化学教育的研究”申报为天津市教育科学“十五”规划课题，该课题获得天津市规划办教育科学“十五”规划课题结题A级成果，研究报告获天津市中小学第十届教研教改双成果二等奖。十多年的实践研究，特别是随着素质教育改革的深化、新课程标准的颁布，更坚定了我联系生活进行化学教育教学的信心。多年的“生活化”教育教学使我感受到，尽管这种研究与实践能够满足学生联系生活学习化学的渴望，顺应了素质教育的要求，符合未来教育发展趋势，但是，在实践中仍存在着很多因素困扰着“生活化”化学教学的实施，主要体现在以下几个方面：

一是应试教育对化学学科教学的影响。应试教育中中学化学教学片面强调升入高一级学校的考试需要，很多教师、学生都认为高考考什么，我们就应该教什么、学什么，“分数第一，其他都没用”，“学以致用是以后的事”，“考试一张试卷，考不出科学素质”等等。过于功利化的化学教学，忽视满足现实生活中人的需要，忽视学生对社会、生活、就业的化学素质的需要。

二是以往化学教材内容与学生生活脱节。新课改前的化学教材内容较多地注重化学学科知识的结构，学术价值和理性思维的训练，而对发生在身边的最基本的化学生活问题、化学社会问题却甚少涉及。新课程改革后，教材内容在这方面有了较大改观，比如增加了比较肥皂和洗涤剂的洗涤效果、对皮肤的刺激性有何不同等一些“生活化”内容。但与教师和学生的期望相比仍有差距，诸如装修材料等释放的甲醛对人体健康的危害性之类很多在现实生活中受到广泛关注的内容，教材中依旧没有提及。

三是传统精英教育“培养化学家”的观念依然盛行。尽管当前高中教育甚至大学教育都已成为“普及教育”、“大众教育”，以“培养化学家”为目的的精英教育已经不能适应今天时代的要求。但很多教师固有的传统观念、多年教学实践中形成的习惯意识一时难以改变。为了提高学生的考试分数，千方百计讲难题、练难题，不断重复训练占据了学生很多时间。

四是为教师开发课程资源的能力所限。主要体现在教师嫌麻烦不愿开发新课程资源，或能力不足等。

总之，鉴于化学教学难以摆脱长期应试教育形成的功利化倾向，远远不能满足联系生活学习化学、提高全体国民化学科学素养的需要，因此开展联系生活的化学教育研究，探索在化学课堂教学实践中把社会、生活中有意义的化学问题渗透到化学教学中，并改善原来的化学教育教学评价体系有着重要的现实意义。

国内外研究现状

一、国外的研究

1985年第八届国际化学教育会议主题是“教育为大众，化学教育为每一个受教育的人”，主张将化学教育从定位于“培养优秀化学家”转变为“向公民普及”。与会人员普遍认为：“化学将成为使人类继续生存的关键科学，因为它对于人类的供水、食物、能源、资源、环境以及健康问题至关重要，每个人的生命都要受到以化学为核心的科学成果的影响。因此我们必须向公众提供较好的化学教育。”

20多年来，国际化学教育会议的主题并不仅仅局限于化学学科的发展，而是更多地涉及到社会生活的方方面面，如：11届、15~20届国际化学教育会议主题分别是：“把化学带到生活中去”、“化学与全球环境变化”、“健康人类和应用化学”、“公众教育和化学素养教育及绿色化学和环境友好化学”、“服务于现代世界的化学教育”、“服务于全人类的化学和化学教育”、“公众对化学的理解”等。

国际上，首先提出“化学教育与全体公民有关”这一观点的是美国加州大学伯克利分校化学系主任、著名化学家G.C.Pimental教授，他认为：“即使化学本身能满足技术社会生存的需要，但在公众的心目中已产生恐惧心理，公众惶恐地注视着化学技术可能产生的毒害（空气污染即是明显一例），以致对这些技术成果的美好前景失去信心。普及公众的科学知识是当今最迫切的需要之一，对化学领域来说尤其迫切。”“身为教育工作者，必须提高广大公众对化学的认识水平，明白对科学（包括化学）的应用所带来的实际利益和出现的问题，使广大公众能合理权衡其利弊，这应是全民共享的教育需求，不只是从事自然科学的那部分人的需要。要扩大一般的教育对象，必须在中学里（对12-14岁的学生）开展有成效的科学教育，这当然也包括化学教育。”

此后，“向全体公民介绍化学”、“衣食住行样样离不开化学”、“把化学带到生活中去”等主张得到愈来愈多人的认同，将化学与现代生活结合俨然已成为一股国际潮流。其实质正如加拿大R.J.Ginespie教授所指出的，这乃是提高全社会公民的科学（化学）素质，以适应未来社会变化、技术进步和职业选择的需要。鉴于此，各国中学化学教育十分关注“化学与社会”问题。欧洲国家中，英国在这方面走在了前面，国家教育部门专门编制了一些紧密联系社会生活的中学化学课程。美国中等化学教育也一度专门强调面向社会，与生活相联系，他们的中学化学教科书《社会中的化学》，其编写宗旨就是紧密联系生活、联系社会。

2011年正值国际纯粹与应用化学联合会的前身国际化学会联盟（IACS）成立100周年，也适逢女科学家居里夫人获得诺贝尔化学奖100周年。第63届联大通过决议，将2011年定为“国际化学年”（International Year of

Chemistry)。国际纯粹与应用化学联合会主席妮可·莫罗指出，化学将在解决全球面临的主要挑战，包括人类健康、粮食安全、能源和可持续发展方面发挥重要作用。美国国家自然科学基金委主任马修·普拉茨（Matthew Platz）表示，国际化学年是一个向公众宣传的绝妙机会，能够引导人们认识到化学涉及日常生活的方方面面。“我们也特别荣幸能与许多睿智、精力充沛的年轻人共同参与国际化学年系列活动”。国际化联希望活动能够增加公众对于化学的欣赏和了解，提高年轻人对于科学的兴趣，培养对于化学未来发展的热情。

二、国内的研究

化学教育与社会生活密切联系的观点盛行至今，结合今天我们的国情，具有重要现实的意义。目前蔬菜残留农药、面粉增白剂、三聚氰胺奶粉、瘦肉精、染色馒头、有毒豆芽等与化学有关的食品污染等问题的出现，急需向普通民众提供相关的化学教育，提高每个公民的化学素养，以应对实际生活的挑战，提升生活质量。

1990年首都师范大学率先开始为非化学专业学生开设“生活化学”选修课并进行了相关一系列的研究，带动了全国高校“生活化学”课程和教材建设，在提高学生化学素养方面积累了经验。然而具体到中学教学中，直至新课程改革前相关此类的课程设置和教材建设都很少见，相关研究成果亦鲜有出现。

1999年6月，由中共中央、国务院主持召开的第三届全国教育工作会议上，在《关于深化改革全面推进素质教育的决定》中提出：“调整和改革课程体系、结构、内容，构建符合素质教育要求的新的基础教育课程体系。”我国从1999年开始启动新一轮基础教育课程改革。2001年6月，教育部《基础教育课程改革纲要》中，在课程内容的改革方面，强调“改变课程内容‘繁、难、偏、旧’和偏重书本知识的现状，加强课程内容与学生生活以及现代社会和科技发展的联系，关注学生的学习兴趣和经验，精选终身学习必备的基础知识和技能”。《纲要》在课程的实施、引导学生学会学习方面也提出了具体的要求：“改变课程实施过于强调接受学习、死记硬背、机械训练的现象，倡导学生主动参与、乐于探究、勤于动手，培养学生搜集和处理信息的能力、获取新知识的能力、分析和解决问题的能力以及交流与合作的能力。”国家教育部在化学新课程计划中特增设了14个化学与生活、化学与社会等实践性课程。化学课程以提高学生的科学素养为主旨，从“知识与技能”、“过程与方法”、“情感态度与价值观”三个方面制定了新的化学课程标准，新课标指出：“化学与生活”要使学生“了解日常生活中常见物质的性质，探讨生活中常见的化学现象，体会化学对提高生活质量和保护环境的积极作用，形成合理使用化学品的意识，以及运用化学知识解决有关问题的能力。”课程内容充分体现“从生活走进化学，从化学走向社会”的新理念，明确提出要转变学生的学习方式，发展学生的科学探究能力。2001年《义务教育化学课程标准(实验稿)》在全国公开发行，与此相配合的教科书在全国38个试验区试行。

在2006年天津开始进入新课程改革试验，《化学与生活》选修课正式纳入中学课程。当然，仅仅靠一本选修教材，部分学生参与学习，远远不能满足联系生活学习化学、提高全体国民化学科学素养的需要，更重要的是教师应在日常化学教育教学实践中把有意义的社会、生活中的化学问题渗透到教育中。随着教学实践的不断深入，我们在实践过程中边学习研讨、边教学实验、边评价改进，进行相关一系列的探讨研究，涉及到很多具体问题，比如，在课堂教学中如何在较短时间内将广泛的生活化学知识介绍给学生，大幅度增加化学与社会生活联系的知识内容，必然影响必修教材的知识学习，如何既完成教学任务，又扩展生活内容？这需要两者间“度”的把握。这一问题在当前义务教育课程教材和高中化学新教材中均有所体现，说明我们在这一问题上取得了一些经验。但从我国课程实践的现状来看，对这个“度”的把握仍有待提高，课程教材脱离学生、脱离生活、脱离社会的现象仍然比较严重。

总之，教育生活化与生活教育化是现代教育发展的一个大趋势。如何真正做到教育关注学生的生活，与学生的生活世界密切联系；寓教育于学生的日常生活之中，注重学生的日常生活情景的教育性，使学生在日常的生活世界之中受到教育，依旧是值得广大教育工作者投入更多精力深入研究的重要课题。

研究的理论依据

本研究探索的联系生活的化学教育是一种基于学生生活经验，激发学生学习兴趣，丰富学生生活实践，促进学生生命成长，提高学生生活质量和终身学习能力的教育。研究的理论基础主要有：

一、陶行知“生活教育”理论

陶行知先生的生活教育理论提出：“从定义上说，生活教育是给生活以教育，用生活来教育，为生活向前向上的需要而教育。从生活与教育的关系上说，是生活决定教育。从效力上说，教育要通过生活才能发生力量而成为真正的教育。”具体包括三方面主张：“生活即教育”，这是陶行知生活教育理论的中心；“社会即学校”是“生活即教育”思想在学校与社会关系问题上的具体化；“教学做合一”是“生活即教育”在教学方法问题上的具体化，这三方面集中反映了他在教育目标、内容和方法等方面的主张。

1. “生活教育”：生活有教育的意义，具有教育的作用；生活决定了教育，教育不能脱离生活；教育为改造生活服务，在改造生活的实践中发挥积极作用。“生活即教育”主张是对传统教育脱离实际，脱离生活的批判。

2. “社会即学校”：整个社会活动，就是我们教育的范围；到处是生活，即到处是教育；整个社会是生活的场所，亦即教育之场所。把整个社会、整个人生都列入生活教育范畴，从而把社会教育，家庭教育，终身教育联系起来，构成一个完整大教育体系即当今所讲社会终身教育体系。

3. “教学做合一”：“教的方法根据学的方法、学的方法根据做的方法，教与学都以做为中心，在做上教的是先生，在做上学的是学生。“所谓‘做’是包含了广泛意味的生活实践的意思……教学本质是学习，而‘学习’也就是实践，学而后能教人。”

生活教育思想对联系生活的化学教育探索具有指导意义，特别是对贯彻落实“深化教育改革、全面推进素质教育、构建一个充满生机的中国特色社会主义教育体系”宏伟目标，在学校教育教学实践中进行生活教育的探索更具现实意义。我们也应该认识到，这种探索当前还处在一个起步阶段，是真正将由应试教育向素质教育转变落实到教育实践中的一个尝试，这种尝试不仅需要时间也需要本着对教育、对学生负责的态度不断开拓进取。

美国化学会主席布里斯罗曾说“化学是一门中心的、实用的、创造性的学科。”是最为接近我们生活与社会的学科之一。《普通高中化学课程标准》前言部分指出:“从学生已有的经验和将要经历的社会生活实际出发,帮助学生认识化学与人类生活的密切关系。”新课改更加重视教学与科学、技术、社会的紧密联系，因此，在联系生活的化学教育教学中教师应积极尝试“生活化”策略的运用，了解学生原有的知识结构，更多地关注现代社会和科技的发展，注重从生活走向化学，从化学走向生活，使化学教学“生活化”。例如：我们创设“生活化”的教学情境，“教学做合一”，通过实验“探究月饼包装里的小袋黑色粉末”，达到了促进学生自主学习,激发学生学习兴趣的目的。同时体会到陶行知的“生活教育”给我们的:“生活是教育的源泉、教育的中心”。“教学做是一件事，不是三件事”。“生活本身具有教育意义，课程和教学同样具有生活意义。从心理学角度看，当学习内容与学生熟悉的生活背景越贴近，学生自觉接纳知识的程度就越高。”“生活化”的教学情境注重知识来源于生活,以培养学生的学习兴趣为前提，引发学生的学习主动性。

二、建构主义理论

皮亚杰建构主义理论认为，学习总是与一定的社会文化背景即“情境”相联系的，在实际情境下进行学习，可以使学习者能利用自己原有认知结构中的有关经验去同化和索引当前学习到的新知识，从而赋予新知识以某种意义；如果原有经验不能同化新知识，则要引起“顺应”过程，即对原有认知结构进行改造与重组。总之，通过“同化”与“顺应”才能达到对新知识意义的建构。如果不能提供实际情境所具有的生动性、丰富性，同化与顺应过程较难发生，学习者对知识的意义建构就会出现困难。

建构主义学习理论强调学生是认知的主体，是知识意义的主动建构者；教师只对学生的意义建构起帮助和促进作用，并不要求教师直接向学生传授和灌输知识。这对于教学设计至关重要。从“学生”出发还是从“教师”出发将得出两种全然不同的设计结果。至于如何体现学生的主体性，建构主义认为可以从三个方面努力：① 要在学习过程中充分发挥学生的主动性，要能体现出学生的首创精神；② 要让学生有多种机会在不同的情境下去应用他们所学的知识(将知识“外化”)；③ 要让学生能根据自身行动的反馈信息来形成对客观事物的认识和解决实际问题的方案(实现自我反馈)。

三、素质教育理论

现代教育理论是本课题研究主要理论依据。中国教育发展纲要中提出的实施素质教育的决策，为本课题提供了理论依据。主体教育的理论基础是马克思主义关于人的全面发展学说，特别突出人的“发展观”、“活动观”。在此基础上建立起来的“以学生为主体”的教育教学观念，是实施素质教育的思想核心。事实上，人的能力只有在活动中才能形成和发展，学生的创造个性和创造思维只有在充满主动性、开放式的思维活动中才能逐渐形成。因此，要把教学过程本身建构成学生主动参与和提高的过程，要让学生在民主、宽松、和谐的教学氛围中生动活泼地发展。这样，学生的主体作用才能得到最大限度的发展，培养学生的能力才能成为可能。在教师指导下学生参与多种学习活动、实践活动是实施素质教育的重要内容，也是促使学生全面发展的必然途径。

教学内容、途径与方法

优化“化学与生活”教学内容遵循的原则

教学原则是指导教师教学和学生学习的基本要求，是学校教育教学工作有效进行的指导性原则和行为准则。它反映了人们对教学活动本质性特点和内在规律性的认识，贯穿于教学过程的各个环节和各个方面。不同的教学指导思想和其所要达到的教学目的不同，应遵循的教学原则也有所不同。将化学教学与生活实践联系，优化教学内容，需要特别重视以下原则。

一、基础性原则

中学教育的基础性决定了化学教育是一种大众化的基础化学教育，因而，选择“化学与生活”内容应该遵循基础性原则。这一原则有两层含义，其一是从认知水平来说多以了解、常识性介绍层次为主；其二是从课程构建模式来说，主要以化学学科基本结构为课程框架渗透有关的“化学与生活”内容。

二、社会价值原则

“化学与生活”内容十分广泛，作为课程形态的“化学与生活”内容应该体现“化学—人类社会进步的关键”这一主题，因此，应该选择有关能源、环境、材料、健康等具有较高社会价值的内容。

三、动态发展原则

“化学与生活”教学思想表现出明显的时代性，这就要求选材时，尽可能反映人类最新、最有价值的成果，教师应该具有现代课程意识，不能以一成不变的内容为主要课程内容，要将不断涌现出的新成果引入课程。

四、体现民主性和尊重个性发展的原则

提倡教学活动的多样性，教学时间和空间的开放性，自主选择学习方式，多元化评价标准。

课堂教学中的生活内容

尽管新教材力图贴近学生的生活，但由于学生活动区域的局限，生活积累的贫乏，我们在教学时需要将教材内容通过与学生生活进行链接、拓展，改变以前主要靠老师讲解、演示，学生倾听为主的教学方法，让学生成为探索者，亲身实验，观察化学反应的过程，通过体验、讲述、总结等形式使学生获得成长。

围绕与学生生活相联系的课堂教学指导思想，全体化学教师群策群力，制定了按照教材章节顺序，将生活内容结合进课堂教学的原则，并编选了《化学与生活》校本教材（共二册)。《化学与生活》是根据高中化学教科书第一册、第二册的章节顺序，以化学学科基本结构为框架渗透有关的化学与生活内容，选择有关能源、环境、材料、健康等具有较高社会价值的内容，并不断将动态的新成果引入，倡导教学活动的多样性，教学时间和空间的开放性，学习方式的自主选择性，评价标准的差异性。特别注意了内容新颖、深入浅出，体现了科学性、知识性、实用性和趣味性，有较强的前瞻性。通过创设生动的学习情景，引导学生认识化学与人类生活的密切关系，理解和处理生活中的有关问题，诱发学习兴趣，开阔眼界，加强理论与实际的结合。引导学生积极探索，强化能力的培养。如：第一册第五章物质结构　元素周期律选编了：未来的燃料——氘、第三代空气污染、室内放射性污染、能测出文物年代的 ^{14}C、金属玻璃等内容。第二册第一章氮族元素选编了：汽车安全气囊、光化学污染、砒霜、$NaNO_2$与食盐的鉴别、五种开水不能喝、如何减轻蚊蜂叮蜇痛痒、氮的循环等内容。

校本课程中的生活内容

新课程标准倡导的是以学生为主体的教育理念，而校本课程正是课堂教学的延伸和补充。为了更好地让学生在现实情景和已有的生活、知识经验的基础上学习和理解化学；以学生的生活为基础，从生活出发引导学生理解生活的意义、生活的方式，从而解决学生生活中的化学问题并创造生活、享受生活；让

学生在化学校本课程的学习中获得快乐；从科学方法中寻求生活的最佳方式；理解创新在生活中的意义；从科学角度规范自己的生活方式，形成可持续发展的良好生活习惯，我们开设了与现实生活密切联系的校本课程。

一、化学与人类健康

这部分内容是根据高中化学新课程标准中“化学与生活”模块中“化学与健康”主题内容安排的，供我校高一年级校本选修课使用，学生课外阅读自学也可，化学教师也可以从中选取联系社会、生活的实例。

《化学与人类健康》在内容的选择上，以了解、常识性介绍层次为主，选择有关化学与人类生存和健康有重要关系的内容，如元素与健康、食品与营养、食品及其添加剂、水、日用化学品、农药、化肥、医药化学品等有关知识。培养学生热爱环境，热爱生活，激发创造精神，加强学生生活以及现代社会和科技发展的联系，增强主体意识，关注学生的学习兴趣和经验，陶冶社会责任心和使命感。以日常生活中的化学问题为线索，如常量元素、微量元素与健康。介绍氧、钙、钾、钠、氯、镁、铁、氟、硒、碘、锌、铝等对健康的影响，如何适当通过食物补充某元素，当缺乏某元素时有哪些表现，以及致癌元素的有关知识等。人体所需的营养物质、食物中的主要营养素、均衡膳食指导、食品添加剂与转基因食品、食品污染等。

《化学与人类健康》校本教材主要内容包括：地球上的化学元素、人体中的化学、化学元素与人体健康、食品与营养、食品添加剂与未来食品、水是生命之源、日用化学品与人的健康、农药与人体健康、化肥与人体健康、医药化学品与人类健康等章节。

二、走进奇妙的化学世界

《走进奇妙的化学世界》从生活、生产密切相关的环境、饮食、日用化学品、材料和能源五个视角出发，以十五个专题的形式呈现给学生，具体内容为：宇宙化学奥秘初探；唤醒沉睡的蓝色——海洋探宝；历史的警示——请珍爱我们的家园；隐形杀手——室内空气污染；关注健康——从元素开始；民以食为天——食品健康；厨房中的化学；保健品中的化学奥妙；让生活更美丽——日用化学品；生活小常识荟萃；丰富多彩的化学材料；变幻莫测的化学魔术；致命的诱惑——毒品；公平竞争——拒绝兴奋剂；人类生存的奠基石——化学能源。利用生动的语言和图文并茂的形式让学生认识到：只有化学才能担负起既要满足人类物质生活不断提高，又要防止环境问题的产生和恶化的要求。利用生动的素材让学生获得与化学相关的生活知识和与生活相关的化学知识，从而提高学生的分析、解释生活中问题的方法和能力，使之在今后的生活中转变生活态度和观念，采取科学的生活方式。如：让生活更美丽——日用化学品中介绍了化妆品与人体健康、化妆品的分类与性质、护肤品与美容品的区别、化妆品的正确选用与使用、正确选用洗面奶、防晒霜、洗涤用品与人体健康等。

三、化学与生活小实验

化学实验不仅是为学生提供感性认识的直接手段，而且也是激发学生学习兴趣、掌握化学知识、实验技能和科学方法，培养学生解决化学问题能力和科学态度、科学的自然观的一种重要而有效的途径和方法。

《化学与生活小实验》是根据高中化学新课程标准中“化学与生活”模块“以日常生活中的化学问题为线索，介绍化学知识及其应用。创设生动的学习情景，引导学生通过多种方式获取化学知识，认识化学与人类生活的密切关系，理解和处理生活中的有关问题”为指导思想，编选了诱发学习兴趣的化学实验设计、与生活相联系的化学实验设计，意在加强理论与实际的结合，引导学生积极探索，强化能力的培养。

在实验的选择上，特别注意了内容新颖，原理论述通俗，现象明显，操作简单，可以供高一、高二年级选修课使用；化学课外小组从中选题；化学教师也可以从中选取联系社会、生活的实例。主要内容有：番茄电池、化学冰袋、红糖变白糖、树叶电镀、面粉新鲜度的检验、烧不断的棉线、蛋白留痕、检验含碘食盐中的碘、检验尿糖、水果蔬菜中维生素C的测定、制作不易生锈的铁钉、指纹检验、干洗剂、检验水的硬度、洗发、染发香波、自制豆腐。

四、珍爱生命　远离毒品——青少年毒品预防教育

《珍爱生命　远离毒品》是根据教育部《毒品预防专题教育大纲》的要求，在中小学生中全面开展的毒品预防主题教育。本课程力求客观、科学地介绍毒品的有关知识；充分认清毒品对人类的危害；吸毒对人体生理、心理的毒害机理；介绍青少年预防吸毒的方法和途径，希望同学们珍爱生命、拒绝毒品。主要内容包括：吸毒对人生理、心理的毒害；吸毒对家庭的危害；吸毒对国家、社会的危害；毒品的种类和性质；几种常见的毒品；吸毒为什么会成瘾；吸毒成瘾的症状；毒品戒断症状；青少年如何预防毒品；毒品犯罪及处罚等章节。

教学途径与方法

一、联系生活实验探究

改变学生过于依靠接受式学习的方式是新课程改革的重要任务之一。强调科学探究是一种重要而有效的学习方式，积极开展科学探究活动，对于改变学生的学习方式和教师的教学模式具有重要意义。比如在高一年级人教版新教材化学必修模块1第三章“金属的化学性质”，第二课时教材有“金属与酸和水的反应”，“铝与氢氧化钠溶液的反应”，教学中尝试通过选取月饼包装里的小袋黑色粉末和“管道通”中小袋灰色粉末，这些来自生活的素材，根据学生已掌握的金属与水、与酸反应的知识，让他们设计实验方案探究月饼包装里的小袋黑色粉末和“管道通”中小袋灰色粉末分别是哪种金属粉末。

在教授人教版必修1化学与生活中“正确使用药物”一课时，让学生积极收集信息，将家中的药品包装盒及说明书带到学校，介绍药品性质、用途和使用注意事项，这种联系学生生活实际，创设情景引入新课，收到非常好的教学效果。

通过这些尝试我们真正体会到，新教材仅仅是学习的一个范例和文本，教师要破除“教教材”的传统观念，在实际课堂教学中对于如何选取知识，如何呈现知识还要依据课程标准和学生的认知规律，重新整合教学资源，通过教师本人的个性化创造，灵活处理教材。

二、联系生产实验探究

随着科学的快速发展，化学学科与物理学、生命科学、材料科学、环境科学、信息科学，甚至社会科学的许多学科，都呈现出相互协作、交叉、综合、渗透和融合的新趋势。因此，与我们生活息息相关的环境污染、水污染、纳米技术、高分子材料、克隆技术、生物制药等等，都是我们在教育教学中可以充分利用和发掘的。从学生关心的问题入手，激发学生的学习热情，调动他们的积极性，引导他们去探索化学知识的海洋，这一切我们都可以在教学中通过联系生产生活实际来实施。比如：“探究铁丝在氧气中燃烧为什么会火星四射”就是联系钢铁生产实际，创设宽松的学习环境，学生设计探究实验方案的一个典型案例。

“铁丝在氧气中燃烧”的实验，学生在初中已经做过，对于“产生火星四射”的实验现象，老师、学生都没有质疑过是什么原因。同样是点燃，同样是与氧气反应，普通细铁丝与镁条的燃烧现象为什么有如此大的差异？

事实上，贴近生活联系实际、增加动手实践能力也是学生的强烈希望和要求。注意从学生熟悉的身边现象入手，寻找新的视角和切入点，引导他们感受身边的化学物质和化学变化，不仅有助于学生增强学习的兴趣，发现问题、展开探究以获得新的知识和经验。还有助于学生加深对化学知识在生活、生产实际中应用的认识，关注人类面临的与化学相关的社会问题。这些对于学生价值判断能力、参与意识与决策能力的提高，社会责任感的培养等都大有裨益。

三、每日“化”题

每日“化”题是在化学课前3-5分钟，由学生讲与化学有关的话题。4位同学为一个小组，课前由学生收集和加工信息，由小组代表上讲台发言，时间一般不超过5分钟。学生平时注意收集相关资料的能力得到培养。

每日“化”题的演讲，不仅没有增加学生的负担，反而激发了学习化学的兴趣，学生可以在课余时间到计算机房、电子阅览室收集资料，主动进行一些相关的学习、研究，计算机和网络成了学生们探索性学习的最好工具，大大提高了他们运用信息技术的水平。目前通过这一活动，学生已搜集整理资料200多篇。

四、研究性学习

开设“化学与生活”研究课，目的在于帮助学生了解化学与现代人类生活的密切关系，建立学习动机体系，产生学习动力。研究性学习课程以“化学与生活”为主题，内容分别包括“化学与人类健康”“食品与营养”“日用化学品与健康”“保健品知识”“化学与环境”“毒品与化学”“化学与生活小实验”“生活小常识”等。研究性学习教学活动有实验探究、调查和讨论等形式，力求生动活泼，形式多样，讲究实效。结课成绩以学生搜集材料写小论文进行课堂演讲为主。

此外，还利用研究课进行实验探究，让学生设计自己感兴趣的实验，如“自制指示剂”“制备水果保鲜剂”“河东区河流污染调查”“污水净化实验”“加碘食盐中碘的检验”“‘管道通’的成分检验”“固体酒精的制备”“自制汽水”等去实验室进行探究活动，培养他们的创造精神，并不断激发学习兴趣，让学生应用他们所学的知识，探讨解决实际问题的方案。

五、社会实践

社会综合实践活动课是一种以综合性内容为主的活动课程，具有自主性、探究性、实践性的特点，它可以帮助学生适应时代的要求，培养学生的创新精神、实践能力和终生学习的能力。化学学科具有实践性、综合性、广泛性、实用性的特点，不仅要求学生学习基础知识，而且要求其主动了解社会科学知识，因此，化学学科为社会实践综合课的开设提供了广阔的领域。为了促进学生运用多样化的学习方式掌握知识，尽量使“化学教育生活化”，我们带领学生开展了参观汉沽化工厂、超市食品包装调查等社会综合实践课。

通过参观汉沽长芦化工厂，同学们了解了日常生活必备品——食盐的生产过程，从晒盐池到海水提取食盐后卤水的综合利用，即KCl、$MgCl_2$、溴素的生产过程和用途，同学们近距离接触到了制盐工业生产车间的各种大型仪器和设备。在专业人员的耐心讲解下，大家了解了制盐的经典流程。同学们发现，整个制盐过程环环相扣，上一个工段的产物即是下一个工段的原料，没有废弃物产生，处处体现着环保与节约理念。同学们在体会中写道：“这次实践活动，学到了许多课堂上学不到的知识，认识到了化学学习的重要性和必要性，同时也激发了学习化学的兴趣，深切地体会到了‘化学离不开生活，生活离不开化学’‘化学因生活而精彩’。”

在对超市食品包装调查中要求学生自己尽可能地认识绿色包装、了解采用绿色包装对于食品的好处，并鼓励学生宣传，尽可能使更多的人认识到绿色包装对于食品的好处。

六、举办讲座

选择有关能源、环境、材料、健康等具有较高社会价值的内容，如：导电聚合物、纳米技术及展望、绿色化学、可燃冰等进行“化学与生活”知识讲座。这些讲座既开阔了学生的知识视野又激发了学生学习化学的兴趣，培养了学生的思维能力和解决实际问题的能力。例如：导电聚合物讲座围绕着2000年诺贝尔化学奖获奖项目——导电聚合物展开，阐述了当前导电聚合物在生活中的应用和发展过程，以及在这个过程中产生的一些问题等，令同学们拓展了学术视野。讲座既有专业的解说，同时又将讲座者切身的科学研究经历与大家分享，引导同学们怎样去发现并解决身边出现的化学问题。

七、竞赛

开展主题为“化学因生活而精彩”的化学与社会、生活、科技知识竞赛。

竞赛试卷涉及化学与健康、环境、能源等热点问题，都是联系生活实际的课外题，联系学生的生活实际和知识储备情况，帮助学生开阔思路，创设生动的学习情景，引导学生以多种方式获取化学知识。这一活动不仅使学生学到了许多书本上学不到的知识，更丰富了学生的学习生活，了解了化学与生活密切相关，收到了很好的效果。很多学生在考试结束后，还认真讨论试卷上的题目，也有的找老师追根寻源，问个究竟。

八、墙报

利用业余时间，老师和学生一起从报刊、杂志、互联网等上搜集一些有关化学与社会、生活的内容，定期出墙报。其中有一期墙报主题为《珍爱生命远离毒品》，向学生介绍了世界卫生组织对毒品的定义。还介绍了常见的吗啡类麻醉药品有罂粟、鸦片、“白粉”和杜冷丁以及它们的毒性；可卡因、麻黄、麻黄素、冰毒、摇头丸、大麻等毒品的毒性和危害。学生们通过墙报介绍，对毒品有了一定的认识和了解，纷纷表示要远离毒品，自觉抵制毒品的侵袭，这样增强了学生的法制观念，提高了学生的法律意识。

还有一期题目为《漫话氟元素》，介绍氟气是一种活性高、毒性大的气体，用电解法制取这种气体，“塑料之王”——聚四氟乙烯、氟里昂、含氟牙膏等氟化物的性质和用途，学生们通过了解这些知识，增强了环境保护意识。学生们通过自己搜集材料、自己设计墙报，增强了参与意识，提高了归纳、整理、分析的能力，也发展了学生的自学能力和思维能力，学生的科学素养和文化素质都有明显提高。

实验研究结果与分析

实验研究简要说明

一、调查问卷

采用北京师范大学“中学生化学学习兴趣与态度调查量表”进行问卷调查，并聘请天津师范大学有关专家进行统计分析。

二、课题假设

提高学生素质的根本途径是教学。教学目的、教学内容和教学方法的优化可以提高教学体系的整体功能。因此，联系生活进行化学教育有利于学生素质的全面提高。

三、研究对象

1. 选取天津市河东区的3所中学，分别为45中（市重点），82中（区重点）和华英中学（普通校），在实验校的共4个实验班的高一、高二和高三学生中，采用抽样调查（见表1）。

表1.　调查对象分布

	高一	高二	高三
45中	1班 49人	1班53人	
82中	2班 50人		
华英中学			5班50人

2. 在实验校内确定实验班和对照班。45中实验班高一、1班全体学生49人，对照班是高一、2班全体学生50人。82中实验班高一、2班全体学生50人，对照班是高一、3班全体学生51人。两个班实验前的情况基本相同。

四、变量控制

自变量：教学内容和教学方法；因变量：学习结果（即时效果、长时效果)，学生学习化学的兴趣和态度，化学科学素养，化学学习成绩；控制无关变量，如：师资水平和学生的学习能力等。

实验研究结果与分析

一、结果与分析

1.学生化学科学素质全面提高，学习兴趣态度变化明显，化学成绩显著提高

在教学内容中增加化学与生活的联系是切实可行的，教学模式的多样性是有益的。高一开设“化学与生活”选修课，受到学生欢迎，成效显著。编写校本教材共4册。特别是实验探究课，体现学生“参与、探索、创新”的创新教育思想。学生按自己设计、准备的方案进行实验，学生专心操作、仔细观察，充分发挥了学生的主体作用，培养了严谨的科学态度、实事求是的良好学风。事实证明，学生通过探索性实验获得的不仅是科学结论，还包含对科学探究和科学创造过程的体验。实验充分调动了学生的主动参与意识，实现了学生的自主发展，获得了综合运用科学知识、科学方法解决实际问题的能力。高二化学课堂教学中，开展“每日化题”的演讲，不仅没有增加学生的负担，反而激发了学习化学的兴趣，学生可以在课余时间到计算机房、电子阅览室收集资料，主动进行一些相关的学习、研究，计算机和网络成了学生探索性学习的最好工具，学生运用信息技术的水平大大提高，搜集整理了资料200多篇。

（1）实验校总体情况

量表分数表明的学生化学学习兴趣与态度的一般状况（见表2）。

表2　实验前后化学学习兴趣与态度测量比较

学校	时间	样本数	最高分	最低分	X	S	Z	P	结论
45中	实验前	49	95	56	77.45	9.21	2.14>1.96	0.01<P<0.05	差异显著
	实验后	49	98	54	81.69	10.34			
82中	实验前	45	98	44	67.0	10.6	3.60>2.56	P<0.01	差异非常显著
	实验后	45	98	58	75.16	10.89			
华英中学	实验前	40	90	35	68.45	11.69	2.08>1.96	0.01<P<0.05	差异显著
	实验后	40	91	54	73.58	10.34			
总体	实验前	134	94.3	45	70.97	10.5	4.55>2.56	P<0.01	差异非常显著
	实验后	134	95.7	55.3	76.81	10.52			

实验后分组量表分数的平均分分布在73.58-81.69之间，标准差分布在10.34—10.89之间，表明来源不同的样本组平均分与标准差的差异并不十分显著。这一结论不难理解。尽管不同的学校在师资、生源、教学设备与条件等方面存在明显差异，这些差异可能会给学生在认知领域化学教育目标的发展方面带来显著影响，但却不一定会对学生化学学习兴趣与态度的发展带来决定性的影响。

从总体上看，学生对化学学习的兴趣和态度基本上是积极的而不是消极的（总体平均分=76.81 > 60，但这种积极的程度并不很高）。实验前后的分组和总体均出现显著差异，说明实验成效显著。

总体量表分数最高分98，最低分54，分布接近正态，表明学生在化学学习兴趣与态度方面的行为发展是不平衡的，接近于在知识、能力等认知领域的发展状况。

(2)实验前后化学学习兴趣与态度的比较

45中实验班在实验前后使用化学学习兴趣与态度量表进行了两次测量成绩（见表3）：

表3　45中实验前后化学学习兴趣与态度测量比较

	学习态度（3、7、14）	学习兴趣（1、4、11、15、17）	化学实验（2、6、9）	联系生活（5、8、20）	总评
实验前男生M	3.68	3.81	4.25	4.36	4.03
实验后男生M	3.82	3.97	4.32	4.61	4.16
P	P>0.05	P>0.05	P>0.05	P<0.01	P>0.05
实验前女生M	3.64	3.67	4.49	4.43	4.05
实验后女生M	3.85	3.96	4.51	4.67	4.25
P	P<0.05	P<0.01	P>0.05	P<0.01	P<0.05
实验前全班M	3.65	3.75	4.39	4.39	4.04
实验后全班M	3.83	3.96	4.41	4.61	4.19
P	P>0.05	P<0.05	P>0.05	P<0.01	P>0.05

82中实验班在实验前后使用化学学习兴趣与态度量表进行了两次测量成绩（见表4）：

表4　82中实验前后化学学习兴趣与态度测量比较

	学习态度（3、7、14）	学习兴趣（1、4、11、15、17）	化学实验（2、6、9）	联系生活（5、8、20）	总评
实验前男生 M	3.68	3.32	3.89	3.43	3.43
实验后男生 M	3.82	3.99	4.31	4.58	3.20
P	P>0.05	P<0.01	P<0.01	P<0.01	P<0.01
实验前女生 M	3.47	3.31	3.96	3.38	3.53
实验后女生 M	3.72	3.74	4.09	4.56	4.03
P	P<0.01	P<0.01	P>0.05	P<0.01	P<0.01
实验前全班 M	3.16	3.25	3.80	3.41	3.41
实验后全班 M	3.81	3.91	4.27	4.56	4.14
P	P<0.01	P<0.01	P<0.01	P<0.01	P<0.01

两个实验校得分率较高和较低的项目完全一致。

平均得分大于4.50的项目有4个，即项目20，5，8，2。其平均得分分别为4.67，4.55，4.55，4.53。

项目20，5都是关于化学联系生活的，反映出学生喜欢联系生活学化学（项目20）、认为化学在生产、生活中应用广泛（项目5）。

项目8是关于化学学习目的的问题。学生在该项目得分较高，说明学生已经能够认识到化学学习的更广泛的意义，并不因为高考不考化学就不去学它。在我国正在进行考试制度改革，无论新高考方案中设不设化学考试科目，学生都能不为考试而认真学习化学，对于全社会教育观念的更新是有重要意义的。

项目2，6，9都是关于化学实验的（平均得分4.34），反映出学生喜欢化学实验（项目2）、喜欢动手做实验（项目6得分4.11）、演示实验能够提高学生的化学学习兴趣（项目9得分4.40）。这一结果再次证明，化学实验是提高学生化学学习兴趣最有效的手段之一。

平均得分低于3.5的项目也有4个，即项目3，10，16，17。其平均得分分别为3.30，3.37，3.38，3.31。

学生对项目3，10，17（学化学用更多时间、常阅读有关化学的文章、化学比其他科更吸引人）的反应都说明，在当前中学生的课业负担较重的情况下，学生一般都不会给化学以特殊的注意，他们不得不在中学的各个必修课程上平均使用力量，不能偏科。在项目17上，选“说不清”的学生多达42%。这可能是学生的化学学习积极性趋中而并不表现出特别强的主要原因。

学生对项目16（化学不容易学好）的反应，与其所在的学校和年级有关。认为化学不容易学好的倾向，普通校比重点中学更明显，低年级学生比高年级学生更明显，女生比男生更明显。可见，学习条件及学习结果必然要影响学生对学科难度的认识。

统计结果还表明，45中实验班在实验前后的测评成绩，在“联系生活”“学习兴趣”“学习态度”几个项目上有很大或较大变化。全班在“化学实验”“联系生活”项目的兴趣与态度成绩较高（4.41–4.61）。“化学实验”项目的成绩稳定在较高水平，“联系生活”项目的成绩，全班后测结果明显好于前测结果（$P<0.01$）；“学习兴趣”项目后测结果略好于前测结果（$P<0.05$）。其中，女生在“学习兴趣”项目后测结果明显好于前测结果($P<0.01$)；在“学习态度”项目后测结果略好于前测结果($P<0.05$)；项目总评后测结果略好于前测结果（$P<0.05$）。

实验班总体、男生总评及部分项目后测成绩均稍高于实验前，但差异不显著。通过访谈了解，女同学对生活中的化学问题更感兴趣（如：食品与健康，日用化学品与健康），对课题研究的重视程度更高。

82中实验班在实验前后的测评统计表明，除女生在“化学实验”项目变化不显著，其他项目、男生及全班实验前后差异非常显著（$P<0.01$）。

（3）实验后化学成绩比较

45中实验班和对照班高一学年4次化学成绩比较（见表5）：

45中高一第一学期两次化学测验，实验班成绩与对照班无明显差异，一年后实验班和对照班的成绩有了较大差距。说明两班在实验前水平相同，也说明实验的短期效果不明显。除了化学成绩存在显著差异之外，两班学生的数学和物理成绩没有显著差异。

82中实验班和对照班高一、高二4次化学成绩比较（见表6）：

82中实验班与对照班4次成绩比较虽无明显差异，但高一第一学期两次化学测验成绩是实验班低于对照班，但高二第二学期期末实验班反而高于对照班4.16分，出现了明显变化。

华英中学实验班化学成绩变化不明显。说明学生在化学学习兴趣与态度方面的发展只是影响因素之一，而学生的学习成绩还取决于在知识、能力等认知领域的发展状况。

表5　　45中实验后两班化学成绩比较

班级	人数N		高一　第一学期		高一　第二学期	
			期中	期末	期中	期中末
实验班	48	$\bar{X}$平均分	79.48	89.25	82.65	81.48
		S标准差	12.59	7.88	7.06	10.45
对照班	49	$\bar{X}$平均分	79.27	86.98	79.88	74.84
		S标准差	9.07	8.18	6.76	11.63
		Z检验 P值 结论	0.094 <1.960 >0.05 无明显差异	1.39 <1.960 >0.05 无明显差异	1.98 >1.960 0.01<P<0.05 差异显著	2.99 >2.58 <0.01 差异非常显著

表6　　82中实验后两班化学成绩比较

班级	人数N		高一　第一学期		高一　第二学期	
			期中	期末	期中	期中末
实验班	48	$\bar{X}$平均分	49.7	61.89	66.43	65.18
		S标准差	10.84	11.64	11.05	9.12
对照班	49	$\bar{X}$平均分	50.2	62.02	63.46	61.02
		S标准差	13.52	12.81	13.02	12.42
		Z检验 P值 结论	0.18<1.960 >0.05 无明显差异	0.05<1.960 >0.05 无明显差异	1.11<1.960 >0.05 无明显差异	1.72<1.960 >0.05 无明显差异

2.教师素质迅速提高，教育科研创新探究精神被激发

培养素质全面的学生，关键在教师。通过研究证明，教师对化学教育观有了全新的认识和理解，在自己的教学过程中，更新观念，大胆地尝试改变课堂教学模式，有意识地结合某些章节，增加一些化学与社会、化学与生活的内容，不仅有助于培养学生化学实验的能力及科学探究的精神，同时有利于激发教师的科研探索热情，不断提升教师的专业化水平。

二、结论

高中学生化学学习兴趣与态度发展水平跟化学学习成绩有显著的正相关

关系。

不同类型的学校高中学生化学学习兴趣与态度发展水平无显著性差异。

教学内容、教学模式是影响高中学生化学学习发展水平的主要因素之一。本实验采取的教师教学行为可以促进市区重点高中学生化学学习水平的发展。实验在重点校进行的效果好于普通校，主要原因是学生的素质不同，在参与教学活动中的目的性和重视程度不同。所以，在化学教学中，结合教学内容，进行政治思想教育、理想教育和品德教育，也是培养学生学习化学动机，提高教学质量的重要因素。

课程改革的目标和内容设置是与学生的实际相适应的，“联系社会生活实际的化学教育”是有效的。主要表现在：一是教师会教、善教，观念更新，自身素质、教学和科研水平不断提高。“教师中心”、“教材中心”的教学模式和做法离教师远去。二是学生愿学、会学、善学，学习的动力被激发，知识和能力得到同步发展，尤其是化学联系生活、实验探究能力有了很大提高，学习成绩也稳步提高。

本研究还处在一个探索的阶段，对很多问题还没有来得及进行更加深入的探讨，研究本身也还存在着局限性、片面性，有待今后主要在以下几方面不断加以完善：

由于新课程改革举步维艰，课程的设置、教学内容的取舍受升学等评价标准的制约。该课题试图解决旧课程计划中以知识体系为中心，忽视联系实际，忽视学生的创新意识的培养等方面的不足，只有教育行政领导、教师乃至家长的教育观念真正改变了，以上目的才能真正实现。而教育观念的转变不是一朝一夕就能实现的，也不可能等教育观念都转变了、都统一了再开始实践，只能在教育教学实践中，边做边总结、边探讨，在不断地实践和探索中使研究逐步深化。

选修课、实验探究课和社会实践活动因客观条件的制约还不能完全满足学生的多方面、多层次的个体需要，也在一定程度上制约了课题研究的深度。选修课和实验探究课内容的丰富、知识的扩展、种类的增加、形式的更加多样是今后研究探索努力提高的方向。

在实验研究阶段，由于无法对三个实验校的实际学科教学进行严格的设计和控制，所以能不能对学生最终的化学成绩，实验测评数据的影响程度以及对与化学成绩有关的数学及物理成绩的影响程度做出更加充分的说明，有待于今后进一步深入研究。

高中生学习化学的调查

——联系社会生活实际的化学教育初探

长期以来，中学化学教育片面强调升入高一级学校的需要，而忽视满足社会的化学需要；忽视学生对社会、生活、就业的化学素质的需要；较多地注重化学学科的学术价值和理性思维的训练；而对发生在身边的最基本的化学生活问题、化学社会问题却知之甚少，更不用说具有解决有关化学问题的能力了。结合化学联系社会、生活实际的教学，让学生进一步理解化学知识在社会和生活中的应用，把“培养化学家的化学教育”转变成“为公民的化学教育”的目标，以提高全民族素质。这种化学教育教学新理念的内涵跟素质教育是完全一致的。

高考实行“3+X”理科综合考试以后，对高中的化学教学产生了较大的影响。高考理科综合能力测试注重学生解决实际问题能力的考查，注意试题与社会实际的联系，2004年高考理科综合能力测试与社会实际等直接联系的化学试题累计分数为51分，约占全卷化学部分的42.5%，给高考备考带来了新的挑战和新的问题，如：高考复习投入大，但收效少，教师存在缺乏信心和无所作为的思想，为了清楚地了解高考改革后对学生学习化学的影响，化学教学中存在的问题，探索化学教学改革的方向，我们《联系社会、生活实际的化学教育的研究》课题组在高中进行了一次关于高中化学教学问题以及当前学生学习化学现状的调查。

一、问卷调查的范围与方法

本次问卷主要就新高考形式下学生学习化学的兴趣、态度，对化学学科的认识，化学与社会生活实际的联系，选择报考专业的考虑以及对化学学习认识的影响等方面提出了20个选择题和1个学生自由回答的问题。调查范围为课题组教师任教的班级，共4个实验班的高一、高二和高三学生中，采用抽样调查。

二、调查情况的统计分析

1. 总体情况

量表分数表明了学生化学学习兴趣与态度的一般状况。

表1　化学学习兴趣与态度测量比较

学校	样本数	最高分	最低分	平均分	标准差
45中	49	95	56	77.45	9.21
华英中学	40	90	35	68.45	11.69
总体	134	94.3	45	70.97	10.5

量表分数的平均分分布在77.45-67.0之间，标准差分布在9.21—11.69之间，表明来源不同的样本组平均分与标准差的差异并不十分显著。从总体上看，学生对化学学习的兴趣和态度基本上是积极的而不是消极的（总体平均分=70.97＞60，但这种积极的程度并不很高）。

总体量表分数最高分94.3，最低分45，分布接近正态，表明学生在化学学习兴趣与态度方面的行为发展是不平衡的，接近于在知识、能力等认知领域的发展状况。

平均得分大于4.0的项目有4个，即项目2，9，8，5。其平均得分分别为4.29，4.23，4.08，4.07。

项目2，9都是关于化学实验的（平均得分4.26），反映出学生喜欢化学实验（项目2）、演示实验能够提高学生的化学学习兴趣（项目9）。这一结果再次证明，化学实验是提高学生化学学习兴趣的有效手段。

项目8是关于化学学习目的的问题。学生在该项目得分较高，说明学生已经能够认识到化学学习的更广泛的意义，并不因为高考不考化学就不去学它。在我国正在进行考试制度改革，某些高考方案中可能不设化学考试科目的今天，学生能不为考试而认真学习化学，是有重要意义的。

项目5是关于化学联系生活的，反映出学生认为化学在生产、生活中应用广泛。

平均得分低于3.0的项目有4个，即项目10，3，16，17。其平均得分分别为2.82，2.90，2.98，2.99。

学生对项目3，10，17（学化学用更多时间、常阅读有关化学的文章、化学比其他科更吸引人）的反应都说明，在当前中学生的课业负担较重的情况下，学生一般都不会给化学以特殊的注意，他们不得不在中学的各个必修课程上平均使用力量，不能偏科。在项目17上，选“说不清”的学生多达42%。

这可能是学生的化学学习积极性趋中，而并不表现出特别强的主要原因。

学生对项目16（化学不容易学好）的反应，与其所在的学校和年级有关。认为化学不容易学好的倾向，普通校比重点校更明显，低年级学生比高年级学生更明显,女生比男生更明显。可见，学习条件及学习结果必然要影响学生对学科难度的认识。

2. 化学学习情况调查与统计

表2.　化学学习情况调查与统计

	A(%)	B(%)	C(%)	D(%)
1.学习化学兴趣	很有兴趣41.2	有些兴趣51.0	兴趣不大7.8	没有兴趣0
2.有兴趣的原因	研究的内容45.1	老师讲得好13.7	实验有意思29.4	将来工作生活有用11.8
3.没有兴趣的原因	高中化学难学37.3	老师讲得不好2.0	实验有危险3.9	将来工作生活没有用7.8
4.不考化学有无必要学习化学	仍很有必要45.1	有些必要47.1	没多大必要7.8	全没有必要0
5.增加化学与社会相联系的内容	很有必要72.5	有些必要25.5	没多大必要，会增加学生负担2.0	完全没有必要0
6.对生活中的化学问题	善于发现请教老师　5.9	自己思考找答案41.2	有兴趣但不求甚解52.9	没兴趣不关心0

从调查统计结果的显示看，大部分的高中生对于化学的学习是有兴趣的，很有兴趣和有兴趣的共占92.2%。对化学感兴趣的原因主要是认为化学知识有用占45.1%；其次是对化学感兴趣的占29.4%；两者共占74.5%。大部分学生对中学化学学习的重要性也有正确的认识，认为即使不考化学，学习化学仍然很有必要和有必要的共有92.2%。对化学没兴趣的学生中主要原因是认为高中化学难学的占37.3%。认为化学与社会生活联系很密切和比较密切的占87.9%。认为高中化学教学中，增加化学与社会生活相联系的内容很有必要的占72.5%。学生对生活中的化学问题有兴趣但不求甚解的占52.9%。有些学生在一些问题的认识上有偏差，需引起重视，并加以正确引导。

三、对今后化学教学的几点启示

1. 转变教育观念，努力提高教师素质。

在素质教育不断深化的今天，重新全面地审视我们的化学教育观，中学化学教育片面强调传授知识技能，一切以考试为中心的精英教育，已经不能适应今天时代的要求。国内外教育家的最新教育思想：从世界范围来看，化学教育，特别是中学化学教育，响亮而尖锐地提出了一个口号，即“教育为大众，化学教育为每一个受教育的人”。近20年来，国际化学教育会议的主题并不是集中于化学学科的发展，而是集中于化学与社会，生活的结合，为提高每个受教育者的化学素养和生活质量而努力。

教育部《基础教育课程改革纲要》中，在课程内容的改革方面，强调“改变课程内容‘繁、难、偏、旧’和偏重书本知识的现状，加强课程内容与学生生活以及现代社会和科技发展的联系，关注学生的学习兴趣和经验，精选终身学习必备的基础知识和技能”。《纲要》在课程的实施、引导学生学会学习方面也提出了具体的要求：“改变课程实施过于强调接受学习、死记硬背、机械训练的现象，倡导学生主动参与、乐于探究、勤于动手，培养学生搜集和处理信息的能力、获取新知识的能力、分析和解决问题的能力以及交流与合作的能力。”国家教育部在化学新课程计划中特增设了14个化学与生活、化学与社会等实践性课程。

化学教育要促进学生发展，促进学生将来生活质量的提高，促进社会的进步和可持续发展，就要求化学教育教学要注意面向学生的生理心理发展特点，面向学生的日常生活环境、已有的生活经验和未来生活发展趋势，面向社会的实际和发展需要。随高考改革的不断发展，高考试题越来越把对考生的科学文化素质、学科能力和心理素质的全面考查，作为选拔的标准，把实施素质教育作为对中学化学教学的基本导向。当前，高考3+X理科综合考试，着重考查学生理论联系社会、生活实际，学以致用的能力，说明我们的教育评价标准正在变革。

加强素质教育的关键在于转变观念和努力提高教师素质。培养素质全面的学生，关键在教师。教师必须不断充实自己的专业或其他相关知识，以准备“应对”学生在探索中可能出现的各种问题。课题组全体教师都完成了天津师范大学化学教学论专业研究生课程班的学习。通过学习教育理论，转变化学教育观念，将科研和教研有效结合起来，重视在教改实验中的自我感悟和教学反思，使教学观念的转变和教学行为的改善互促互化，有效地提高了教师的教学水平和教育科研能力。教师更新教学观念，改变传统的教学模式，对化学教育观有了全新的认识和理解，而且在自己的教学过程中，大胆地尝试改变课堂教学模式，尝试有利于教学和学生发展的师生互动的形式。在课堂设置上有意结合某些章节，增加一些化学与社会、化学与生活的内容，注重培养学生化学实验的能力及科学探究的精神，积极采用生动的、富感染力的、多种多样的教学方式如竞赛、辩论、演讲、讲座、社会实践活动、研究性学习等，使学生产生浓厚的学习兴趣，并转化为学习的内在动力。

2. 激发学生学习化学的兴趣，加强实验教学，培养学生的创新能力和实践能力。

激发学生学习兴趣，需要教师的教学首先要有探究性，转变传统教育观念中阻碍学生思维发展的观点，鼓励创新学习发挥学生的主体作用，鼓励大胆质疑与创新、提倡教学相长、共同进步；重视实践活动，重视化学与社会、化学与生活的教育，培养学生探索精神和培育学生良好的思维品质，如不怕挫折、敢于创新等。

俗话说“兴趣是学习最好的老师”，当学生对某一学科有兴趣时，就会产生积极的学习热情，从而提高学习效率。化学学科在各门学科中最贴近生活，最能联系生产实际，在教学过程中，教师应充分发挥化学学科的这一优势，多给学生讲一些与化学有关的有趣故事以及学生熟知的日常化学知识，也可以让学生用自己学过的化学知识解决身边的一些问题，增强真实感，把学生带入一个丰富多彩的应用化学的世界，从而让学生对学习化学产生兴趣。如：开设“化学与生活”选修课，进行“化学元素与人体健康”、“食品与营养”、“日用化学品与人体健康”“水的污染”等专题讨论，目的在于帮助学生了解化学与现代人类生活的密切关系，建立学习动机体系，产生学习动力。

正如著名化学家戴安邦教授所说“实验室是培养全面化学人才的最好的场所”。教师可以利用化学学科以实验为主，而学生对实验兴致很高的特点，多安排演示实验、学生实验、探究实验，鼓励学生大胆实验、仔细观察，并从实验中自己发现问题、得出结论，满足学生的求知欲和好奇心。在实验时会遇到各种各样的困难和挫折，浓厚的兴趣和强烈的责任感促使他们想方设法战胜困难，尽量寻求解决问题的新途径，这无疑是在锻炼和培养他们的意志和毅力，开拓他们的思维，增强自信心、自觉性，提升创造力。所以实验既可以巩固已有知识，加深对化学基本原理和基础知识的理解和掌握，又可以分析异常现象，扩展知识领域，培养学生创新能力和实践能力。

要尽量创造条件让学生动手做探究实验，让学生自选课题，如：实验探究“‘管道通’的成分”、“加碘食盐中碘的检验”等，设计实验步骤、改进或创新实验，培养学生创新意识和创新精神，训练学生用实验解决化学问题，真正明白每一个实验的目的、原理，使学生的实验能力进一步提高。实验探究体现了学生“参与、探索、创新”的创新教育思想。学生按自己设计、准备的方案进行实验，学生专心操作、仔细观察，充分发挥了学生的主体作用，培养了严谨了科学态度、实事求是的良好学风。事实证明，学生通过探索性实验获得的不仅是科学结论，还包含对科学探究和科学创造过程的体验。实验充分调动了学生的主动参与意识，实现了学生的自主发展，获得了综合运用科学知识、科学方法解决实际问题的能力。

3. 运用现代信息技术，培养学生自主学习的能力。

多媒体计算机辅助教学和网络环境下的教与学等现代信息技术的应用，为新的教学观念的支配下教师引导学生开展网络环境下的自主学习，自我探索，创造了条件，使我们的创新学习不仅获得了有效的技术支持，而且促使教师的教学观念也产生了更符合时代要求的转变。对于一些比较抽象的内容如化学键、物质结构等，可以利用现代化多媒体技术，将这些疑难问题仿真模拟，直观地呈现在学生面前，网络环境下教师学会了利用计算机存储资料，下载资料，信息源从有限的书籍、期刊转变为海量的信息资源库。学生可以在课余到计算机房、电子阅览室收集资料，学生自主选择学习资源，自主确立研究问题，主动进行一些相关的研究、学习、应用，计算机和网络成了学生探索性学习的最好工具，运用信息技术的水平大大提高。

4. 引导学生树立正确的价值取向，及时进行化学学习方法的指导。

纵观国内外教育发展史，无论是邓小平同志提出的“三个面向”，还是赞可夫提出的“一般发展论”，都体现了“以学生的发展为本”的教育思想，体现了教育的适应性和前瞻性。“知识爆炸”的时代，对学生来说，绝不仅仅是“再现”人类已有的知识，更重要的是学习将来生存和发展的本领，因此，学科教育必须注重学生的可持续发展。21世纪将是一个飞速发展的世纪，科学技术会有重大的突破。教师在教学过程中应该渗透、教育、引导学生努力成为一个各方面素质全面发展、均衡发展的新世纪人才，要有远大的目光，不能将目光停留在过去的观念，停留在现在的个人利益上；要引导学生对化学有一个全面的认识，让学生知道化学在日常生活中的重要作用，也要让学生知道在新世纪的科学最前沿如生命科学、信息技术、新能源、新材料等方面都离不开化学，让学生明白学习化学的重要性。

教师在教学过程中要对学生进行良好学习习惯的培养，指导学生掌握学习每一环节的操作要点，如教会学生如何预习看书、如何听课做笔记，作业要求独立思考、独立完成，书写要规范，格式要完整；并通过多次的反复强调使学生逐渐巩固，成为习惯。教师要引导学生对概念、原理的引出过程和推导过程进行深入的理解，通过比较物质间的联系、区别来进行系统的归纳，加强记忆；重视解题方法的培养，强调运用“一题多解”、“多题同解”和“一题多变”等手段，突破思维定势，夯实基础知识，启迪创新意识。在教师多次反复的、有目的的指导下，学生在学习中就会自觉地进行归纳，将零碎的知识条理化、系统化，从而形成科学的学习习惯，掌握科学的方法，学习能力也会得到明显的提高。还要加强各学科知识的渗透教育，使之纵横联系，文理交叉，做到开其意、达其辞，使其顿悟、透彻，触类旁通，使学生综合素质提高。

从生活中走进化学

——化学有效教学策略研究与实践

联系社会、生活实际的化学有效教学策略的研究，目标是降低必修课程总体学习时间，增加化学与社会、生活相联系的知识内容，并探究两者“度”的把握；探索适合中学化学教学的教学模式，优化课堂教学结构，提高教学质量；探索新的学习方式；探索提高师生科研能力的途径和方法。

在当前深化教育改革，大力推进以创新能力为核心的素质教育的形势下，化学教育的发展面临着许多崭新的课题。随着素质教育的不断深化，重新全面地审视我们的化学教育观，中学化学教育片面强调传授知识技能，一切以考试为中心的精英教育，已经不能适应今天时代的要求。国际纯粹与应用化学联合会（IUPAC）提出的“教育为大众，化学教育为每一个受教育的人”已成为当今国内外化学教育的最新理念。近20年来，国际化学教育会议的主题并不是集中于化学学科的发展，而是集中于化学与社会、生活的结合，为提高每个受教育者的化学素养和生活质量而努力。

一、联系社会生活的化学教育

长期以来，我国中学化学教育片面强调升入高一级学校的应试需要，而忽视化学教育满足现实生活中人的需要，忽视学生对社会、生活、就业的化学素质的需要，较多地注重化学学科的学术价值和理性思维的训练，而对发生在身边的最基本的化学生活问题、化学社会问题却知之甚少，更不用说具有解决有关化学问题的能力了。结合化学联系社会、生活实际的教学，让学生进一步理解化学知识在社会和生活中的应用，把“培养化学家的化学教育”转变成“为公民的化学教育”的目标，以提高全民族素质。这种化学教育教学新理念的内涵跟素质教育的要求是完全一致的。当前，高考3+X理科综合考试，着重考查学生理论联系社会、生活实际，学以致用的能力，2009年高考化学试卷（天津卷）特点之一就是充分联系生产、生活、能源、材料中的化学实际问题，说明我们的教育评价标准也在变革。

80年代以来，各国中学化学教育十分关注“化学与社会”问题，因为愈来愈多关系每个人生存的重大全球性问题都与化学有关，如：能源、环境、食物、材料等。美国中等化学教育一度特别强调面向社会，与生活相联系，他们的中学化学教科书《社会中的化学》，其编写宗旨就是紧密联系生活、联系社会。

我国改革开放30年来，我们在课程面向学生，面向生活，面向社会的“度”的把握上出现了三次课程观的变革。特别是当前在义务教育课程教材和高中化学新教材中有所体现，说明我们在这一问题上取得了一些经验。但从我国课程实践的现状来看，对这个“度”的把握仍有待调整，课程教材脱离学生、脱离生活、脱离社会的现象仍有一定程度的表现。

无论是邓小平同志提出的“三个面向”，还是赞可夫提出的“一般发展论”，都体现了“以学生的发展为本”的教育思想，体现了教育的适应性和前瞻性。“知识爆炸”的时代，对学生来说，绝不仅仅是“再现”人类已有的知识，更重要的是学习将来生存和发展的本领，因此，学科教育必须注重学生的可持续发展。

国际纯粹与应用化学联合会(IUPAC)教育委员会主席、英国牛津大学 Peter Atkins教授在谈到化学教育的目标和学生在化学学习中的困难及其对策时说：“克服困难的对策是鼓励他们努力学习，激发学习的兴趣和劲头，要让学生明白化学课程的核心只是几个简单的概念，让学生知道这个世界充满着化学带来的奇迹。”

二、教学策略研究与实践

化学教学如何与生活实际相联系？基于对这一问题的思考，我们进行了实际的调查研究。研究对象选取了天津市河东区的3所中学，分别为天津四十五中学（市重点），八十二中学（区重点）和华英中学（民办普通校）。

具体研究的内容包括：①如何降低必修课程总体学习时间，增加化学与社会生活相联系的知识内容，探究两者“度”的把握，编写校本教材。②探索联系社会生活的化学课堂教学模式，优化课堂教学结构，开设选修课、实验探究课、研究性学习等，举办讲座、竞赛、参观、社会实践等活动；提高教学质量，探索提高教师科研能力的途径和方法。具体做法是：

1. 在课堂教学中联系生活实际取材，设计探究实验方案。

在人教版化学新教材必修1第三章“金属的化学性质”，第二课时教材有“金属与酸和水的反应”，“铝与氢氧化钠溶液的反应”两个知识点，我选取月饼包装里的小袋黑色粉末和“管道通”中小袋灰色粉末，这些来自生活的素材，根据学生已掌握的金属与水、与酸反应的知识，让他们设计实验方案探究月饼包装里的小袋黑色粉末和“管道通”中小袋灰色粉末分别是哪种金属粉末？

方案和结论如下：

探究方案	黑色粉末	灰色粉末
与冷水	不反应	不反应
加热	不反应	有气泡
与盐酸	有气泡，浅绿色溶液	有气泡
磁铁	吸引	——
与NaOH溶液	——	有气泡
结论	铁粉	铝粉

通过实验探究，学生学习化学的兴趣被激发，体验了科学探究的喜悦，培养了学生的观察能力、对比能力、分析能力，学习了实验研究的方法，收到了很好的教学效果。

2. 在高一、高二实验班开设“化学与生活”选修课，每周2课时，进行“化学元素与人体健康”、“食品与营养”、“日用化学品与人体健康”、“水的污染”等专题讨论，目的在于帮助学生了解化学与现代人类生活的密切关系，建立学习动机体系，产生学习动力。

3. 高二年级在课堂教学中开展“每日化题”的演讲。每日“化”题是在化学课前3分钟，由小组的代表上讲台讲与生活有关的化学话题。4位同学为一个小组，课前由小组成员收集和加工信息，发言时间一般不超过3分钟。

4. 利用研究课进行实验探究。让学生设计自己感兴趣的实验，如“加碘食盐中碘的检验”、“‘管道通’的成分检验”等去实验室进行探究活动，培养他们的创新精神，并不断激发学习兴趣，让学生应用他们所学的知识(将知识“外化”)，让学生探讨解决实际问题的方案(实现自我反馈)。

5. 高中年级举办“化学与生活”、“化学与新科技、新能源”讲座。

选择有关能源、环境、材料、健康等具有较高社会价值的内容，如：“导电聚合物”、“纳米技术及展望”、“绿色化学”、“可燃冰”。请天津师范大学化学与生命科学学院院长顾柄鸿教授，来校进行了“化学与生活”知识讲座。

全部的教学活动以课堂教学、师生讲座、实验室探究、学生搜集材料写小论文进行课堂演讲、学生社会实践活动小组去汉沽化工厂参观、开展化学与社会生活科技知识竞赛等方式，联系生活实际，力求生动活泼，形式多样，讲究实效。对照班的学生按照教材内容和讲授为主的常规教学模式，不进行上述活动，其他课程与实验班完全一样。

实验前后两次使用《中学生化学学习兴趣与态度调查量表》进行测评，收集实验班和对照班的期中、期末的化学成绩，并对数据进行了统计分析。

三、研究成果

（一）为深化教学改革提出了具体的策略、方法

深化课程改革，优化教学内容、教学模式，是深化教育改革，全面推进素质教育的根本途径。本课题研究抓住深化课程改革这个主阵地，进行了优化教学过程的探索研究，将经验上升为理论，以理论指导构建素质教育教学模式，又以教学内容、教学模式结合，指导组织教师研究、改进教学，使化学教育真正全面发挥其育人和发展功能，提高教学质量。例如：学生设计实验方案，探究月饼包装里的小袋黑色粉末和“管道通”中小袋灰色粉末分别是哪种金属粉末，探究铁丝在氧气中燃烧为什么会火星四射，注意从学生熟悉的身边的物质入手，寻找新的视角和切入点，引导他们感受身边的化学物质和化学变化，增强学习的兴趣，发现问题，展开探究以获得新的知识和经验，加深对化学知识在生活、生产实际中应用的认识，关注人类面临的与化学相关的社会问题，有意识地引导学生从多个角度对有关问题做出价值判断，培养学生的社会责任感、参与意识与决策能力。实验是进行科学探究的重要手段，尝试使单调的化学实验基本操作教学更富启发性、探究性和人文精神，体现出其应有的实际应用价值，实现科学教育与人文精神培养相融合的教学理念。

（二）对新课改实施积累了经验

化学新课程标准中“化学与生活”模块指出：“以日常生活中的化学问题为线索，介绍化学知识及其应用。在教学中要联系化学在健康、环境、材料等方面的应用，创设生动的学习情景，引导学生通过调查、讨论、咨询等多种方式获取化学知识，认识化学与人类生活的密切关系，理解和处理生活中的有关问题。”

在新课程标准指导下，我们把课题研究与实施新课程紧密结合，编写出《化学与生活》校本教材共二册，使课题研究内涵更丰富，为新课程改革和教材改革提供理论依据，为新课程标准的实施积累了实践经验。例如：《化学与生活》第一册、第二册都是根据高中化学教科书第一册、第二册知识线索编写的，与教科书章节一一对应，内容则是以联系生活为视角，供高一高二年级课堂教学补充实例、或选修课使用、或学生课外阅读自学，在校内外产生了较大

的影响，受到广泛赞誉。

（三）突出了学生主体的教育观

现代教育理论是本课题研究的主要理论依据。中国教育发展纲要中提出的实施素质教育的思想核心是“以学生为主体”的教育教学观念。主体教育的理论基础是马克思主义关于人的全面发展学说，特别突出人的“发展观”、“活动观”。在教师指导下学生参与多种学习活动、实践活动是实施素质教育的重要内容，也是促使学生全面发展的必然途径。在“知识爆炸”的时代，对学生来说，绝不仅仅是“再现”人类已有的知识，更重要的是学习将来生存和发展的本领，因此，学科教育必须注重学生的可持续发展。

本课题研究以创新理念为指导，适应主体教育的要求，强调的教学策略是以“学生发展为本”的核心理念，体现了教育的适应性和前瞻性。总结形成素质教育学科教学模式，形成了一整套从课程结构、教学内容、教学模式和学习方法等教与学过程的操作方法，进而从理论到实践丰富发展了现代教育理论。

（四）提高了教师的专业素质

《关于深化教育改革，全面推进素质教育的决定》中指出：“建设高质量的教师队伍，是全面推进素质教育的基本保证。”本课题研究过程中，既重视教师的理论学习和观念转变，更重视在科学理论的指导下，进行教学实践的探索，并将教育科研和教学研究有机结合起来，使教学水平和科研能力同步发展，同步提高，走出从“经验型”向“科研型”转变的成功之路。培养素质全面的学生，关键在教师。在多年的实践中，我们深深体会到，教师必须不断充实自己的专业或其他相关知识，以准备“应对”学生在探索中可能出现的各种问题。课题组全体教师都完成继续教育，教学和教研有效结合起来，重视在教改实验中的自我感悟和教学反思，使教学观念的转变和教学行为的改善互促互化，有效地提高了教师的教学水平和教育科研能力。教师更新教学观念，改变传统的教学模式，对化学教育观有了全新的认识和理解，而且在自己的教学过程中，教师转变角色，形成学习、实践、反思、研究的习惯，成为科研型教师和名师，促进教师发展起到积极作用：培养出特级教师一人，区级名师、区级学科带头人二人，课题组教师撰写了大量论文发表或在各级比赛中获奖，在市、区各级课堂教学比赛中获奖，在河东区“名师论坛”活动中做《联系社会生活实际的化学教育的研究》课题教育科研方法的经验交流。《联系社会生活实际的化学教育的研究》天津市规划办教育科学“十五”规划课题《联系社会生活实际的化学教育的研究》课题结题获A级成果，研究报告获天津市中小学第十届教研教改成果二等奖。

联系社会生活实际的化学教育的开展还处在一个探索的阶段，对很多问题还没有来得及更加深入地研究，在实验过程中还存在着局限性、片面性。自我反思有以下几点：

1. 教育教学观念的更新还不够彻底，课堂教学模式的研究还不够深入。由于课程的设置、教学内容的取舍受升学等评价标准的制约。该研究试图解决教学中以知识体系为中心，在联系生活实际和学生的创新意识的培养等方面的不足，而教育观念的转变不是一朝一夕就能实现的，也不可能等教育观念都统一了、都转变了，再开始实验。应该以改变观念为基础，在高中新课程实验中，边实践边转变、边统一，边转变边实践，在实践和探索中使实验逐步深化。

2. 实验探究课、选修课和社会实践活动因客观条件的制约还不能完全满足学生的多方面、多层次的需要，也在一定程度上制约课题研究的深度。实验探究课和选修课内容的丰富、知识的扩展、种类的增加、形式的更加多样是我们今后进一步努力提高的方向。课题组教师肩负着毕业班或超负荷的教学任务，也影响到课题研究的深度。

联系社会生活实际的化学教育的开展将是一个持续不断的过程。在今后的探索中，我们将会不断扩大研究的范围和视野，使之在更大的程度上为素质教育的全面实施发挥长期的推动作用。

社会课题型化学课堂教学中的素质教育

20世纪80年代以来，社会课题型化学课程不断涌现，这是一个重要的化学课程教材改革的动向，相应的课堂教学模式的研究也是近几年现代教学论研究的一个热点。

一、社会课题型化学课程的特点

社会课题型化学课程，一改学问中心课程的传统面目，渗透了STS课程的要素，更侧重于提高学生科学素养的教学目的，让化学知识和概念在社会课题背景下进行学习，以激发学生的学习热情，它呈现学习材料的情景和编排与传统的学问中心课程大为不同。

社会课题型化学课与一般化学课教学不同。从方法上看，社会课题型化学课程是师生双边活动，它有较强的开放性和创造性；从教学过程看，社会课题型化学课程注重启发学生活泼主动的学习；从学生负担看，学生学习知识轻松愉快，知识当堂接受；从效果看，学生获取知识，开阔视野，开发潜能，利于人生观和世界观的形成。社会课题型化学课程以知识面宽，学科渗透科技成果较为广泛为特点，正符合国际中学化学课程改革的新潮流。高一化学新教材中《环境保护》节充分体现了这一特点。通过这节课的教学模式的设计、实践、探索及市观摩课，师生共同完成了从收集资料，采集水样，到发电厂调查；从大气污染防治的讨论，到污水处理的小实验；从了解历史上著名的污染事件，到生活垃圾的分类回收，始终注意了大社会与小课堂的联系，我们体会最深的是：社会课题型化学课程是素质教育的重要途径。

二、社会课题型化学课程有利于实施素质教育

1. 寓思想政治教育于化学教学之中

思想政治素质是素质教育的重要内容之一。挖掘教学内容中的教育素材，找准思想政治教育与化学知识教育的结合点，例如：在环境保护的教学中我们

深深地体会到：结合大气、水等的污染和防治，对学生进行环境保护意识的教育，不仅仅是科学知识的教育，而且也是培养学生良好思想品德的德育。当他们用亲自采来的又黑又臭的污水作实验时，他们会被生活污水、倾倒垃圾等造成的水污染现状所震惊，更容易在他们的内心树立起环境意识，养成良好的保护环境的习惯，将有利于提高我们全民族的素质。

2. 落实素质教育的主体性

主体性的落实是素质教育的核心。课堂教学中落实主体性就是要充分发挥教师的主导作用和学生的主体作用，并使两者得到和谐的统一。教师的主导性就是要激发和调动学生的学习兴趣和动机，并在学生活动过程中及时恰当地给予指点和引导。学生的主体性主要体现在学生在学习过程中能够掌握主动权，自觉地、积极地学习，能和教师的主导作用协同进行。由于环境保护一节联系生产和生活实际，学生表现出从未有过的热情和参与度。如：河水采样是学生自发进行的，自制简易净化水的过滤器需要的废可乐瓶、小石子也是学生从家中带来的。在教学过程中，以学生的活动为主线：有小论文演讲；发电厂治理污染的调查报告；小组讨论大气污染的治理措施；污水净化小实验；生活垃圾分类回收的可行性方案等。教师发挥鼓励、启发、引导学生的主导作用，整堂课充满师生交互的热烈气氛，充分体现了学生的主体性。实践说明当教学内容是学生关心或面临的现实问题时，学生有一种内在的学习动力，趁此机会调动好学生的学习积极性，使他们愉快、主动地去掌握化学知识和技能，使学生的创造精神和创新能力得到培养。

3. 开展社会实践，培养学生的社会意识和服务能力

社会课题型化学课教学方法，打破了以往课堂教学的体系，形成了开放型的教学体系，带领学生开展社会实践活动，如：到学校附近的火力发电厂，请工程师介绍治理污染的措施；使学生及早了解社会，关注一些重大的社会问题。

把化学教学的内容目标和技能目标能动地结合起来，把课程重点放在解决问题的思考上，使学生学会用化学内容来解决社会和生活所提出的挑战，并能参加决策，例如：学生对大气污染的防治进行热烈的讨论，共提出十几条解决问题的设想。例如：调整能源结构，大力发展清洁能源代替矿石燃料；合理布局工业发展和城市建设；利用新技术，化害为利，变废为宝；集中供热，民用燃料煤气化；研制和推广取代氯氟烃的化学品；绿化造林；改造汽车发动机，使燃料充分燃烧，尾气加催化处理装置，使用无铅汽油等。充分体现了学生的社会意识和参与决策的新世纪人才的风采。

三、社会课题型化学课程的思考与建议

1. 社会课题型化学课程的内容虽然在新大纲、新教材中有所体现，但作为一种新的教育构想，才刚刚开始起步，要坚持长远性和和持续性，非一蹴而就，其意义并非短时期就可以表现出来，需要得到社会、政府的理解和支持，教育部门的广泛宣传，任课教师的足够重视。

2. 建议有关部门尽快制作发行新教材的配套录像带、光盘等，解决任课教师社会实践经验不足，科技新成果、新信息较少的实际困难，利用多种现代化教育技术，优化课堂教学过程。

3. 建议结合化学活动课开展社会实践，走出去，请进来，扩展课本知识，打破以往的课堂教学体系，增加科学、技术、社会相互联系的内容。

4. 改革现行的考试方法及评价方法，转变重分数轻能力，重理论轻实践的教育观念，改革现行单一用学生考试分数评价和选拔人才的做法，确实变应试教育为素质教育，这不仅是当前，也是今后相当长时期的重要课题，让我们在探索素质教育的实践中走出更新之路。

转变化学教学观念，树立以人为本的教育质量观

一、化学教育为培养每个受教育者的化学素质

化学与社会是相互影响的，就化学对社会的作用而言，通过化学技术解决工农业生产、国防建设、环保、能源、材料、人口等社会发展中的重大问题，极大地服务于社会经济建设，可见化学是一门应用性很强的科学，而且越来越成为人类生存、发展的核心学科。因此，贯彻“科学-技术-社会”（即STS）教育精神，是我国当前化学教育改革的重要内容。

80年代以来，化学课程教材改革和课堂教学模式的研究是近几年现代教学论研究的一个热点。这种改革和研究趋势的产生，主要是由于教学理论与实践中一直存在着“理论下不来”、“实践上不去”的现象，在科技信息飞速发展，教学观念不断更新转变的时代，如何寻找理论与实践之间的中介和桥梁，就显得尤为重要。从世界范围来看，化学教育，特别是中学化学教育响亮而尖锐地提出了一个口号，即“教育为大众，化学教育为每一个受教育的人”，近20年来，国际化学教育会议的主题并不是集中于化学学科的发展，而是集中于化学与社会，生活的结合，为提高每个受教育者的化学素养和生活质量而努力、我们的学生今后专门从事化学研究的毕竟是少数，大多数人是需要了解生活中的化学知识，教学中我注意把书本知识与生活实际相联系，受到学生欢迎。例如：介绍铝与人体健康、含碘化合物与人体健康等。

二、在新教材试教中实施素质教育

1997年新教材在两省一市试教，我有幸成为第一批新课程试验的探索者，我更加刻苦钻研新大纲新教材，潜心研究新教材在素质教育方面的体现，并在教学中实施。例如：在教学中结合化学学科的特点，结合我国古代、近代、现代化学家及劳动人民对化学的贡献，特别是建国以来我国在化学、化工等方面所取得的巨大成就，对学生进行爱国主义教育；结合物质的组成、分

类、结构、性质和变化等知识的学习，对学生进行辩证唯物主义世界观、方法论的教育；结合化学史上科学家工作成败得失的典型事例，对学生进行坚持真理、勇于深索、严谨求实，为科学献身的科学精神和科学作风的教育；结合化学与社会、化学与生活、化学与环境、化学与健康等密切联系化学的重要应用的介绍，对学生进行热爱科学、热爱社会、热爱自然、热爱生活、保护环境的教育；结合我国人口众多、人均资源的占有率较低、经济建设的难度大等国情，对学生进行社会责任感和为社会主义建设献身的高尚情操的教育。例如：侯氏制碱法和张青莲教授为元素相对原子质量的测定做出的卓越贡献等事例，极大地激发了学生的民族自信心和自豪感，增强了他们对社会主义祖国的热爱，受到了深刻的思想品德教育。

在教学过程中，坚持启发式，注意培养学生学习的主体意识，注意培养学生的思维方式，精心设计了大量课堂讨论题，通过教师的引导、师生的研讨，使学生生动活泼、主动积极地参与教学活动，例如：元素周期律一节，为了增强启发性，通过课堂3个讨论题和填表，启发学生动脑、动口、动手，让学生对大量数据和事实进行分析，自己归纳出周期律，使学生逻辑思维能力和语言表达能力得到锻炼。

把教学中只重知识、技能的培养转变为兼重科学态度和科学方法的培养，转变为使学生终身受用的学习能力的培养，是新教材的又一重要特点。著名化学家戴安邦先生指出："只传授化学知识和技术的化学教育是片面的，全面的化学教育要求既传授化学知识和技能，又训练科学方法和思维，还培养科学精神和品德，学生在化学实验中是学习的主体，在教师的指导下进行实验，训练用实验解决化学问题，使各项智力因素皆得到发展，故化学实验是全面化学教育的一种最有效的教学形式。"此外，实验在激发学生兴趣，唤起求知和探索欲望，培养学生形成良好的学习方法和习惯方面具有不可替代的作用。例如：钠与水反应的演示实验后，通过对实验现象的提问，引导学生将丰富的感性认识升华为理性认识，真正发挥演示实验的认知能力，为培养学生分析问题的能力和科学方法作了示范。长此下去，对学生来说，实验的观察已不再停留于记现象、抄结论，而变成求真知、勤探索的科学态度。又如：通过化学反应的分类、氧化还原反应的概念及燃烧的概念等知识的学习，启发学生了解在化学学习的初始阶段，一些概念和原理往往是不完善和不全面的，教育学生应以发展的观点来看待这些概念和原理，以科学的态度来学习化学。

新教材采用事实-分析-推论-实验验证-结论的科学方法模式，对一些物质的性质做出推论和预测，并发展为理论，在碱金属元素、卤素、元素周期律等章节的教学中，我采用了这种科学方法反复对学生进行训练，收到了预期的效果。

几年来，我深切地体会到，教育改革给教师带来了严峻的挑战和不可多得的机遇。目前，学科间的综合要求自己应不断学习，不断努力探索，对新知识新领域、新发展要有所了解，树立终身学习的意识，不断对自己的教育教学进行研究、反思，对自己的知识与经验进行重组，才能不断适应新的变革。

新课程背景下有效课堂教学策略研究

一、有效教学策略的实施内容

1. 有效教学策略的创新性——有效教学从心育开始

课题组老师在有效课堂教学策略的研究实践中，逐步认识到对教学的内容、方法和评价等教学技术层面的策略研究是不够的，其实价值层面的教育有效性更能持久地培育和保护学生的持续发展，如学习兴趣、态度、愿望、习惯、毅力、能力，这需要教师的教育责任意识。针对学校普遍存在着班主任负责学生的教育问题，学科老师主要任务就是教课，“教书育人”就凭任课教师的自觉性了。其实教学中学生厌学，课堂教学效果差，根源是德育问题。学科教师如何能让学生对学习充满热情，努力进取，需要具有“学科教学从德育开始”的理念。从本质上说，教育就是“以心灵感应心灵”的过程，要让学生敞开心灵，学科教师只有真正地走进学生，了解学生日常生活中的喜怒哀乐，才能把学科教学与学生的全面发展融为一体，才能把教师精神的能量渗透到学生的心灵深处。

课题组教师在课堂教学中开展了“学科教学从德育开始”的实践研究，在开学初问问学生假期的收获；基地实践回来后交流一下感兴趣的课程；放假前推荐给学生阅读书目；从新加坡教育考察归来给学生讲一讲感悟，虽然占用了一些教学时间，但是这些与学生心灵沟通的行动，收获了融洽的师生关系，为课堂有效教学打好了基础，在引领学生学会学习、学会思考、学会生活等方面也收到了一些效果。

2. 教学设计策略的趣味性

为了实现教学目标中的情感、态度、价值观目标，生物、化学、政治学科利用课上5分钟“故事讲坛”，不仅调动了学生学习的积极性，激发、培养了学生渴求科学知识、热爱科学、追求真理和献身科学的情感。使学生的科学、人文素养，学习的意志力、品质明显提高。把励志教育作为教学的辅助，在高三毕业班中开展收集和讲解励志名言活动，培养学生的乐学心理状态，以“紧张的行动，轻松的心情”，享受学习过程，享受高三的生活，起到慰藉心灵、树立信心、指点方向的作用，使高三学生能够达到最佳学习状态。

开发生活中的教学资源，创造性地应用于教学。如：化学教师选取月饼包装里的小袋黑色粉末和“管道通”中小袋灰色粉末，让学生设计实验探究粉末的成分。联系生活实际引入新课，创设情景，激发学生学习的兴趣，取得了很好的教学实效。

3. 教学实施策略的多样性

课题的研究在调查分析影响中学课堂教学效益的主要因素的基础上，通过创设教学情境、层次性问题设计、生成性问题价值、自主学习、合作学习等学习方式、科学探究、师生间的有效交流、分层施教法等策略的行动研究，反思并更新提高课堂教学效益的理念，树立以学生为主体的意识，指导学生养成自主、合作、探究的学习行为，着力提高学生学业成绩，促进学生全面发展。

创设教学情境，让学生产生良好的心理效应，使学生主动而愉快地学习。灵活采用问题情境、案例情境、体验情境的创设等多种情境教学模式，通过灵活多变的方式，激发学生的兴趣和求知欲，取得了较好的效果。政治课“做好就业与自主创业的准备”教学中采用创设情境角色模拟形式。地理课《地质灾害——地震》，比较加勒比岛国海地与智利发生的地震，让学生用烈度的影响因素等去分析灾情大小不同的原因。

重视层次性问题的研究，采用“先学后导——问题评价”教学模式，生物课高三复习教学将所学的知识进行层层递进的问题设计，对所学的知识综合归纳整合，达到提高复习课堂的效率。

重视生成性问题的价值，研究提升课堂教学的有效性。对于学生冷不丁冒出一个问题或是一种质疑，不回避、不责备，抓住有价值的问题，立即在课堂上展开讨论、探究，能使很多学生的与此相关的问题得到澄清。当学生表现与预设不符时，将错就错，因错利导，使错也生成为一种教育资源。

通过自主学习、合作学习等学习方式，提升课堂教学的实效性。转变以往“先教后学”的习惯教法，倡导学生自主发展的意识。物理、英语、政治教师研究实践了以教师为主导，学生的自主、合作学习为主体，师生共同合作完成教学任务的教学模式。如一节圆周运动的习题课，每组派一名同学上来讲题；政治课学案导学——合作学习，使新课程改革“以学生为本”教学理念具体化。

科学探究，优化化学、生物、物理实验学科的学习方式。重视师生间的有效交流，促进学生主动参与。分层施教法，全面提升全体学生的学习有效性。

4. 教学评价策略的激励性

多元化的评价策略，提高学生的学习积极性。生物、英语学科分别实践了评价的内容和方式变化，提出评价的主要目的是为了全面了解学生的学习历程，激励学生的学习和改进教学；评价要关注学生的学习结果，更要关注他们的学习过程；要关注学生的学习水平，更要关注他们在学习活动中所表现出来的情感和态度，帮助学生认识自我，建立信心。评价的重心由鼓励个人竞争达标转向大家合作达标，强调积极主动的学习态度，引导学生学会学习，学会合作，让学生在自主、合作、探究中成长。

二、有效教学策略研究的意义

1. 教学理论与实践相结合的成功尝试

教学理论与教学实践相脱离的现象一直存在。教师对“学生为主体”、“自主学习、合作探究”理论上都知道，有些教师认为，理论是好的，但不适用于自己的工作环境。参加课题研究的教师较好地解决了教学理论与实践两张皮的问题，适时适度地将教学理论在课堂上运用，在学校及市、区展示的高质量、多学科的课堂教学实践成果已产生了较大影响，各学科构建了新课程背景下，符合高中教学实际的切实可行的有效课堂教学策略。

在课题研究过程中，课题组教师撰写了大量论文发表或在各级比赛中获奖，在各级有效教学课堂教学比赛中获奖，有些老师还被评为市、区教育科研先进个人。课题组成员撰写论文46篇，其中国家级评选获奖或发表12篇，市级评选获奖13篇。参加全国“同课异构”2节，天津市“双优课”获一等奖1节、区观摩课18节。教学设计、教学案例34节，其中国家级评选获奖1篇，市级评选获奖4篇。2009年天津市四十五中学荣获天津市“基础教育科研先进单位”荣誉称号。

2. 为深化教育改革，提出了全面推进素质教育的策略和方法

课题研究丰富了中学有效教学理论；研究成果对提高课堂教学效益起到了促进和指导、借鉴作用，为新课程改革、教学内容和教学模式改革积累了经验；为教师转变教育观念、教师角色，形成学习、反思、实践研究的习惯，成为科研型教师和名师，促进教师专业化发展起到积极作用；为学生转变学习方式，养成自主、合作、探究的学习行为，提高学生学习兴趣、学业成绩，促进学生全面发展，全面提高学校教育教学质量，发挥了很大的作用。

课题研究，无论是从教育思想和教育观念，还是有效教学的实践策略，无论是有效教学还是教师专业发展，课题组成员都有很多的收获和感悟。大家都

认识到课堂教学的有效性既体现“教”的有效性，更体现“学”的有效性，而以学生为主体的学习主动性和积极性才是有效课堂的决定性因素。有效教学要把老师的会“教”，变为学生的会“学”。由于理论水平有待提高，应试压力、分数评价依然阻碍着课题研究的深入，探索课堂教学的有效性和教师专业发展的有效途径，将会成为今后相当长一段时期中学教育的重要视点，课题研究还将继续深入。

构建高效课堂，提高教学效率的思考与建议

2006年秋季，天津市高中开始了新课程的改革，五年来学生的课业负担不但没有减轻的迹象，相反陷入“越减越重”的怪圈。日益严重的应试压力，使学生睡眠时间少、学习时间过长及文体活动偏少，学生厌学、教师倦怠。“应试教育”成为重智育、轻体育、轻思想品德、轻情感意志的培养，造成学生身体素质下降、创造力贫乏、人格不健全等，破坏了生命的和谐和平衡。全国少工委和中国青少年研究者中心调查报告，有近14%的小学生和22%的中学生感到“学习已成为一种沉重的负担，希望自己能快点离开学校”。很多学生认为，只要能下课、放学，便是最幸福的。高考制度的存在让老师、学生和家长都无法忽视分数的重要性。但是，现阶段要想改变高考评价制度不现实，那么怎样解决学生减负的问题呢？因此，构建高效课堂，提高教学效率，成为大家研究关注的热点。

一、困惑与问题

一是课时紧，各学科都存在完不成教学内容的困难。为了完成进度而赶课时，往往学不透，掌握不牢，师生都很焦虑和无奈。

二是新教材编排的体例有很大变化，知识呈现方式和顺序变了，知识内容的教学目标要求变了，许多教师感到不适应。新教材的知识面比较宽，必修模块几乎涉及了旧教材从高一到高三的所有知识，但比旧教材浅。老师在教学时唯恐讲浅了学生不能适应高考，但讲深了课时就不够，教师感到“两难”。

三是课堂教学仍然主要是传统的讲授法。新课程改革要求师生要转变教学方式，提倡“自主、合作、探究”学习，由于课时有限，学校实验条件有限，很难落实。形成“展示课上做模做样搞改革，展示课后循规蹈矩走应试”。

四是能与新教材配套的教辅资料不少，但大多是旧教材的翻版，真正水平高的资料却很少。教师平时留作业成为难事，复习巩固、及时反馈更谈不上，学习质量不能保证。

五是学生厌学情况越来越严重，不完成作业，学习没有目标和动力。特别是升学无望的学生，更是痛苦不堪。

六是学校以教学成绩为主要评价标准的管理，教师迫于分数压力，无暇课堂教学的研究，教师的素质和能力遇到挑战。

二、思考与建议

（一）准确理解教学目标，把握教学要求

高中新课程分为必修模块和选修模块。其中必修模块是选修模块的基础，选修模块在必修模块的基础上进行拓展与深化。从内容上看，必修模块几乎包括了以往高中三年所涉及的所有内容，但将必修模块中具体的知识点作了精简，教学要求大多数只是形成一般的概念，了解基本的研究方法，相关内容在选修模块中都将进一步深化。

全面理解教材结构，准确把握必修模块的教学要求。必修模块的目的是促进全体高中学生形成最基本的综合素养，必须强调其基础性。因此要准确把握基本要求、弹性要求、发展要求、不宜拓展的不同层次的教学要求。基本要求是全体学生应在本节学习时掌握的；弹性要求是有条件的学生可在本节增补的；发展要求是全体学生可在必修模块结束时掌握的；不宜拓展是留待选修学习的或删掉不讲的。对教学目标的准确把握，可以使课堂教学紧紧围绕教学目标有序进行，避免随意提高课堂教学的目标。根据学生具体情况，面向全体，尊重差异，准确把握本节课合理的教学目标，用“最近发展区”引导学生在“学会”的基础上，实现　“会学”“乐学”的教学目标。

（二）构建高效课堂，把提高教学效率作为减轻学生负担的前提

1. 课堂教学模式的自主创建，追求理想的教学效果

课堂教学是否需要固定模式？我认为对一些取得成功经验的教学模式，可以学习、借鉴，不能简单照搬，应该从中发现规律性的东西，准确把握其实质与核心，与教师自己的教学实践相联系，从中得到启发，获得创造的灵感。课堂教学模式必须和教师的自身特点、学生的学情相结合，才可能有好的教学效果。

学校要求老师每节课只讲20分钟，教师肯定不希望这么严格。但是，如果要求教师把讲课时间降下来，教师就要想：怎么精讲，怎么让学生多练，教学怎么组织，怎么先学后教，怎么合作学习，怎么应用学案导学。开始的时候，因为要更新思路和方法，会很不习惯，但随着课堂改革的深入，这种要求就会逐渐变成教师的习惯和需要。从一个规范的要求到自主的创建，从完成任务到追寻理想的教学效果，是一个转变自己、调整自己、提高自己的过程。要

真正实现这一转变，不是一次轻松的旅行，而是一次艰难的蜕变。

2. 避免对“高效”理解的误区，教学应是慢的

不能简单地把“高效”理解为“花最少的时间教最多的内容”。如果把“高效”变为教师不停地讲解，“人灌”加“机灌”，在快速行进的课堂，学生实际上很被动地跟随着，跟不上的注定要掉队，教师这时无暇关注这些学生的状态，等到考试来测试，对一部分学生而言已经晚了，他们还必须独自承受所有学习失败的责任。

课堂究竟是谁的用武之地，于漪老师以自己的切身感受告诫同行，“过去认为教师只要讲深讲透，学生自然就会了。实践证明，这是极大的误解。教不等于学，教过不等于学会，教师的滔滔不绝，占用了课堂宝贵的时间和空间，机械重复的训练充斥课堂，学生被动接受，主动性、创造性难以发挥。学生应是课堂的主人，教师应启发、引导、点拨，为学生的学服务。教师要研究学生，做到目中有人，把学生思维的时间、空间还给学生，让学生自主学习。”通过创设情境、激发兴趣，引导学生积极参与教学过程，营造师生平等交流的范围，教师要用精心布置作业来减轻学生作业量等。将课外时间还给学生，使学生真切感受到轻松和幸福。“学生的自由时间来自课堂：明智的、善于思考的教师能给学生赢得自由时间。学生本身也是赢得自由时间的重要助手。”采用先学后教、精讲精练、当堂掌握、及时复习、重视落实的方式。

3. 引导学生主动参与学习过程，提高课堂效率

分析埃德加·戴尔的学习金字塔，我们知道学生采取听讲、阅读、看图片、观察他人的示范演示等被动接受性学习，两周后知识的保持率不到30%。要想知识高效保持，必须促使学生主动参与学习过程，在小组讨论（50%保持率）、实际演练（75%保持率）、运用知识（90%保持率）的过程中，提高知识保持率。

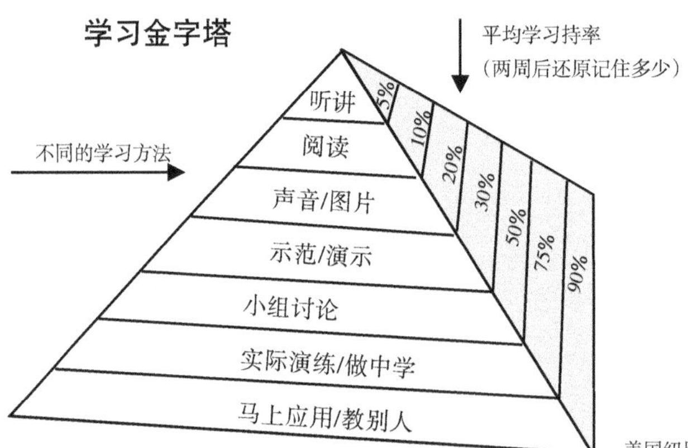

4. 重视当堂评价反馈，检测教学效果

反馈的目的是使教学过程成为按照预定目标方向有效运转并能够自我调控和纠正的系统工程，这是促使和保证教学目标全部落实的有效措施。实践证明即使在师生互动中达成的教学目标，学生在理解、认识上存在错误、偏差，也是正常、普遍和不可全部预知的。每节课都应及时反馈，一方面满足学生自我肯定的需要，进一步激活学生的潜在能力；另一方面则能起到防微杜渐、查漏补缺的作用，从而防止和避免学习中出现缺陷积累现象，确保学生学习的顺利进行。

当堂反馈根据学科的不同，评价的方式可以有问答的方式，也可以有学案测试题的方式等，随堂进行几分钟测试。教师及时了解学生完成教学目标的程度，然后根据学生掌握的具体情况进行补偿性教学。反馈与补偿教学在教学活动中具有举足轻重的作用，反馈是为补偿性教学服务的，而补偿性教学是对教学中未落实的内容进行最后一次补救，至关重要。忽视反馈纠偏实质上教学活动只进行了一半。这样学生达到“堂堂清”、“人人清”，课后才能真正轻松。

5. 课前不预习，课后少作业

课前预习不能落实，干脆改为课上“预习”，先学后教。课后练习不在多，贵在精。教师要下题海，为学生精选习题，根据学生的具体情况，给不同基础的学生留不同的作业，给学有余力的学生留选做作业。重复性的习题要适量，思维与能力题要达到有效提升的目的，偏题、难题果断删去。提高练习的有效性就是要充分了解学情，因课设计练习，让学生在训练中思考问题、解决问题。

（三）通过课堂行动研究，反思教学效果

将天津市教育学会“十二五”教育科研重点课题《幸福教育的实践研究》与构建高效课堂、减轻学生负担、提高师生幸福感的研究紧密结合。通过《成功教育在高中物理教学中的实践研究》《高中语文阅读教学中提升学生人生幸福感策略的研究》《在地理教学中师生共享幸福感策略的研究》等多个市级“十二五”课题研究，着力打造“幸福课堂”，其核心理念是民主、开放、科学、规范、尊重、对话、合作，提出“低负担、高质量；低耗时、高效率”的目标。在课堂教学中，将幸福教育理念与学科教学紧密地结合，创造轻松和谐的教学氛围，使教师传统的讲授变为师生活动交替进行，使学生主动参与教学活动，让学生自我表现的机会多一些，体验学习的乐趣、成长的快乐。教师通过及时的、个性化的鼓励和评价，不断增强学生学习的自信心和动机，提高课堂教学质量，师生在课堂教学中共同成长、共享快乐，感受成功、感受幸福。

针对学生由于成绩不理想而产生的心情沮丧，对学习没有兴趣的状况，在课堂教学中，把教学内容安排按低起点由易到难，分解成多个层次，使学生层层有进展，处于积极学习的状态，获得成就感。

（四）减少学生学习时间，增加文体活动

苏霍姆林斯基在《给教师的建议》中说："想克服负担过重现象，就得使学生有自由支配的时间：只有让学生不把全部时间都用在学习上，而留下许多自由支配的时间，他才能够顺利地学习。这是教育过程的逻辑。学生的学习日被各种学校功课塞得越满，给他留下的供他思考与学习直接有关的东西的时间越少，那么他负担过重、学业落后的可能性就越大。"

学生早出晚归，睡眠不足，减轻身心负担的最好措施是呼吁教育行政主管部门取消全市中学的早晚自习及周六课。学校开设丰富多彩的校本课程、各种社团活动，提高学生的人文素养、艺术品质等综合素质，开展阳光体育活动，促进学生身心和谐、人格完善、潜能发展，为学生的终身幸福奠基。

（五）改进评价管理的方法，为教师减负

对教师调查表明，以教学成绩为主要评价标准的管理，是教师感到压力较大的方面，而教育改革几乎没有带给教师较大压力，也正好说明教改没有引起教师必要的重视。

所谓"授之以鱼不如授之以渔"的道理，教师都知道，关键是很难做到。在每周每班各两个学时的有限时间内，要完成教学任务并取得好的教学效果，你还想通过学生自主学习、合作学习、科学探究花足够的时间和精力理解教学内容，形成各种能力吗？你愿意去等，可学校会等你吗？考试制度、教师聘任制、末尾淘汰制，这些导致了"填"与"灌"。教师会急着"代劳"，不再组织学生进行必要的讨论，不再教给学生规律和方法，而是"替学生解决问题"，以求得当下的教学效果，并加大作业量，与其他学科争时间，学校给教师的评价压力，就转嫁到学生身上。因此，学生减负是以教师的减负为前提条件的。只有解放教师，才能解放学生。

学校对教师的考核周期要适当长一点，这样教师课堂教学的视野就越长远。学校管理的信任与宽容，为教师提供拥有长远眼光和科学方法所需要的工作空间。培养人的教学活动与经济活动是完全不同性质的活动，很难衡量学生各方面的收益，教学效果有些是显性的，更多的是隐性的，有些是短期的，更多的是长期的。

改进单纯以成绩评价管理的模式。要像保护学生的自尊一样保护教师的自尊，不搞成绩排名。首先，公布分数产生的导向性，会产生只讲考试得分点，而使学生厌学的无趣的课堂。其次，适度淡化教师之间的竞争，促进教师之间团结协作。因为合作能促进交流，并在一定程度上缓解教师焦虑，解放教师心智，并在根本上缓解学生的压力，解放学生的心智。

作为教师，“如果你考砸了，不称职的教师就是你，想要这饭碗就要跟着分数跑!”为了避免被淘汰，还是要首先保障生存。于是，教师提高教学能力就变得更为重要，包括提高组织教学的能力，包括提高跟学生的融洽度、认同感，提高自己的知识素养都非常重要，还要增强自我生命的强度、生存的能力，甚至在现实困难面前有一搏的勇气，有毅然决然走出困境的魄力。

高中化学新教材必修模块教学实践研究

2006年秋季，天津市高一年级开始了人教版新教材化学必修1、2模块的教学。新课程的教学，教师的困惑和问题较多，针对这些问题，文章提出了四点对策和建议，一是准确理解高中化学必修模块的功能定位与教学目标；二是全面理解教材结构，准确把握必修模块的教学要求；三是深入研究教材中知识呈现的主线，合理重组教学内容；四是以科学探究作为突破口，优化学生的学习方式。

一、教师的困惑和问题

一是学时管理没有落实。《天津市普通高中课程设置指导方案》的学时管理要求:“每学期分两段安排课程，每段10周，每个学习模块通常为36学时，可在一个学段内完成。”这一要求没有得到落实，大多数学校周学时为3~4学时，每个模块用了72学时，必修1、必修2共用了一学年。

二是化学新教材编排的体例有很大变化，知识呈现方式和顺序变了，知识内容的教学目标要求变了，许多教师感到不适应。

三是新教材的知识面比较宽，化学必修1、必修2几乎涉及了旧教材从高一到高三的所有知识，但比旧教材浅。老师在教学时唯恐讲浅了学生不能适应高考，但讲深了课时就不够，教师不知道课改后的高考如何应对，感到茫然、困惑。

四是尽管普遍认同了新课程的理念，暑假期间高一年级的老师接受了新课程的通识培训和学科培训，但实际教学中仍然欠缺教学技能。

五是新课程改革要求师生要转变教学方式，提倡探究学习，注重培养学生的实验和动手操作能力等。但限于学校的化学实验条件，学生不可能都到实验室上课，实验基本上由教师在普通教室演示，形成“公开课上进行科学探究，日常课上依旧接受学习”、“展示课上做模做样搞改革，展示课后循规蹈矩走应试”。

六是能与新教材配套的教辅资料不少，但大多是旧教材的翻版，真正水平高的资料却很少。教师平时教学任务重，没有精力和条件编写练习题，使留作业成为难事，复习巩固、及时反馈更谈不上，学习质量不能保证。

二、对策和建议

1.准确理解高中化学必修模块的功能定位与教学目标

高中化学新课程分为2个必修模块和6个选修模块。其中必修模块是选修模块的基础，选修模块是在必修模块的基础上进行拓展与深化。从内容上看，必修模块几乎包括了以往高中化学三年所涉及的所有内容，但将必修模块中具体的知识点作了精简，教学要求大多数只是形成一般的概念，了解基本的研究方法，相关内容在选修模块中都将进一步深化。

2.全面理解教材结构，准确把握必修模块的教学要求

必修模块的目的是促进全体高中学生形成最基本的科学素养，是所有的高中生人人都要学的化学，因此必须强调其基础性；从必修模块的编排体系来看，不再从物质结构、元素周期律等理论知识为出发点，采用推理、演绎的方法学化学，而改为以物质分类的思想来整合教学内容，通过提供实验事实、科学史话等感性材料，采用分析、归纳的方法获得化学知识。因此，同样的知识内容，在新、旧教材中的地位和作用是不同的，其教学要求也不相同。例如：人教版化学必修1第二章“离子反应”一节，可做如下要求。

	教学要求
基本要求 （全体学生应在本节学习时掌握）	①电解质的概念；能够正确书写强酸、强碱和可溶性盐的电离方程式。 ②离子方程式的概念；强酸、强碱、盐之间的离子方程式的书写；金属与酸或盐溶液的置换类型的离子方程式的书写。 ③离子方程式代表的是同一类的反应，并能举例。如看到H^++OH^-=H^2O，知道其代表的是强酸、强碱之间的反应。 ④离子反应发生的条件；判断溶液中离子能否大量共存。 ⑤Cl^-、SO_4^{2-}、CO_3^{2-}的检验方法。
弹性要求 （有条件的学生可在本节增补）	①探究离子反应的实质。 ②离子的物质的量浓度。

发展要求 （全体学生可在化学必修2结束时掌握）	涉及醋酸、氨水等弱电解质以及HCO_3^-等酸式盐与碱的反应的较为复杂的离子方程式。
不宜拓展 （留待选修学习）	①强电解质和弱电解质的概念；弱电解质的电离及相关知识。 ②涉及过量、不足量等关系的离子反应。

3.深入研究教材中知识呈现主线，合理重组教学内容

教材采用了专题式的模快内容，一定程度上影响了知识的内在逻辑关系。例如化学必修1中的第三章的“金属及其化合物”。本章教材按照新课标要求，隐去了周期和主族这条过去最熟悉的线索，将整个金属作为研究对象，按单质、氧化物、氢氧化物和盐横向分类，横向比较，了解通性，突出特性。这样的集中介绍，大量的信息同时出现在学生面前，又缺乏元素周期律的知识基础，学生容易感到知识凌乱，把握不住规律，造成“背化学”的现象。这就要求教师在教学中要深入研究教材的编排主线，挖掘知识的内在联系，结合学生的认知规律合理地重组教学内容。教材第三章是以钠、铝、铁、铜四种金属及其重要化合物为知识主线，在“金属与水的反应”中，重点介绍的是钠与水和铁与水两个反应，在教学中建议增加铝与水反应，从学生已有的“金属活动顺序”知识出发，充分利用“金属的活动性不同，与水反应的难易程度不同”这条主线，使基础知识规律清晰。

新教材仅仅是学习的一个范例和文本，教师要破除“教教材”的传统观念，教学中如何选取知识，如何呈现知识，都要靠教师进行二次创造，根据课程标准和学生的认知规律，重新整合教学资源，灵活处理教材。如钠的物理性质可以在做钠与水反应的实验时，引导学生观察现象，分析归纳。

4.以科学探究作为突破口，优化学生的学习方式

改变学生过于依靠接受式学习的方式是本次课程改革的重点任务之一。教师通过创设一定的探究情景，让学生发现问题，作出猜想与假设，并通过实验、调查、查阅文献等方式搜集与处理信息，对猜想与假设进行论证，最后通过表达与交流对自己的探究过程进行反思与评价。在这一过程中学生获得知识与技能，掌握解决问题的方法，获得情感体验。

（1）联系生活实际取材，设计探究实验方案。

在必修1第三章“金属的化学性质”，第二课时教材有“金属与酸和水的反应”，“铝与氢氧化钠溶液的反应”两个知识点，我选取月饼包装里的小袋黑

色粉末和“管道通”中小袋灰色粉末，这些来自生活的素材，根据学生已掌握的金属与水、与酸反应的知识，让他们设计实验方案探究月饼包装里的小袋黑色粉末和“管道通”中小袋灰色粉末分别是哪种金属粉末？通过实验探究，学生学习化学的兴趣被激发，体验了科学探究的喜悦，培养了学生的观察能力、对比能力、分析能力，学习了实验研究的方法，收到了很好的教学效果。

（2）选择核心内容进行探究。

在必修1第二章第二节“离子反应”一课，利用实验探究的方法，学生通过向$CuSO_4$溶液中滴加$BaCl_2$溶液，过滤后得蓝色溶液，分析实际参加反应的离子，问：Cu^{2+}是否参加了反应？若在蓝色滤液中再加入NaOH溶液，过滤得无色溶液，再引导学生进行分析，使学生认识离子反应的实质，并写出离子反应方程式。

有条件的学校选择向0.01 mol/L$Ba(OH)_2$溶液中加几滴酚酞，再逐滴加入0.2mol/LH_2SO_4溶液，观察溶液中现象、小灯泡和电流表指针的变化，探究离子浓度的变化与溶液导电性，揭示离子反应的实质。

科学探究是新课程大力倡导的学习方式，但并不是学习的唯一方式。接受学习、探究学习等都是常用的学习方式，并没有绝对的优与劣，教学中教师的任务之一，就是优化学生的学习方式，引导学生综合应用多种学习方式（包括接受式）来积极、主动、高效地获取知识。

新课程的实施中有许多的问题值得我们去研讨，面对新课程试验的客观存在，深感机遇与挑战的并存，更激励着我们探索的勇气和对收获的憧憬。

第三部分 我的课堂实践

《环境保护》教学设计

【教学目标】

1. 使学生初步了解环境保护的重要意义。

2. 使学生初步了解大气、水、土壤的污染、危害及防治。

3. 使学生对当前的环境问题有整体的、大致的了解，增强环保意识。

4. 使学生了解多种学习方式，如收集资料、调查、讨论等，尽量结合当地实际情况，如河水的采样、发电厂调查，使学生感到环境问题就在自己身边，保护环境人人有责。

【提问】

引入新课：1. 通过调查和收集资料，你了解了哪些环境问题？

2. 环境污染主要包括哪些方？

【看录像】

动画短片（有关汽车尾气、水污染、噪声、包装垃圾）

【板书】

一、大气污染

【提问】

1. 当前全世界最为关注的大气环境问题是什么？

2. 造成大气污染的污染源和污染物是什么？汽车尾气产生哪些大气污染物？

【投影】

归纳整理（略）

【提问】

1. 造成气候变暖的温室气体有哪些？

2. 氯氟烃怎样破坏臭氧层？

【看录像】

什么是温室效应。拯救臭氧层。

【讨论】

1. 你对大气污染的防治有什么设想？引导学生从控制减少污染物排放入手，提出设想。

2. 发电厂以煤为原料产生大量的SO_2气体，你设计一个回收SO_2的方案。

【学生活动】

发电厂治理污染的调查汇报

【板书】

二、水污染

【提问】

造成水污染的污染源和污染物是什么？

【投影】

归纳整理（略）

【看录像】

日本的公害教训：“痛痛病”“水俣病”

【提问】

什么是“赤潮”现象？1998年11月5日渤海湾赤潮

【学生活动】

小实验：河水的净化处理

【板书】

三、土壤的污染

【提问】

1. 造成土壤污染有哪些污染源？

2. 你知道生活垃圾哪里去了吗？

3. 你怎样看待垃圾分类？

【看录像】

垃圾回收及处理

【练习题】

（略）

《金属的化学性质》教学设计

化学必修1　第三章　金属及其化合物

第一节　金属的化学性质（第2课时）

[课程标准]

根据生产、生活中的应用实例或通过实验探索，了解钠、铝、铁、铜等金属及其重要化合物的主要性质，能列举合金材料的重要应用。让学生充分体验科学探究的艰辛和喜悦，感受化学世界的奇妙。培养学生敢于质疑，勤于思索，逐步形成独立思考的能力，善于与人合作，具有团队精神。

第一节　金属的化学性质（第2课时）

[教学目标]

1. 认识钠、铝、铁与水的反应，会解释金属与水反应的各种现象。

2. 认识铝既能与盐酸反应，又能与氢氧化钠溶液反应。

3. 通过比较归纳，使学生了解金属的一般化学性质和特性，从而对金属的化学性质有一个整体的认识。

4. 通过探究月饼包装里的小袋黑色粉末和“管道通”中小袋灰色粉末，学习实验研究的方法，激发学生学习化学的兴趣，体验科学探究的喜悦，培养学生的观察能力、对比能力、分析能力，能设计并完成一些化学实验。

[教学重点、难点]

重点：金属与水的反应；铝与NaOH溶液的反应

难点：设计探究实验方案

[教学过程]

<table>
<tr><th colspan="2">教学环节</th><th>教师活动</th><th>学生活动</th></tr>
<tr><td colspan="2">新课导入</td><td colspan="2">钠被氧化后，其产物进一步与水反应生成NaOH，那么，钠能否直接与水反应生成NaOH呢？哪些金属能与水直接反应？条件如何？</td></tr>
<tr><td>新知学习</td><td>实验探究</td><td colspan="2">（1）在250mL的烧杯中加入约150mL水，并滴入几滴酚酞试液。
（2）用镊子从试剂瓶中取一小块钠，用滤纸吸干表面的煤油。
（3）用小刀切下绿豆粒大小的钠块。
（4）将钠块放入烧杯中，观察记录实验现象。</td></tr>
<tr><td>新知学习</td><td>归纳整理</td><td>现象：浮、熔、游、响、红</td><td>解释产生上述各种现象的原因：
浮：____________
熔：____________
游：____________
响：____________
红：____________
化学方程式：____________
离子方程式：____________</td></tr>
<tr><td rowspan="4">新知学习</td><td>实验验证</td><td>设计一个实验证明钠与水反应产生的气体是H_2</td><td>仪器：____________
操作方法：____________
实验现象：____________</td></tr>
<tr><td>思考交流</td><td></td><td>(1)钠为什么保存在煤油中？能否保存在汽油或CCl_4中？
(2)金属钠着火，能否用水灭？为什么？应该如何处理？
(3)你认为镁、铝能否与水反应？</td></tr>
<tr><td>实验探究</td><td></td><td>(1)取2支小试管分别加入镁粉、铝粉和3mL冷水，观察现象。
(2)将两支试管分别加热至沸腾，并滴加酚酞，观察现象。</td></tr>
<tr><td>归纳整理</td><td>镁能与热水反应，并使酚酞变红。铝能与沸水反应，酚酞不变红，比较后说明金属活泼性强弱。</td><td>镁与热水反应的化学方程式：
____
铝与沸水反应的化学方程式：
____________</td></tr>
</table>

<table>
<tr><td rowspan="9"></td><td>思考
讨论</td><td>从水蒸气的产生、铁粉与水蒸气的反应，反应产物的检验等环节，讨论反应装置的设计。</td><td>画装置图：</td></tr>
<tr><td>活动
探究</td><td>按照教材图3－9进行演示或看视频，指导学生观察实验现象，明确实验中应注意的问题。</td><td>(1)比较实验装置的优缺点
(2)总结探究活动的收获
(3)从金属活动顺序的角度，通过上述反应可得出怎样的结论？</td></tr>
<tr><td>归纳
整理</td><td colspan="2">金属活动顺序中氢前面的金属在一定条件下都可能跟水反应而置换出H_2，而氢后面的金属不可能跟水反应产生H_2。</td></tr>
<tr><td>实验
探究</td><td>(第二课时)</td><td>根据已掌握的金属与水、与酸反应的知识，学生设计实验方案，探究月饼包装里的小袋黑色粉末和“管道通”中小袋灰色粉末分别是哪种金属粉末？</td></tr>
<tr><td>归纳
整理</td><td colspan="2"><table>
<tr><td>探究方案</td><td>黑色粉末</td><td>灰色粉末</td></tr>
<tr><td>与冷水</td><td>不反应</td><td>不反应</td></tr>
<tr><td>加热</td><td>不反应</td><td>有气泡</td></tr>
<tr><td>与盐酸</td><td>有气泡，浅绿色溶液</td><td>有气泡</td></tr>
<tr><td>磁铁</td><td>吸引</td><td>——</td></tr>
<tr><td>与NaOH溶液</td><td>——</td><td>有气泡</td></tr>
<tr><td>结论</td><td>Fe粉</td><td>铝粉</td></tr>
</table></td></tr>
<tr><td>归纳
整理</td><td>铝既能与盐酸反应，又能与氢氧化钠溶液反应。</td><td>铝与盐酸反应的化学方程式：________
______________________离子方程式：
____
铝与氢氧化钠溶液反应的化学方程式：
____
离子方程式：______________________</td></tr>
<tr><td>应用
提高</td><td></td><td>根据已掌握的铝的性质，在日常生活中，使用铝制餐具、炊具应注意哪些问题？</td></tr>
<tr><td>学习
提高</td><td></td><td>阅读教材49页“科学视野”，了解未来金属——钛。</td></tr>
</table>

<table>
<tr><td>板书设计</td><td>二、金属与水的反应
1. 钠与水的反应
现象：浮、熔、游、响、红
化学方程式：$2Na+2H_2O=2NaOH+H_2\uparrow$
离子方程式：$2Na+2H_2O=2Na^+ +2OH^- +H_2\uparrow$
2. 镁、铝与水的反应
化学方程式：$Mg+2H_2O \overset{\triangle}{=} Mg(OH)_2+H_2\uparrow$　　$2Al+6H_2O \overset{\triangle}{=} 2Al(OH)_3+3H_2\uparrow$
3. 铁与水的反应
化学方程式：$3Fe+4H_2O(g) \overset{\triangle}{=} Fe_3O_4+4H_2\uparrow$
板书：(第二课时)金属与水、与酸反应
$2Al+6H_2O \overset{\triangle}{=} 2Al(OH)_3+3H_2\uparrow$
4. 铁与酸的反应 $Fe+2HCl \overset{\triangle}{=} FeCl_2+ H_2\uparrow$
三、铝与酸、碱的反应
$2Al+6HCl=2AlCl_3+3H_2\uparrow$
$2Al+2NaOH+2H_2O=2NaAlO_2+3H_2\uparrow$</td></tr>
</table>

［教学反思］

本节课的成功之处。本节课联系生活实际取材，设计探究实验方案，教学任务顺利完成，学生实验做得也比较好，学生学习化学的兴趣被激发，学习了实验研究的方法，体验了科学探究的喜悦。本节课能够体现新课程理念下学生的主体地位，从问题提出后的实验设计，到学生实验探究、结论的得出以及深入分析，都是通过教师的点拨，由学生讨论、自悟发现的，教师只是起到创设情景，引导帮助的作用。学生积极参与到教学活动中，敢于发表自己的看法，为完成教学目标奠定了基础。教学效果很好，包括学生的学习效果和教师的感受等。课后，有学生说这节课像参与侦探。

本节课的不足之处。由于时间的原因，教材中铁与水蒸气的反应以及实验装置的设计比较，只能放在下一课时完成了。

针对本节课是化学必修1中首次出现的元素化合物内容，通过探究实验进行教学是一种不错的做法。探究实验是激发学生学习化学兴趣的重要手段，也对学生知识的理解、消化起到十分积极的作用。

教学设计的各个环节衔接紧密，学生探究的实验，有的是书中的，也有教材之外另加的，如：铝与沸水的反应，有利于学生思维能力的培养和个性品质的形成。

《化学与生活》高三总复习专题总结

1. Na应用在电光源上，高压钠灯黄光射程，透雾力强，照度比高压水银灯高几倍。

2. 五彩缤纷的焰火就是碱金属及钙锶钡等金属化合物焰色。

3. 自来水常用Cl_2和Fe^{3+}盐改善水质：杀菌、$Fe(OH)_3$胶体净水。

4. Cl_2对水消毒，产生上千个有机物，其中六氯苯、多氯联苯等有致癌性。用ClO_2，高铁酸钠Na_2FeO_4，O_3，高效安全，用O_3制纯净水。

5. Cl_2通入石灰乳制漂白粉。

6. Cl_2泄漏时用浸有Na_2CO_3溶液的毛巾捂住口鼻。

7. 食盐加碘为KIO_3，缺碘易患甲状腺亢进等病，碘盐不宜高温煎炒。多食用含碘丰富的海产品如：海带。

8. 医用生理盐水含氯化钠0.9%

9. 变色眼镜：含卤化银 制作感光材料

10. 人工降雨：干冰 AgI

11. 含氟牙膏预防龋齿。

12. 目前海水淡化的主要方法：蒸馏法、电渗析法、离子交换法。

13. 石膏$CaSO_4 \cdot 2H_2O$制模型和医疗绷带，调节水泥的凝结时间。

14. 钡餐：$BaSO_4$ 泻盐：$MgSO_4 \cdot 7H_2O$ 缓泻剂：芒硝$NaSO_4 \cdot 10H_2O$收敛剂：$ZnSO_4 \cdot 7H_2O$

15. 光学玻璃：含PbO

16. 光导纤维：SiO_2 水晶、玛瑙：SiO_2 石英玻璃：SiO_2

17. 新型无机非金属材料，氧化铝（人造刚玉）、氮化硅Si_3N_4，超硬、耐磨，高温结构陶瓷，为原子晶体。

18. 氨的固定：雷雨天氮气与氧气反应；豆科植物根瘤菌为自然固氨。

19. 氮气常用作保护气：焊接金属、灯泡、粮食、水果。液氮做制冷剂。

20. 亚硝酸钠：工业盐（民工中毒）强烈致癌物，蔬菜腐烂时，长时间煮沸的水，腌制、熏制食物等。少量做食品防腐剂、增色剂，但必须严格控制用量。

21. 有机磷农药：杀虫剂，祛除蔬菜残留用碱水浸泡。无机磷农药：毒鼠强。

22. 安全火柴盒侧面暗红色物质是红磷和Sb_2S_3的混合物，火柴头上的物质是$KClO_3$、S、MnO_2。

23. 净水剂：明矾。

24. 泡沫灭火剂由两种物质组成：明矾［$KAl(SO_4)_2 \cdot 12H_2O$］、$NaHCO_3$溶液。

25. Al是食品污染源之一，降低钙和磷的吸收，患骨萎缩、贫血、老年痴呆症，铝制餐具不宜存放菜、汤等食品。

26. 与胶体性质和原理有关：做豆腐使用卤水；制肥皂时向皂化锅内加食盐；制有色玻璃；茂密树林中透过的光束；血液透析等。

27. 室内装饰材料的污染：甲醛、苯及同系物、氨气、放射性元素氡。

28. 废旧电池污染土壤和水源：汞、铅、镉等。

29. 人体中常量元素：C、H、O、N、Ca、P、K、S、Na、Mg、Cl、等几十种，其中Ca、Mg、K、Na对健康的影响很重要。微量元素：Fe、Zn、I、Cu、Se、F等20种。

30. 杀菌消毒剂：$KMnO_4$溶液0.05%　医用酒精75%　过氧乙酸（CH_3COOOH）　硫磺　苯酚　福尔马林　双氧水　次氯酸　漂白粉84消毒液（NaC10）

31. 农药“波尔多液”：由硫酸铜、生石灰和水制成。

32. 普通玻璃带绿色：含Fe^{2+}

33. 人体血液pH：7.35－7.45。

34. 胃药:$Al(OH)_3$　$NaHCO_3$　MgO　$CaCO_3$　治疗胃酸过多。

35. 未来的能源：氢能源。

36. 活性炭可用于冰箱除臭、制糖中脱色。

37. 人体中含水占体重2/3，鱼体含水70%～80%，某些蔬菜中含水达90%。

38. 粗盐在潮湿空气中易潮解：含$MgCl_2$。

39. 制糕点：小苏打。

40. 有毒，与人体血红蛋白结合：CO　NO。

41. 袋装小食品中有一小袋固体，可能是生石灰、硅胶、$FeSO_4$、Fe（防止食品受潮或富脂食品氧化）。

42. 液化石油气：丙烷、丁烷。

43. 可燃冰主要成分是甲烷。

44. 催熟果实：乙烯。

《化学与环境保护》高三总复习专题总结

环境污染包括：大气污染、水污染、土壤污染、噪声污染等。

世界十大环境问题：大气污染、酸雨、温室效应、臭氧层破坏、土地沙漠化、水的污染、海洋生态危机、绿色屏障锐减、物种濒危、垃圾难题。

大气污染包括：固体颗粒物、硫氧化物、氮氧化物、碳氢化合物、含卤素化合物（氟氯烃）、放射性元素。

国家环境监测中心公布的部分城市空气监测日报中的大气监测项目是：硫氧化物、氮氧化物、可吸入固体颗粒物三种大气污染物。

（一）酸雨：正常雨水的pH约5.6　　酸雨的pH<5.6

1. 成因：燃烧煤、石油等化石燃料，硫矿石冶炼制硫酸，汽车尾气等。

2. 有关反应：$2SO_2 + O_2 = 2SO_3$　　$SO_3+H_2O = H_2SO_4$

$SO_2+H_2O=H_2SO_3$　　$2H_2SO_3+O_2=2H_2SO_4$

$2SO_2+O_2+2H_2O=2H_2SO_4$　　$2NO+O_2=2NO_2$

$3NO_2+H_2O=2HNO_3+NO$　　$NO_2+NO+O_2+H_2O=2HNO_3$

3.危害：破坏森林、草原、农作物，土壤酸性增强，湖泊酸化，鱼类死亡，水体生态破坏，加速建筑物、桥梁、工业设备等材料的腐蚀。

4.防治措施：减少SO_2、NOx的排放。

燃料脱硫或加生石灰固硫：$CaO+SO_2=CaSO_3$　　$2CaSO_3+O_2=2CaSO_4$；

汽车尾气催化转化成N_2：$2CO+2NO=2CO_2+N_2$；

硫酸厂尾气氨吸收法：$SO_2+2NH_3+H_2O=(NH_4)_2SO_3$　　$(NH_4)_2SO_3+SO_2+H_2O=2NH_4HSO_3$

（二）臭氧层的损耗：

1.成因：氯氟烃破坏O_3层，超音速飞机排放NO、NO_2。

2.有关反应：(1)氯氟烃：$O_3+Cl = O_2 + ClO$　　$O+ClO = Cl+O_2$

总反应：$O_3 + O = 2O_2$

（2）NOx：$O_3+NO = NO_2 + O_2$　　$O + NO_2 = NO+O_2$　总反应：$O_3+O = 2O_2$

3. 危害：降低农作物的产量，危害海洋生命，使气候和生态环境发生变异，降低人体免疫功能，诱发皮肤癌、白内障。

4. 防护措施：停止生产和使用氯氟烃。

（三）温室效应

1. 6种温室气体包括：CO_2（占55%）　H_2O（g）　N_2O　O_3　CH_4氯氟烃

2. 危害：全球变暖，极地冰帽融化，海平面上升，影响自然生态环境，各地区降水、干湿状况的改变，导致全球经济结构变化。

3. 导致温室效应的主要原因：煤和石油的燃烧。

减缓大气中CO_2大量增加的有效方法：改变能源结构，植树造林。

（四）光化学污染：

1. 成因：NO_2在紫外线照射下，发生一系列光化学反应，产生一种有毒的烟雾，主要含有臭氧、低级醛、硝酸酯等。NO_2主要来自燃料的燃烧、汽车尾气。

2. 有关反应：（1）$NO_2 = NO + O$　（2）$2NO+O_2 = 2NO_2$　（3）$O+O_2 = O_3$　总反应：$3O_2 = 2O_3$　O_3氧化汽油燃烧的产物生成醛

（五）汽车尾气：6种主要污染物：CO、碳氢化合物、NOx、$Pb(C_2H_5)_4$、烟尘、苯并芘。

治理方法及有关反应：使用氢能等清洁燃料。汽车尾气催化转化成无害气体　$2CO+2NO=2CO_2+N_2$　使用无铅汽油

（六）水的污染：

1. 重金属：Hg—水俣病；Cd—痛痛病：Pb、Cr、Mn等重金属污染水体，通过食物链在人体中富集，造成神经系统、造血机能、骨质等病变。

富营养化：生活污水，化肥过量施用，使N、P、K植物的营养元素进入水体，造成藻类过量繁殖，形成赤潮、水华，同时消耗水中溶解的氧，使鱼类死亡，水质恶化。停止使用含磷洗衣粉是措施之一。

“探究月饼包装里的小袋黑色粉末”教学案例

（一）案例主题

改变学生过于依靠接受式学习的方式是本次课程改革的重点任务之一，强调科学探究是一种重要而有效的学习方式，积极开展科学探究活动，对于改变学生的学习方式和教师的教学模式具有重要意义。联系生活实际取材，创设一定的探究情景，通过探究月饼包装里的小袋黑色粉末和“管道通”中小袋灰色粉末，学习实验研究的方法，激发学生学习化学的兴趣，体验科学探究的喜悦，培养学生的观察能力、对比能力、分析能力，能设计并完成一些化学实验，在探究实践中逐步形成终身学习的意识和能力。

（二）案例背景

2006年秋季，我市高一年级开始了人教版新教材化学必修模块的教学，在必修1第三章“金属的化学性质”，第二课时教材有“金属与酸和水的反应”，“铝与氢氧化钠溶液的反应”两个知识点，我选取月饼包装里的小袋黑色粉末和“管道通”中小袋灰色粉末，这些来自生活的素材，根据学生已掌握的金属与水、与酸反应的知识，让他们设计实验方案探究月饼包装里的小袋黑色粉末和“管道通”中小袋灰色粉末分别是哪种金属粉末？

（三）案例描述

师：（举起手中的小袋）你们知道月饼包装里的小袋粉末是什么物质吗？

生：（马上回答）“干燥剂”。

师：你打开看过粉末是什么颜色吗？

生：我看过，是黑色的，也有的是棕色的。

师：很好。这种黑色粉末是一种金属，（学生很惊讶）大家来设计几个实验来研究它是哪种金属。

学生有的说：“加酸。”也有的说：“加水。”“加热水”（学生敏捷思维，课堂气氛热烈。)

师：下面让提出实验方案的几个同学来给大家演示一下，大家注意观察现象。

一个学生动手做“黑色粉末加冷水”，让同学传着试管看现象；加热后，再看现象。当另一个学生做“黑色粉末加盐酸”，“看！有气泡”，“看！溶液变浅绿色”，“是铁粉吧?”教室气氛热烈达到高潮，学生们争先恐后地发表自己的见解。“再用磁铁验证一下吧！”

一个学生把黑色粉末放在一张纸上，纸下面放一块磁铁，将纸立起来，黑色粉末都被磁铁吸引住，一点也没掉下来。同学们热烈鼓掌，在满怀成功喜悦的同时，老师问了新的问题“月饼包装里放小袋铁粉的作用是什么？是干燥剂吗?”

“为什么有的同学看到的粉末有棕色?”

这时，学生们都在认真思考，希望通过自己的努力得出正确的答案。

生：“铁生锈消耗了氧气，使食品延长了保质期。”

同学们互相讨论着、交流着，看得出学生们对通过自己实验得出的结论都十分满意。

教师又拿出一包灰色粉末，学生的兴趣再一次被激发了。教师介绍了在超市买到的用来疏通下水道的“管道通”，一包白色粉末和一包灰色粉末。观看录像：两包粉末混合加入少量水。(剧烈反应，生成气体，放出大量热。)

学生动手探究灰色粉末，①灰色粉末加冷水，②再加热,③加盐酸……

同学们互相讨论着，教室气氛热烈又达到高潮，学生们争先恐后地发表自己的见解。“看！加热后有气泡”，“与盐酸反应有气泡”“与氢氧化钠溶液反应有气泡，”“是铝粉吧?”

“再将生成的气体检验一下”。实验完成后，同学们情绪高涨，师生共同归纳，课堂气氛融洽。

(四) 探究过程

探究方案	黑色粉末	灰色粉末
与冷水	不反应	不反应
加热	不反应	有气泡
与盐酸	有气泡，浅绿色溶液	有气泡
磁铁	吸引	——
与NaOH溶液	——	有气泡
结论	Fe粉	铝粉

（五）案例评析

本节课的成功之处。本节课联系生活实际取材，设计探究实验方案，教学任务顺利完成，学生实验做得也比较好，学生学习化学的兴趣被激发，学习了实验研究的方法，体验了科学探究的喜悦。本节课能够体现新课程理念下学生的主体地位，从问题提出后的实验设计，到学生实验探究、结论的得出以及深入分析，都是通过教师的点拨，由学生讨论、自悟发现的，教师只是起到创设情景，引导帮助的作用。学生积极参与到教学活动中，敢于发表自己的看法，为完成教学目标奠定了基础。教学效果很好，包括学生的学习效果和教师的感受等。课后，有学生说这节课像参与侦探。

本节课的不足之处。由于时间的原因，教材中铁与水蒸气的反应以及实验装置的设计比较，只能放在下一课时完成了。

针对本节课是化学必修1中首次出现的元素化合物内容，通过探究实验进行教学是一种不错的做法。探究实验是激发学生学习化学兴趣的重要手段，也对学生知识的理解、消化起到十分积极的作用。

教学设计的各个环节衔接紧密，学生探究的实验，有的是书中的，也有教材之外另加的，如：铝与沸水的反应，有利于学生思维能力的培养和个性品质的形成。

贴近生活、联系社会实际、增加动手实践能力是学生的强烈希望和要求，也是学生适应现代生活和未来发展、提高科学素养和人文素养的需要。

因此，教学时要充分发挥化学课程对培养学生人文精神的积极作用，注意从学生熟悉的身边现象入手，寻找新的视角和切入点，引导他们感受身边的化学物质和化学变化，增强学习的兴趣，发现问题、展开探究以获得新的知识和经验，加深对化学知识在生活实际中应用的认识，关注人类面临的与化学相关的社会问题，有意识地引导学生从多个角度对有关问题作出价值判断，培养学生的社会责任感、参与意识与决策能力。充分开发学生的生活经验，培养学生从化学的角度解决生活实际问题的能力和科学思维方法。实验是进行科学探究的重要手段，尝试使单调的化学实验基本操作教学更富启发性、探究性和人文精神，体现出其应有的实际应用价值，实现科学教育与人文精神培养相融合的教学理念。

“探究铁丝在氧气中燃烧为什么会火星四射”教学案例

（一）案例背景

2007年10月我参加全国高中化学新教材实验研讨会，到安徽屯溪一中学习交流，铜陵三中张尤俊老师的“实验探究‘铁丝在氧气中燃烧为什么会火星四射’”一节课给我印象深刻。“铁丝在氧气中燃烧”的实验学生在初中已经做过，“产生火星四射”的实验现象老师、学生都没有质疑过是什么原因，张老师的课题首先就吸引了所有听课的老师和学生。

（二）案例过程

记得那节课是这样开始的：

教师问：同学们，你们知道有哪些常见金属可以在空气或氧气中燃烧吗？

学生马上回答：铁、镁、铝。

老师说：很好。今天我们就来探究铁丝和镁条分别在氧气中燃烧时会发生什么现象，以及产生该现象的原因。

学生实验：铁丝在氧气中燃烧；镁条在氧气中燃烧。

学生讨论与交流：普通细铁丝、镁条在氧气中燃烧现象的不同之处。

设问：同样是点燃，同样是与氧气反应，普通细铁丝与镁条的燃烧现象却有如此大的差异？

学生猜想：从对内因和外因分析，铁丝中除含铁外，所含杂质主要为碳。

老师：如何通过实验来探究铁丝在氧气中燃烧发生火星四射现象与碳的存在有无关系？

学生：我们再做一下木炭在氧气中燃烧，观察一下木炭燃烧有无火星四射现象。

木炭在氧气中燃烧会产生火星四射现象，学生的兴趣再一次被激发了。

探究实验：与普通铁丝含碳量不同的钢丝的燃烧实验，观察发生火星四射现象的剧烈程度。

学生很惊讶，现象明显不同，课堂气氛热烈。

钢丝和普通铁丝中，含碳量越多的铁丝，产生火星四射的现象就越剧烈。

设问：为何碳的存在会使铁丝在氧气中燃烧产生火星四射的现象？

联想手榴弹爆炸时弹片为什么向四周飞射？

铁丝在氧气中燃烧时，是什么动力将火星向四周推射出去呢？

……

为什么铁丝含碳量越多，在氧气中燃烧时产生火星四射的现象就越剧烈？

为什么镁条在氧气中没有产生火星四射现象？

这时，学生们都在认真思考，希望通过自己的努力得出正确的答案。

学生讨论回答：在点燃的铁丝上，碳与氧气反应生成二氧化碳，铁与氧气生成四氧化三铁，碳与新生成的铁的氧化物反应生成熔融的铁和二氧化碳，气体受热体积迅速膨胀产生压强，其压强能推开其包围物，推动周围的熔化物向四周飞溅，于是产生火星四射的现象。

同学们互相讨论着、交流着，看得出学生们对通过自己实验得出的结论都十分满意。这时，动画展示出两张图片，老师问：同学们，你们知道两张图片中哪一炉钢水的含碳量低一些吗？

同学们异口同声答道："第一张。"

同学们和听课的老师们热烈鼓掌，大家满怀成功喜悦的同时正好下课铃响了。

（三）案例评析

本节课关注初、高中化学知识的衔接，利用活动元教学原理，设计不同的活动，让学生主动积极地参与活动，并充分利用实验及多媒体课件等多种教学手段已达到教学目的。"铁丝在氧气中燃烧"实验学生在初中已经做过，但是学生一般只知道实验表象并不知"产生火星四射"的原因。本节课通过"产生火星四射现象原因"的过程探究，重点培养学生掌握实验科学探究的方法。在为学生揭示铁丝和镁条分别在氧气中燃烧时现象不同的科学道理同时，增强学生实验技能，锻炼学生从实验中发现问题，从实验中解决问题的能力。

具体思路：提出问题，分组实验，引起思考——讨论与交流，初步悟出与铁丝在氧气中燃烧火星四射现象有关因素——学生设计提出实验探究的方法——分组实验，探究讨论得出"铁丝在氧气中燃烧火星四射现象与自身含碳量有关"的初步结论——结论运用——结合实例，理论探究和分析总结"因碳的存在而产生气体，气体受热体积急剧膨胀，使铁丝在氧气中燃烧过程中产生火星四射的现象”——动画演示“碳的存在使铁丝在氧气中燃烧过程中产生火星四射的现象”的过程——课堂小结。

三维目标：使学生了解常见金属燃烧的现象，运用比较、归纳、分析等方法初步揭示化学现象的本质，并能做出合理的解释；引导学生通过实验探究活动来学习化学，学习实验研究方法；进一步理解科学探究的意义，学习科学探究的方法，提高科学探究能力；重视化学与其他学科之间的联系，能综合运用物理等学科有关知识、技能与方法分析和解决一些化学问题。培养学生的问题能力，能够发现和提出有探究价值的化学问题，敢于质疑，勤于思考，逐步形成独立思考的能力，善于与人合作，具有团队精神。培养学生学习化学的兴趣，乐于探究物质变化的奥秘，体验科学探究的艰辛和喜悦，感受化学世界的奇妙与和谐；培养学生树立辩证唯物主义的世界观，养成务实求真、勇于创新、积极实践的科学态度。

（四）分析反思

改变学生过于依靠接受式学习的方式是本次课程改革的重点任务之一，强调科学探究是一种重要而有效的学习方式，积极开展科学探究活动，对于改变学生的学习方式和教师的教学模式具有重要意义。创设生动的探究情景，通过看似普通的一个实验现象，学习科学探究的方法，激发学生学习化学的兴趣，培养学生的观察能力，对比能力，分析能力，设计并完成一些化学实验，将探究结果应用于生产实际，进一步强化学生体验探究带来的成就感和快乐，在探究实践中逐步形成终身学习的意识和能力。

本节课的成功之处。本节课是一节高一校本研究课，联系钢铁生产实际，设计探究实验方案，教学任务顺利完成，学生实验做得也比较好，学生学习化学的兴趣被激发，学习了科学探究的方法，体验了科学探究的喜悦。本节课能够体现新课程理念下学生的主体地位，从问题提出后的实验设计，到学生实验探究、结论的得出以及深入分析，都是通过教师的点拨，由学生讨论、自悟发现的，教师只是起到创设情景，引导帮助的作用，教学设计的各个环节衔接紧密，学生积极参与到教学活动中，敢于发表自己的看法，为完成教学目标奠定了基础。教学效果很好，包括学生的学习效果和教师的感受等。

贴近生产联系社会实际、增加动手实践能力是学生的强烈希望和要求，也是学生适应现代生活和未来发展、提高科学素养和人文素养的需要。

因此，教学时要充分发挥化学课程对培养学生人文精神的积极作用，注意从学生熟悉的身边现象入手，寻找新的视角和切入点，引导他们感受身边的化学物质和化学变化，增强学习的兴趣，发现问题、展开探究以获得新的知识和经验，加深对化学知识在生活、生产实际中应用的认识，关注人类面临的与化学相关的社会问题，有意识地引导学生从多个角度对有关问题做出价值判断，培养学生的社会责任感、参与意识与决策能力。实验是进行科学探究的重要手段，尝试使单调的化学实验基本操作教学更富启发性、探究性和人文精神，体现出其应有的实际应用价值，实现科学教育与人文精神培养相融合的教学理念。

《从生活中学化学》读本之一

（一）第一章化学反应及能量变化

1. 氧化还原反应的广泛应用

氧化还原反应在工农业生产、科学技术和日常生活中有着广泛的应用，现作一些简单介绍。

我们所需要的各种各样的金属，都是通过氧化还原反应从矿石中提炼而得到的。例如制造活泼的有色金属要用电解或置换的方法：制造黑色金属和其他有色金属都是在高温条件下用还原的方法：制备贵重金属常用湿法还原等等。许多重要化工产品的制造，如合成氨、合成盐酸、接触法制硫酸、氨氧化法制硝酸、食盐水电解制烧碱等，主要反应也都是氧化还原反应。石油化工里的催化去氢、催化加氢、链烃氧化制羧酸、环氧树脂的合成等也都是氧化还原反应。

在农业生产中，植物的光合作用、呼吸作用是复杂的氧化还原反应。施入土壤的肥料的变化，如铵态氮转化为硝态氮，SO_4^{2-}转变为H_2S等，虽然需要有细菌起作用，但就其实质来说，也是氧化还原反应。土壤里铁或锰的化合价态的变化直接影响着作物的营养，晒田和灌田主要就是为了控制土壤里的氧化还原反应的进行。

我们通常使用的干电池、蓄电池以及在空间技术上应用的高能电池都发生着氧化还原反应，否则就不可能把化学能变成电能，或把电能变成化学能。

人和动物的呼吸，把葡萄糖氧化为二氧化碳和水。通过呼吸把贮藏在食物分子内的能，转变为存在于三磷酸腺苷（ATP）高能磷酸键的化学能，这种化学能再供给人和动物进行机械运动、维持体温、合成代谢、细胞的主动运输等。煤炭、石油、天然气等燃料的燃烧更是供给人们生活和生产所必需的大量的能量。

由此可见，在许多领域里都涉及到氧化还原反应，学习和逐步掌握氧化还原反应对同学们生活和今后参加工作都是很有意义的。

思考：以上介绍中包含了许多氧化还原反应，试写出下列反应过程中的氧化还原反应方程式。

① 工业由铁矿石冶炼生铁

② 用天然气作燃料做饭

③ 植物吸收CO_2进行光合作用

④ 病人输葡萄糖提供能量

2. 能源及其分类

能源是指能够到提供某种形式能量的资源，它包括：能提供能量的物质资源，如水、煤、石油、柴草、沼气等；能提供能量的物质运动形式，如风、潮汐、蒸汽等。能源的品种繁多，按不同的标准可有多种分类。

（1）按能源的形式分

一级能源：直接取得且不必改变其基本形态的能源（又叫天然能源），如煤、石油、天然气、太阳能、风能、水能、潮汐能、地热等。

二级能源：一级能源经过加工或转换得到的另一种形态的能源产品，也叫人工能源），如电、蒸汽、煤气、沼气、焦炭、合成燃料等。

（2）按能源使用技术的成熟程度分

常规能源：已经大规模生产和广泛利用的能源（又叫传统能源），如煤、石油、天然气、植物及秸秆、水力、风力等。

新能源：以新技术为基础，系统开发利用的能源，如太阳能、氢能、核能等。

（3）按能源可否再生分

再生能源：不随人类使用而减少的能源，如太阳能、生物能等。

非再生能源：随人类使用而减少的能源，如煤、石油、天然气、核能等。能量大多是随着化学变化而产生的，学好化学反应中的能量变化知识，可以为研究能源有效利用的途径和开发新能源打下良好的基础。

调查与交流：家庭使用煤气、液化气、煤等的热能利用效率，提出提高能源利用率的合理化建议。

3. 未来的能源——氢能源

现在，世界各国都在探索开发新能源，氢气作为正在崛起的新型能源，引起了人们的高度重视。液氢作为高能燃料，是出类拔萃的，目前已被用作火箭和导弹的燃料。

氢气作为燃料有许多其他燃料所不及的优点。首先，煤、石油、天然气等资源是有限的，而氢气可以用水为原料来制取，有广泛的来源。其次，氢气燃烧时放热多，氢气燃烧放出的热量约为同质量汽油的三倍。另外，水分解生成氢和氧，氢燃烧同氧结合又生成水，循环往复，没有污染。因此，我们有理由认为21世纪氢能源将是最有前途的洁净能源。

查阅资料：人类社会所面临的能源危机以及未来新能源。

讨论：太阳能的储存和利用的途径。

4. 人体中的水和电解质

据有关资料介绍，人的体液有三分之二是细胞内液，三分之一是细胞外液（包括血浆和组织间液）。体液不是纯电解质溶液，其中还有非电解质成分及其他水合物。但是，电解质是体液最重要的组成部分，主要是盐类物质溶于水形成的。水是人体中含量最多的物质。每天人从食物中摄取的水，大约是1000～3000ml，从饮水中摄取的水，大约是800～1500ml。此外，体内的糖、脂肪、蛋白质等营养物质发生化学反应时，还要生成水，即代谢水。每天由化学反应生成的水，大约是300ml左右。这种代谢水，尽管量不大，但对那些因种种原因禁食者来说，它对生命的延续有重要作用。

以上三种水的来源：饮食、饮水和代谢，合在一起每天成人摄取的水量约2500ml。健康人每天水的排出量，是随每天摄取量的增减而增减的。摄取多就排出多，摄取少就排出少。也只有这样，才能维持水的进出平衡。值得注意的是，人在酷热的夏天或是在高温环境工作时，出汗特别多，有的在高温下干活的工人，每小时出汗1000～2000ml。在这种情况下，只多喝水补充水分，是不够的。因为排出的汗水并不是纯水，还含有一定量的电解质。电解质的主要成分是钠离子和氯离子。所以，还要喝些淡盐水，以补充损失的氯化钠。

体内电解质溶液中的成分，正离了主要是钠离子、钾离子、钙离子、镁离子；负离子主要是氯离子、碳酸氢根离子、磷酸氢根离子、硫酸根离子。

体内血液中，钠离子的含量应保持稳定，这是维持正常渗透压的重要条件。健康的成人每天需要食盐约5～10g，主要来自食物。如果血浆中钠离子浓度增大，就会造成血浆渗透压升高，血细胞里的水分就会向外跑，造成血细胞脱水；如果血浆中的钠离子浓度减小，血浆的渗透压就会降低，水分就会从血浆进入血细胞中，造成细胞水肿。

人体中体液总量的维持，也非常重要。不论是体液减少还是体液增多，都可能造成电解质与水之间平衡的紊乱，从而对人体健康带来危害甚至死亡。

体液减少可能会出现三种不同的情况：失水多于失盐；失盐多于失水；按

体液的比例失水失盐。第一种情况常常是由于腹泻、呕吐、人量出汗或水分摄入量不足引起的。人在完全断水的情况下，每天丢失的水分，约占体重的2%。若完全断水持续八天，就会导致死亡。失水多于失盐（主要是是钠离子），会使血浆中盐浓度增大，渗透压升高。这不仅对红细胞产生不利的影响，对肾也会产生危害。

失盐多于失水的这种缺性脱水，常常是由消化液大量减少、糖尿病人大量排尿、炎热环境大量出汗等情况下，只补充水、不补充盐而引起的。这会造成血浆中盐浓度降低，渗透压下降，细胞外的水分会大量进入细胞中去，血流减慢，血压下降，还可出现休克及脑细胞肿胀等症状。

即便是按体液中电解质与水的比例失盐失水，在体内引起的变化，也是不均衡的。一般是细胞内液不减少，失去的只是细胞外液，即血浆和细胞间液。这也需要输液进行补充。

思考：运动后或夏天出汗多，需要及时补充淡盐水的原因。

（二）第二章碱金属

1. 用焰色反应鉴定黄金的纯度

黄金的纯度在我国亦叫做成色，十分黄金中含几分纯金，通常就称黄金的成色是几。鉴别黄金的方法有多种，古希腊的阿基米德就曾用浮力的方法为国王莱洛内二世的金冠鉴别真伪；而古罗马人则用试金石来鉴别黄金的纯度。

在我国“七青八黄九紫十赤”的“成色识金法”，“金入猛火、色不精光”和“黄金入火，若生五色气者则内有铜也”等。这实际上就是利用灼烧黄金时产生的火焰颜色来鉴别黄金的纯度。我们知道，多种金属或它们的化合物灼烧时能使火焰呈特殊的颜色，在化学上叫做焰色反应。例如常见的几种金属或离子的焰色：钾—紫色，钠—黄色，锂—紫红色，钡—黄绿色，铜—绿色等。上面说到的用灼烧黄金的火焰颜色来鉴别黄金的方法，就是利用了焰色反应的原理，黄金纯度不同，其焰色亦不同。有兴趣的同学不妨一试，只要把黄金用浅色火焰灼烧即可。

2. 无机化合物药物的奇迹——锂盐与精神病

锂是第二周期第Ⅰ主族的轻金属元素，它当遍存在于地壳中，几乎所有的火成岩中均可找到锂的痕迹，尤其它广泛存在于各种矿泉水中。在1817年阿尔费德森发现锂之前，含锂盐的矿泉水具有治病作用就已被人们所认识。到了近代，锂盐作为药物应用有了较大发展。其中一例就是用碳酸锂治疗某些精神性疾病——癫狂症和精神压抑症，此类疾病属于精神失调症，该类病人往往过分兴奋和过分压抑，并且在开始时往往无任何发病征兆。

澳大利亚精神病学家卡特是第一个试用锂化合物控制这类精神病的医生。他研究了锂化合物的药用价值，并指出锂化合物在医学上的应用可能达到一个全盛的时期。1944年卡特发现，从某些英国的水井中取出的水有助于治疗精神病，经实验发现，这些井水中恰恰含有锂盐。直到今天，锂盐仍广泛用于治疗精神失调症。虽然锂的作用机理有待进一步探索研究，但它的治病效果却是肯定和可靠的，也是惊人的，它帮助数十万精神失调症患者从精神狂——抑郁的痛苦中解脱出来。

3. 食盐的实用价值

食盐不仅化学工业的重要原料，而且是人类生活中的重要调味品。此外，食盐还有多种用途。

（1）清晨喝一杯盐开水，可以治大便不通。喝盐开水可以治喉咙痛、牙痛。

（2）误食有毒物，喝一杯盐开水，有解毒作用。

（3）每天用淡盐水漱口，可以预防各种口腔病。

（4）洗浴时，在水中加少量食盐，可使皮肤强健。

（5）豆腐易变质，如将食盐化在开水中，冷却后将豆腐浸入，即使在夏天，也可保存数月。

（6）花生油内含水分，久贮会发臭。可将盐炒热，凉后，按40斤油1斤盐的比例，加入食盐，可以使花生油2－3年仍保持色滑、味香。

（7）鲜花插入稀盐水里，可数日不谢。

（8）新买的玻璃器皿，用盐煮一煮，不易破裂。

（9）洗有色的衣服时，先用5%盐水浸泡10分钟，然后再洗，则不易掉色。

（10）洗有汗渍的白衣服，先在5%的盐水中揉一揉，再用肥皂洗净，就不会出现黄色汗斑。

（11）将胡萝卜砸碎拌上盐，可擦去衣服上的血迹。

（12）铜器生锈或出现黑点，用盐可以擦掉。

4. 干粉灭火的常识

干粉能否扑灭钾、钠等活波金属的火灾？不少文章的回答是否定的。是高一化学书上的习题错了吗？这要从干粉灭火剂的种类来谈。目前使用最多的是碳酸氢钠干粉灭火剂（属BC类），但除此以外，尚有以磷酸铵盐为基质的ABC类干粉灭火剂（即通用干粉灭火剂）和以三元低熔点氯化物为主要成分的D类干粉灭火剂等。

火灾一般分为四类：木柴、纸张、棉、布等引起的A类火灾；液态石化产品引起的B类火灾；天然气、煤气、液化石油气等引起的C类火灾；钠、钾、镁、铝等引起的D类火灾。不同的火灾应由相应的干粉来灭火，即BC类干粉灭B、C类火灾，而D类火灾只有用D类干粉来扑灭，其原理是：一些低熔点物质能迅速吸收热量而熔化在燃烧的金属表面形成一层覆盖层，它既能迅速传递热量使可燃金属温度降到其燃点以下，又能隔绝空气，从而达到灭火的目的。

5. 汽水中的化学

夏季，人们总爱喝汽水，打开瓶盖便看到气泡翻腾，喝进肚中不久便有气体涌出，顿有凉爽之感，这是什么气体呢？这就是二氧化碳。

人们在制汽水时常用小苏打和柠檬酸配制，但把小苏打与柠檬酸混溶于水中后它们之间发生反应，生成二氧化碳气体，而瓶子已塞紧，二氧化碳被迫在水中，当瓶塞打开后，外面压力小了，二氧化碳气体便从水中逸出，可以见到气泡翻腾，人们喝进汽水后，胃中温度高，又来不及吸收二氧化碳，于是便从口中排出，这样带走热量，使人觉得清凉。

6. 巧去鱼胆的苦味

人们喜欢吃鱼，是因为的鱼味道鲜美。可是，如果破肚时不小心弄破了鱼胆，胆汁在鱼肉上，就会是鱼肉带有苦味，形响人们的食欲。

胆汁中产生苦味的主要成分是胆汁酸，因为它难溶于水，所以渗入鱼肉中的胆汁，用水是很难完全洗除的。而纯碱能与胆汁酸发生反应，生成物是胆汁酸钠，它可溶于水。所以，弄破了鱼胆，只要在沾了胆汁的鱼肉上抹些纯碱粉，稍等片刻在用水冲洗干净，苦味使可消除。如果胆汁污染面积较大，可把鱼放到稀碱液中浸泡片刻，然后再冲洗干净，苦味可完全消除。

（三）第三章物质的量

1. 阿伏加德罗小传

阿伏加德罗（Amedeo Avogadro 1776-1856），意大利化学家。他在1776年8月9日生于都灵市一个律师家庭，早年攻读法学，1800年弃文从理，十分勤奋，成绩卓著，六年后就升任讲师，1809年升任教授，1819年升为科学院院士，还一度兼任意大利度量衡学会会长。

阿伏加德罗最大的贡献是建立分子学说。自从1809年法国盖·吕萨克发现“当气体发生化学反应时，它们的体积成简单整数比”这一定律后，它使道尔顿的原子论陷于困境。为此，阿伏加德罗大胆地提出分子学说，它的基本论点是：许多气体分子都应是由两个原子组成的，如氧气、氮气等。同时，他假定在同温同压下，同体积的气体有相同数目的分子。

阿伏加德罗分子学说虽然是正确的，并成功地使道尔顿的原子论摆脱困境，但是当时化学界受贝采利乌斯的二元说影响很深，普遍认为同一种原子不可能结合在一起，于是阿伏加德罗分子学说受到贝采利乌斯为首的也包括道尔顿在内的多数化学家的反对，使得这一光辉成就被埋没，在他生前未能使分子学说取得化学界的公认。直到1860年，阿伏加德罗的学生康尼查罗把老师的学说写成《化学哲学教程概要》小册子，并在德国卡尔斯鲁厄欧洲化学家学术讨论会上散发后，才使分子学说为化学界接受。如今，阿伏加德罗的同温同压下同体积有相同数目分子的假说已被实验证明，上升为阿伏加德罗定律。人们们已测定出1摩尔物质所含的粒子数约为6.023×10^{23}，为了纪念阿伏加德罗的功绩，将此常数命名为阿伏加德罗常数。

2. 分子学说的确立

1803年9月6日道尔顿用别开生面的方式庆贺自己的生日——系统提出原子学说，其要点如下：

（1）元素是由非常微小，不可能再分的微粒即原子组成的。原子在化学变化中不能再分，并保持自己的独特性质。

（2）同一元素所有原子的质量和性质完全相同，不同种元素原子质量和性质各不相同。原子的质量是每一种元素基本特征之一。

（3）不同元素化合时，原子以简单整数比结合。化合物的原子叫复杂原子，复杂原子的质量等于它的组分原子质量的和。

正当道尔顿的原子说风行全球、众口皆碑之际，法国化学家盖・吕萨克竟意外地给原子论出了一道难题，顿日时使原子论陷于困境。盖・吕萨克长期从事气体分析工作，在偶然的一次实验中，他发现用2体积氢气跟1体积氧气作用，得到的水蒸气不是3体积而是2体积。开始他还以为自己实验做错了。他反复验证结果仍是如此。接着，他又测定一系列气体反应的体积比，结果都十分意外：

100体积CO + 50体积O_2 = 100体积CO_2

100体积N_2 + 300体积H_2 = 200体积NH_3

于是，盖・吕萨克在1809年发表的著名论文《论气体物质彼此化合》中提出一条定律：当气体相互化合时，各气体的体积成简单的整数比。

盖・吕萨克的这一定律是违背道尔顿的原子论的。因此，当这个推论传到道尔顿那里时，道尔顿竟大发雷霆：“原子怎可分裂呢?”

为了解决这一难题，意大利化学家阿伏加德罗提出分子论。

1811年，阿伏加德罗详细研究道尔顿的原子论和盖·吕萨克的气体反应定律后提出分子学说。他首先肯定原子论和气体反应定律都是正确的，关键是原子论忽略了一个重要事实，那就是分子的存在。于是他提出分子假说如下：

（1）元素的最小单元是原子，但气体的最小单元并非原子，而是由几个原子组成的分子。也就是说，气体由分子组成，而分子由原子构成。例如，氧气、氢气都是由双原子分子组成的。气态化合物则是由分子组成，而化学物的分子是由不同原子构成的。例如，氨气由氨分子组成，而氨分子由3个氢原子和1个氮原子构成。

（2）在同温同压下，同体积的任何气体含有相同数目的分子。有了这两条分子假说，道尔顿原子论和盖·吕萨克的气体反应体积定律就得到圆满解释。

按理，阿伏加德罗为道尔顿原子论释疑应受到人们欢迎才对，可是这竟遭到大多数化学家包括道尔顿本人在内的反对，使阿伏加德罗的分子论被埋没达几十年之久。直到1858年，阿伏加德罗死后3年，他的学生意大利年轻化学家康尼查罗在德国卡尔斯鲁厄召开的国际化学家代表会议上散发《化学哲学教程概要》的论文，把阿伏加德罗的分子学说用通俗语言阐明，才得到许多化学家赞同。不久康尼查罗用分子学说原理测定许多物质分子量用实验事实证明分子的存在，至此才使原子学说和分子学说统一成原子－分子学说。

（1）一切物质都是由分子构成的，分子是保持物质化学性质的最小微粒。

（2）分子不能用物理方法分割，但是用化学方法能使它分解。分子由原子构成，原子是用化学方法不能分制的微粒。

（3）原子和分子都在不断运动。原子和分子的种类不同，它们的大小、质量和性质也各不相同。

化学家们在通力合作下，几乎经历半个世纪的努力，化学界才确认原子——分子学说，它为近代化学的发展提供扎实的理论基础，也是化学发展史上的又一里程碑。

（四）第四章卤素

1.“消字灵”的制作方法

日常的写作中，如教师写教案、作家写文章、学生记笔记等，写字时常出现一些写错或需要修改的地方，涂涂改改会显得文章很零乱。特别是有些写错的段落不想把痕迹留在原稿上，用橡皮擦也擦不掉。怎么办呢？用“消字灵”将原来的字迹消除是最理想的方法。那么，让我们自己动手制作“消字灵”吧！

在此之前，我们先准备好草酸、蒸馏水、高锰酸钾、浓盐酸、漂白粉。

先配甲液（草酸溶液），用角匙取少量草酸晶体，放入烧杯或锥形瓶中，加蒸馏水使之溶解。然后将此溶液倒入一只滴瓶中，标签注明甲液。

再配制乙液（氯水或漂白粉溶液）。

① 氯水的配制方法：将一角匙高锰酸晶体加入烧瓶中，然后再向烧瓶中加入浓盐酸，将烧瓶塞和导管连接好，固定在铁架台的石棉网上，用酒精灯加热。导管导入装有蒸馏水的锥形瓶中，片刻后将锥瓶中新制成的氯水装入乙滴瓶中。

② 漂白粉溶液的配制：如果没有条件准备一套制氯水的装置，就可以用漂白粉溶液代替氯水。配制漂白粉溶液的方法比较简单。用角匙将漂白粉加入到烧杯中，然后加蒸馏水溶解。漂白粉的溶解度较小，因此配制的溶液有些浑浊。将此液倒入乙滴瓶中即可。

这样，消字灵就制成了。去字迹时，先用甲液滴在字迹上，然后再将乙液滴上一滴，字迹会立即消失。注意晾干后再将修改的字迹写上去。

2. 食盐分类

盐，一日三餐不可少。根据有关资料介绍，我国各地生产可供食用的盐有几十种，盐形成了一个家族。这里简要介绍如下：

（1）普通食用盐可分为：再制盐、真空制盐、粉洗盐、精制海盐、日晒细盐。这些盐一般不可直接在市场上销售，只可作为加碘盐的“母盐”。

（2）医疗药用盐类

低钠盐：功能是防止血管疾病。

加碘盐：功能是防止碘缺乏病。

加硒盐：功能是防止克山病，大骨节病等。

海群生盐：功能是防止丝虫病。

加锌盐：功能是促进生长、提高智力。

加氟防龋盐：功能是防止龋齿。

甲苯咪唑药盐：功能是防止钩虫、蛔虫、鞭虫等人体寄生虫。

（3）营养保健盐类主要分为：

儿童营养盐：功能是补充钙、铁、磷等元素。

老年保健盐：功能是防止动脉硬化和冠心病。

平衡保健盐：功能是健身、祛病。

此外，有些地方还研制出多种多元营养盐：功能是预防各种疾病。

钙型多元素营养盐：功能是降低和稳定高血病人的血压。

核黄素营养盐：功能是防止口角溃疡、舌炎、角膜炎等。

（4）食用调味盐类可分为：

餐桌盐、味精用盐、大虾盐、苔菜盐速食汤料，如三鲜营养保健汤料、鸡汁营养保健汤料、麻辣香辣营养保健汤料，排骨营养保健汤料和新型高级营养糊状汤料等。

3. 人工降雪的化学学问

自古以来，老天爷是高兴下雪就下雪，不高兴就不下。有没有办法使老天爷根据人类的需要，让它下雪就下雪呢？办法是有的，这就是人工降雪。天上的水汽要变成雨雪降下来必须具备两个条件，一个是必须有一定的水汽饱和度（主要与温度有关），另一个是必须有凝结核。因此，人工降雪首先必须天空里有云，没有云就像巧妇难做无米之炊一样，下不了雪。能下雪的云，是0℃以下的冷云。在冷云里，既有水汽凝结的小水滴，也有水汽凝华的小雪晶。但它们都很小很轻，倘若不存在继续生长的条件，它们只能像烟雾尘埃一样悬浮在空中，很难落下来。我们在冬天里经常能看到大块大块的云彩，就是不见雪花飘下来，因为组成这些云彩的雪晶太小，克服不了空气的浮力，降水能力很差。如果在云层里喷撒一些微粒物质，促进雪晶很快地增长到能够克服空气的浮力降落下来，这就是人工降雪的功劳。

喷撒什么物质能够促使雪晶很快增长呢？早期，人们各显神通采用过许多有趣的方法。这些方法主要有：在地面上纵火燃烧，把大量烟尘放到天空里；用大炮袭击云层；利用风筝高飞云中，然后在风筝上通电，闪放电花；乘坐飞机钻进云层喷洒液态水滴和尘埃微粒。但是，这些方法的效果都很不理想。直到1946年，人们才发现把很小的干冰微粒投入冷云里，能形成数以百万计的雪晶。当年11月3日，有人在飞机上把干冰碎粒撒到温度为－20℃的高积云顶部，结果发现雪从这块云层中降落下来。

这里所说的干冰是二氧化碳的固体状态，很像冬天压结实的雪块。干冰的温度很低，在－78.5℃以下。把干冰晶体像天女散花似地喷撒在冷云里，每一颗二氧化碳晶体都成为一个聚冷中心，促使冷云里的水汽、小水滴和小雪晶很快地集结在它的周围，凝华成较大的雪花降落下来。怎样把这些凝结核散布到云层中呢？现代人大多使用大炮，把化学药品装在炮弹里，然后用大炮发射到云层里去的。不过这种方法喷撒不均匀，药品浪费较大，增加了人工降雪的成本。还有人把它们装在土火箭里，让火箭飞到云里去喷撒。

4. 盐的功过

水和太阳生宝宝，
洗礼要用火来烤，

人人见了都欢喜，
跌进水里找不到。

猜猜看，它是什么？猜着了吗？对，它就是盐。

盐可是生命不可缺少的东西，人缺了盐，生理平衡就会紊乱，会产生头昏、恶心、呕吐等现象，甚至休克；动物缺了盐也活不下去，许多食草动物从盐沼地区的植物和含盐水里获得盐，食肉动物从猎获的动物血肉里得到盐。

盐不但是生命不可缺少的的物质，而且享有“化学工业之母”的称号。食盐在工业上的用途很广，它是制造苛性钠、盐酸、氯气、氢气、纯碱、杀虫剂、漂白粉、硫酸钠和电石等的原料；染料厂用食盐制酸性染料；制造高级玻璃和香皂用食盐做澄清剂；制药工业用食盐制取抗生素、环胺剂和解热药；食品业用食盐腌制鱼、肉、蔬菜等食物......

在日常生活中，盐有许多意想不到的用处。花生米拌着盐炒，既有香脆椒盐味道，又不易糊焦；甜羹、热食中加少许盐，味道会更加鲜甜爽口；早晨空喝杯盐水，可以清洁肠胃，帮助消化。

盐是生命所不可缺少的，但是过多的盐也不利于生命。医学家普遍认为，多吃食盐容易患高血压、心肌梗塞和癌症等。所以医学家建议，应该使城市每人每大吃盐量从现在的20克左右降低到10克甚至5克以下，以减少一些疾病的发病率。

你知道盐可以筑路吗？

在我国的青海有一个盐的巨大仓库，那就是察尔汗盐湖，说它是湖，有点名不副实，因为那里一滴水也没有。盐湖上有一条举世无双的公路，这条公路不长，仅30多千米，可路面比世界上最好的柏油路还要平滑。汽车飞驰在这条公路上，就像奔驰在大理石上。远远看去，这条公路亮晶晶的，还有些透明，简直就像水晶。

因为湖里没有泥巴，所以只能就地取材，用盐筑路。盐湖上面是一层厚约80厘米的硬邦邦的盐壳，据测量，这层硬壳的承载力为每平方米43吨，足以经受数十吨大卡车的荷重。

我们知道，盐遇到水就会溶化，如果下雨，这条美丽的水晶公路不就完了吗？别担心，不会的。察尔汗盐湖里之所以能用盐来筑公路，除了那里盐多外，还有一个原因就是那里气候比较干燥，难得下雨。就是偶尔下场小雨，这条公路也不会有什么损坏。假如有些损坏，修补起来也很方便。只要从路边挖点盐，然后放到损坏处，再浇点水，干了后就又变得平整光滑了。

查阅资料：日常生活中的含氯化合物。

5. 海洋——化学元素的故乡

海水中溶解了大量的气体物质和各种盐类。海洋中还贮存着多种元素。

钾是植物生长发育所必须的一种重要元素，它是海洋宝库馈赠给人类的又一种宝物。海水中蕴藏着极其丰富的钾盐资源，但是由于钾的溶解性低，在1升海水中仅能提取380毫克钾。而且，钾与钠离子、镁离子和钙离子共存，分离较困难，致使钾的工业开采步履维艰。目前，已有采用硫酸盐复盐法、高氯酸盐汽洗法、氨基三磺酸钠法和氟硅酸盐法等从制盐卤水中提取钾；采用二苦胺法、磷酸盐法、沸石法和新型钾离子富集剂从海水中提取钾。

溴是一种贵重的药品原料，可以生产许多消毒药品。例如大家熟悉的红药水就是溴与汞的有机化合物，溴还可以制成熏蒸剂、杀虫剂、抗爆剂等。地球上99%以上的溴都蕴藏在汪洋大海中，故溴有“海洋元素”的美称。19世纪初，法国化学家发明了提取溴的传统方法（即以中度卤水和苦卤为原料的空气吹出制溴工艺），这个方法也是目前工业规模海水提溴的唯一成熟方法。此外，树脂法、溶剂萃取法和空心纤维法提溴新艺正在研究中。

镁不仅大量用于火箭、导弹和飞机制造业，还可以用于钢铁工业。利用镁作为新型无机阻燃剂，用于多种热塑性树脂和橡胶制品的提取加工。另外，镁还是组成叶绿素的主要元素，可以促进作物对磷的吸收。镁在海水中的含量仅次于氯和钠，主要以氯化镁和硫酸镁的形式存在。从海水中提取镁并不复杂，只要将石灰乳液加入海水中，沉淀出氢氧化镁，注入盐酸再转换成无水氯化镁就可以了。电解海水也可以得到金属镁。

铀是高能量的核燃料，1000克铀所产生的能量相当于2250吨优质煤。然而陆地上铀矿的分布极不均匀，而海水水体中含有丰富的铀矿资源，约相当于陆地总储量的2000倍。

“能源金属”锂是用于制造氢弹的重要原料，海洋中每升海水含锂15~20毫克。随着受控核聚变技术的发展，同位素锂6聚变释放的巨人能量最终将服务于人类。锂还是理想的电池原料，含锂的铝镍合金在航天工业中占有重要位置。此外，锂在化工、玻璃、电子、陶瓷等领域的应用也有较大发展。因此，全世界对锂的需求量正以每年7%~11%的速度增加。目前，主要是采用蒸发结晶法、沉淀法、溶剂萃取法及离子交换法从卤水中提取锂。

重水是原子反应堆的减速剂和传热介质，也是制造氢弹的原料，如果人类一直致力研究的受控热核聚变技术得以解决，从海水中大规模提取重水的梦想将得以实现，海洋就能为人类提供取之不尽、用之不竭的能源。

除了上述已形成工业规模生产的各种化学元素外，海水还无私地奉献给人类全部其他微量元素。

查阅资料：海水资源及其利用。

6. 碘与人类健康

碘是人体健康所必需的一种微量元素，健康的成年人体约含碘50mg，其中甲状腺中含碘12mg，人体中如果缺碘，则会引起甲状腺疾病。此外碘对人体的生长发育和新陈代谢也密切相关，特别对大脑的发育起着决定性的作用。因此碘缺乏病(简称IDD)造成的最严重的危害是“地方性甲状腺肿”，“地方性克汀病”（即先天畸形、生长迟缓、聋哑、呆傻等智力残疾）。据调查，全世界IDD病区人口约为10亿，我国达4.25亿，占世界的40%，我国现有1017万智力残疾人中有80%是因缺碘造成的。因此我国政府非常重视预防IDD，多次开展关于防治IDD的活动，并庄严承诺2000年消除IDD，这是造福于人民，提高中华民族人口素质的宏伟计划。

预防IDD，最简单有效的方法就是食盐加碘。我国曾经在食盐中加入的含碘化合物主要有碘化钾和碘酸钾(KIO_3)，由于KI有较浓的甘味，易排解，常温下久置易分解析出单质碘而呈黄色，因而现在我国加碘盐主要加入碘酸钾。

碘酸钾含碘量59.3%，是无色晶体，无臭无味，可溶于水，常温下是稳定的。加热至560℃开始分解；或在酸性环境中，KIO_3是较强的氧化剂，例如，与SO_2溶于水形成的SO_3^{2-}有反应，生成I_2, 在食品中如有Fe^{2+}、$C_2O_4^{2-}$等还原剂，则可反应放出I_2

7. 为什么碘酒和红药水不能混用

碘酒与红药水都是外科常用的消毒剂。它们分别使用都具有消毒杀菌作用。但是在处理伤口时，却不能涂了其中一种，再涂另一种。这是因为红药水里的汞溴红与碘酒里的碘相遇时，会生成碘化汞（HgI_2）。碘化汞是一种剧毒物质，对皮肤粘膜及其他组织产生强烈的刺激作用，甚至引起皮肤损伤、粘膜溃疡。碘化汞如果进入人体，还会使牙床浮肿发炎。严重时还会引起疲乏、头痛、体温下降等症状。所以，千万不能同时使用碘酒和红药水。

8. 氟与人体健康

氟是人体必需的微量元素，在体内主要以CaF_2的形式分布在牙齿、骨骼、指甲和毛发中，尤以牙釉质中含氟量最多（约含0.01%-0.02%）。人体对氟的摄入量多少最先表现在牙齿上。当人体缺氟时，会患龋齿、骨骼发育不良等症，而摄入过多又会患斑釉齿，超量时还会患氟骨症（即大骨节节病）、发育迟缓、肾脏病变等。

人体对氟的生理需求量为0.5-1mg／d，通常摄入的氟主要来源于饮水，此外在谷类、鱼类、排骨、蔬菜中也含微量氟。在人体必需元素中，人体对饮食中氟的含量最为敏感，从满足需求到由于含量多而导致中毒病变的量之间相差不多。故要特别重视自然环境和饮食中的含量对人体的影响，尤其是工业排放的氟对环境污染给人类带来的危害。市场上销售的氟化牙膏中含有一定剂量的F（NaF、SrF_2等），在低氟地区使用具有防龋齿作用，但在高氟地区一定要慎用。

（五）第五章物质结构元素周期律

1. 未来的燃料——氘

今天，人类的主要燃料是石油、煤以及铀、钍等化学燃料。那么，明天的燃料将是什么呢？在未来的燃料中，最诱人的恐怕是氘了。

稀有金属铀、钍等元素发生裂变时，会释放出巨大的能量——原子能。原子能发电站，利用的就是这种能。而热核反应刚好和上述裂变反应相反，是由氘、氚的原子核发生裂变反应而释放出巨大的能量的。1公斤氘聚变成时所释放的能量的等于燃烧4万吨煤，这比1公斤铀裂变时所放出的能量还要大20倍呢！

重水就是由两个氘原子和一个氧原子组成。在海水中，平均每6000个水分子中就有一个重水分子，如果你有兴趣计算一下，不难算出，每升海水大约含有将近0.02克，它在热核聚变时放出的能量，大约等于燃烧400公斤石油。地球上海水的总量，估计有13亿7千万立方公里，因此海水中氘的总储存量，大约有25万亿吨，相当于5万亿亿吨石油。

2. 第三代空气污染

有些专家认为空气污染随着社会和经济的发展经历了三代：第一代是工业社会刚刚起步的时候，以煤炭为燃料，燃煤造成的“煤烟型污染”；第二代污染是汽车工业发展起来后造成的“光化学污染”；第三代污染就是室内空气污染。

确实，不仅室外的大气环境质量对我们的健康有影响，室内空气质量更是与我们息息相关，居民几乎80%的时间是在室内度过的，所以室内空气质量的好坏也影响着我们的健康状况。现在的居民生活水平逐渐提高，把居室装饰得越来越漂亮，现代的建筑材料已由以往的砖木结构逐渐为高性能的塑料及钢铁所取代。绝缘材料、室内装饰材料、涂料及各种家具、墙壁、地板表面用料，也多使用美观大方、经济实用的化学用品，因此而造成了复杂的室内空气污染。目前室内空气污染主要有化学污染、放射性污染和生物性污染。

3. 室内放射性污染

据调查我国使用的大部分装饰材料中，比较常见的5种有毒、有放射性的物质依次为：氡、甲醛、苯、酯、三氯乙烯。新装修的住宅中，氡的来源主要有混凝土、碳化砖（最严重）、水泥、砖头、石膏板、花岗岩及供水系统所含的放射性元素衰变后释放出来的。它可以通过人的呼吸进入肺部，逐步破坏肺部细胞组织，引起各种怪病。甲醛主要来自保湿材料、绝缘材料、地板胶、涂料、塑料贴面等，是一种主要的致癌物质。苯主要来自于合成材料、塑料、燃料、橡胶等，它可以抑制人的造血功能，使白细胞、红细胞、血小板减少。酯、三氯乙烯主要来自于油漆、干洗剂、粘贴剂等，它对人体粘膜有很大刺激性，可以引起持久的眼膜炎、咽喉炎等。

4. 能测出文物年代的^{14}C

自然界里碳有三种同位素^{12}C、^{13}C和^{14}C。其中^{14}C是放射性的，半衰期为5730年。自然界各种同位素的百分含量保持不变。以碳元素为基体的生物材料活着时会不断从空气中吸收二氧化碳、从食物物中提取碳的化合物，因此体内含的各种碳的同位素的相对量与自然界的固有值相同（此同位素值称为丰度）。

当生物体死亡后，^{14}C发生放射性衰变，因此生物体中^{14}C的含量逐渐减少，而^{12}C、^{13}C则不会衰变，这样^{14}C和^{12}C的比值就会发生改变。例如一生物遗骸的化石中含^{12}C为A克，按同位素比值计算^{14}C含量应为B克，但实测得^{14}C只有1/16B克，这样便可推断此古物已死去$4\times5730=22920$年。

查阅资料并讨论：

（1）放射性元素、放射性同位素在能源、农业、医疗、考古等方面的应用。

（2）含氟牙膏预防龋齿的化学原理，提出加氟预防龋齿达需要注意的问题。

5. 金属玻璃

一根含有少量铌的只有4毫米粗的铜合金丝竟可以吊起3重的机器，连最好的钢丝也相形见绌。一种特制的铁基合金（其中含有少量的铌、铬、磷）与传统的不锈钢一同浸在某强酸液体中，当不锈钢变得千疮百孔时，它却完好无损，用一铁硼合金的软磁材料，代替硅钢做成电源变压器，不仅性能好，而且电能损耗比硅钢低一半多，一般的金属合金都是以晶体形式存在，而据研究表明，上述铜合金等具有特殊性能的三种合金却都不是晶体而是玻璃态物质，所以将它们称为金属玻璃。金属晶体内的微粒（原子）排列得很整齐，当其晶体内有缺陷时，该金属或合金就容易被拉断。而金属玻璃，在整体上排列混乱，而在小的局部上又可能是有序的。好比不规则形状的石头砌成的高台，挖掉一两块，也无关大局。因此像铁硼碳金属玻璃的断裂强度比钢大三倍。

金属玻璃一般强度、硬度、电阻率都高，有良好的耐腐蚀性等。

（六）第六章氧族元素

1. 地球上危害生命最广泛的10种物质

（1）二氧化碳　大量的积累致使地球表面的温度显著升高，在生态和地球化学方面造成灾难。

（2）一氧化碳　大量积累会破坏同温层的平衡。

（3）二氧化硫　污染大气，形成酸雨酸雾腐蚀某些合成纤维及金属设备，引起并加重呼吸器官疾病。

（4）一氧化氮　是笼罩在城市上空的烟罩中的主要成分，影响人的呼吸道。

（5）碳酸盐　造成河流湖泊污染。

（6）Hg　污染食品，尤其是海产品，人体中积累会损害神经。

（7）石油　流入海中，会破坏大海中的浮游生物、植物和鱼类资源，并污染海滩和港口设施。

（8）铅　影响酶和细胞的新陈代谢。

（9）DDT农药　过量使用会毒死鸟类和鱼类，甚至导致某些癌症。

（10）辐射　它是10大污染物质中最危险的一种，如管理不善，会引起恶性肿瘤。

2. 不可忽视的水污染

水是生命的源泉，人和水是分不开的。成年人体内含水量约占体重的65%。人体血液中80%是水，每人每日的用水量为2～3升。人体一切生理活动，如体温调节、营养输送、废物排泄都需要水来完成。如果人体减少水分10%，便会引起疾病，减少20～22%就要死亡。生活中人们一天也离不开水。水对生命来说是必需的，然而，水也是疾病传播的重要媒介。

水污染对人体的危害是多方面的，当人体受到化学有毒物质污染后（如666），会引起人的急性或慢性中毒。如果汞、镉、砷、氰化物、农药、多氯联苯等侵入人体后，都可以引起人体中毒。污水中有害物质在土壤中积累并被植物吸收，加上不适当地使用化学农药，会使大量残留的有害物质散布到田间，继而污染粮食、蔬菜、烟叶等农副产品，引起疾病。另外，水污染还会引起水媒介的传染病，如人畜类便等生物性污染，可以引起细菌性肠道传染病，如伤寒、痢疾、霍乱等。

总之，水污染已成为人类自己的大敌，如果忽视了对水污染的防治，终有一日，人将难以在地球上生存。保护水资源、防止病从口入，人人尽一份力，我国的水环境一定会好起来。

调查：当地水污染及治理的情况，提出改进建议。

3. 臭氧——生命的卫士

在离地面15千米—25千米处，有个臭氧层，浓度高达0.2ppm，它是太阳光中240号微米－300毫微米紫外线辐射氧而形成的。当臭氧吸收200毫微米260毫微米紫外光辐射时又会分解为氧。高层中臭氧和氧相互转化，消耗了太阳辐射到地球的能量，才使地球上的生命免受紫外线的伤害。臭氧有很强的氧化能力，能消毒杀菌，刺激中枢神经，加速血液循环。当我们走进郁郁葱葱的松林，会觉得空气倍加新鲜宜人，原因之一就是松林中含有微量臭氧。它是由松树的树枝在被氧气氧化过程中产生的。雷雨后空气格外清新，就是由于闪电能使空气中部分氧气转化为臭氧的缘故。当然，空气中臭氧含量过高，也会对人体健康有害。人若长时间停留在1ppm臭氧的大气中，会感到刺激、疲劳和头痛。近年来，由于人类一些活动，使得大气高层的臭氧遭到破坏，甚至在南极上空形成了臭氧减少的大空洞。因而，太阳有害的辐射正对地球上的生命造成严重危害，比如皮肤癌、肿瘤患者剧增。据统计，抽样在大气中的含量减少1%，太阳紫外线辐射透射到地面的量增加1.5-2.0%，皮肤癌患者就可能增加5%-7%。

4. “天空中的死神”

从天空落下的雨滴酸碱度本来是中性的，它浇灌了土壤，滋润着庄稼，它是地表淡水的主要来源。然而在上世纪50年代，瑞典气象学家首先发现北欧地区，以致北半球下的雨经常是酸性的，它的酸度赶得上西红柿汁，有的甚至像醋那样酸。酸雨的含酸量一般超过了正常含量的几十倍。pH可达到4.2。以后，西欧、北美以及我国北京和台湾北部地区都证实这种酸性雨的存在。它使土壤酸化，腐蚀建筑物和和金属材料，危害生物资源，杀死大批鱼群，简直可以说成是来自“天空中的死神”。

酸雨已成了今后10年内最棘手的国际环境问题之一。科学家们认为，解决酸雨问题的唯一途径是限制含硫含氮废气的排放，或者已开始就把硫、氮从燃料中除去。

5. 人为什么不能呼吸纯氧？

婴儿总是头部先娩出娘胎，为的是尽早吸入一口人间的新鲜空气而不至于窒息，死者则是随着呼出最后尚存的一息游气而告谢世，这一切均和氧的功能有关。可是人却不能长时间呼吸纯氧，你知道这是为什么吗？人体各组织均不能承受过多的氧，这是因为氧本身不靠酶催化就能与不饱和脂肪酸反应，并能破坏贮存这些酸的磷脂，而磷脂又是构成细胞生物膜的主要成分，从而最终造成细胞死亡，这个过程叫做脂质过氧化。此外，氧对细胞的破坏还在于它可产生自由基，诱发癌症。实验证明，毁灭细胞培养物的办法就是将它置于过饱和氧的环境中。从地球的历史角度看，人适应现在的大气成分是生物长期进化的结果。地球上的大气成分经历了很多变化阶段，现在是第三代，迄今已有3亿年，远久于人类史（200万年）。第三代大气，叶绿素形成以后变为含氧空气，当氧达1%时，生物开始繁殖，曾经历过含氧60%的超氧阶段，由于恐龙繁殖，毁坏了大量植物，造成氧量下降变成现在的富氧阶段。其中氮作为惰性稀释剂，调节氧在血液中的溶解度，并和二氧化碳一起，控制着氧参与的全部生化反应的速率。这就是大气中各成分含量稳定的巨大意义。

6.空气质量预报与大气环境

黄鱼不能生活在淡水中，鲤鱼不能生长在海水里，小麦生长在麦仙翁的野草中产量有明显提高。人的健康生活需要有一个良好的物质环境，然而，环境的退化已威胁到人类福祉健康甚至生命的活动。了解大气质量预报，合理安排日常生活，有助于呵护生命，提高生活质量。

空气是生命的支柱。从1997年5月起，我国大城市定期发布空气质量周报，随后北京、上海发布日报，近来苏州和我市也开始发布这方面的信息。根据我国空气污染的特点和污染防治的重点，目前我们计入空气污染指数（API）的项目为：二氧化硫、二氧化氮和可吸入颗粒物。国际上空气质量报告是根据下列五项污染指数中最高的一项质量指标而确定的，采用统一标准为：

空气污染指数（API）	污染物浓度级别	空气质量评价
1—50	一级	优秀
51—100	二级	良好
101—200	三级	轻度污染
201—300	四级	中度污染
大于301	五级	重度污染

五项污染系指：

（1）二氧化硫　主要来自含硫煤炭燃烧时的排放物。二氧化硫具有强烈刺激性，一方面影响人的呼吸系统和眼睛，另一方面与空气中的其他污染物相互作用产生“协同效应”，形成硫酸酸雾，若与颗粒物“叠加”形成烟雾对人的危害更大，1952年12月5-8日期间，英国的“伦敦烟雾事件”，死亡人数比平时多出4000人。二氧化硫如果随雨水降落即成酸雨，严重腐蚀和破坏动植物、土壤、水体和古建筑等。

（2）一氧化碳　由煤燃烧产生和汽车尾气排放。它无色无味无臭却剧毒。其危害是当人们吸入一氧化碳后极易与人体血液中的血红蛋白结合使血液丧失携氧功能，结果引起煤气中毒。即使浓度低也会因长期积累而造成慢性中毒危及健康。

（3）氮氧化物　常表示为NOx，其主要成分是NO、NO_2，来源于汽车尾气的排放。NO_2侵入人体肺部后，与细胞中的水结合成硝酸及亚硝酸，造成肺水肿。此外，NO对人体的危害机理同一氧化碳，NO_2在紫外光的照射下可作催化剂使空气中的氧气转化为臭氧。1940年美国洛杉机的“光化学烟雾事件”的罪魁祸首就是那250多万辆汽车。

（4）臭氧O_3　人们常说氟里昂会破坏高空的臭氧层而出现臭氧空洞，因为O_3在距地面10-50千米的平流层中可吸收射向地球的大量紫外线，保护地球生物免受紫外线的伤害。极微量的O_3（小于0.045ppm浓度）使人精神爽快和振奋，但当浓度大于0.1ppm（百万分比浓度）时，对人体就有危害了。因NO_2催化产生的臭氧贴近地面处于对流层，在距地面1.5m的呼吸带上，臭氧会迅速而强烈地刺激人体呼吸系统，引起中枢神经故障，导致肺水肿；引发易感人群（老人、小孩及心肺功能虚弱者）疾病发作，甚至死亡。此外，臭氧还会抑制农物的光合作用，导致产量减少，改变农作物细胞基因和再生能力，使农作物品质劣化。

（5）可吸入颗粒物　大气中有大小不同的固体颗粒物，直径大于75微米叫尘粒或砂粒，直径在10-75微米的叫粉尘，它们在空气中很快降落。但直径小于10微米的颗粒，往往以气溶胶的形式长期飘浮在空气中，叫飘尘，鼻腔无法将其阻挡，可进入人体呼吸道和肺部，称为可吸入颗粒物，这些尘埃表面上吸附了其他污染物，如碳粒、硅酸盐，还有铅、铝、钙、汞、镉、砷、锌、铍和农药细粒，因此，吸入后可能引起人体机能的多种病变。

一些大城市的落尘量（吨／平方千米／月）为：

西柏林　4.8　　伦敦　11.5　　曼彻斯特　6.4　　洛杉矶　7.7

底特律14.8　　纽约　25.7　　东京　23.0　　大阪　20.7

上海100　　天津　100　　中国台北18.5

由此可见，我国城市的粉尘污染还是比较严重的。

热爱生命，保护环境，从我做起，持之以恒。我们既要高楼大厦、金山银山，更需要天白云、绿水青山，做到人与自然的协调发展。

调查：

（1）学校所在地区人气染及防治情况。

（2）当地固体废弃物（如粉煤灰）回收和利用情况，讨论存在问题的解决途径。

7. 为什么要禁止燃放烟花爆竹

近几年来，我国许多大中城市相继做出禁止燃放烟花爆竹的决定。这是为什么呢？我国人民燃放烟花爆竹已有二千多年历史。每逢喜庆日子，人们为了增加节日的欢乐气氛，燃放烟花爆竹。爆竹的主要成分是黑火药，含有硫磺、木炭粉、硝酸钾，有的还含有氯酸钾。制作闪光雷、电光炮、烟花炮、彩色焰火时，还要加入镁粉、铁粉、铝粉、锑粉及无机盐。加入锶盐火焰呈红色、钡盐火焰呈绿色、钠盐火焰呈黄色。当烟花爆竹点燃后，木炭粉、硫磺粉、金属粉末等在氧化剂的作用下，迅速燃烧，产生二氧化碳、一氧化碳、二氧化硫、一氧化氮、二氧化氮等气体及金属氧化物的粉尘，同时产生大量光和热而引起鞭炮爆炸。纸屑、烟尘及有害气体伴随着响声及火光，四处飞扬，使燃放现场硝烟弥漫，硫氧化物、氮氧化物、碳氧化物等严重污染空气。这些气体对人的呼吸道及眼睛都有刺激作用。

燃放鞭炮不仅污染空气，飞扬的纸屑、烟尘落在地面上，还会影响清洁卫生。同时爆炸声震耳欲聋，据测定单个闪光雷爆炸时，其噪声至少在130分贝以上，成为噪声公害。此外，每逢春节，由于燃放鞭炮而引起火灾，炸伤手臂、面部或眼睛的事故屡见不鲜。因此，禁止燃放烟花爆竹，对于保护环境，维护人民的正常生活秩序，都是十分有利的。

讨论：在田间或市区焚烧植物秸秆、枝叶以及垃圾的危害。

8. 生活垃圾的分类处理

生活垃圾一般可分为四大类：可回收垃圾、厨房垃圾、有害垃圾和其他垃圾。目前常用的垃圾处理方法主要有综合利用、卫生填埋、焚烧和堆肥。

可回收垃圾包括纸类、金属、塑料、玻璃等，通过综合处理回收利用，可以减少污染节省资源。如每回收1吨废纸可造好纸850公斤，节省木材300公斤，比等量生产减少污染74%；每回收1吨塑料饮料瓶可获得0.7吨二级原料；每回收1吨废钢铁可炼好钢0.9吨，比用矿石冶炼节约成本47%，减少空气污染75%，减少97%的水污染和固体废物。

厨房垃圾包括剩菜剩饭、骨头、菜根菜叶等食品类废物，经生物技术就地处理堆肥，每吨可生产0.3吨有机肥料。

有害垃圾包括废电池、废日光灯管、废水银温度计、过期药品等，这些垃圾需要特殊安全处理。

其他垃圾包括除上述几类垃圾之外的砖瓦陶瓷、渣土、卫生间废纸等难以回收的废弃物，采取卫生填埋可有效减少对地下水、地表水、土壤及空气的污染。

调查：当地生活垃圾的处理和回收利用的情况，讨论并提出改进意见。

9. 木、竹器上刻花（字）法

步骤；用毛笔蘸取质量分数为5%的稀硫酸在木器（或竹器）上画花或写字。晾干后把木（竹）器放在小火上烘烤一段时间，用水洗净，在木（竹）器上，就得到黑色或褐色的花样或字迹。

原理：稀硫酸在加热时成为浓硫酸，具有强烈的脱水性，使纤维素失水而碳化，故呈现黑色或褐色，洗去多余的酸，在木（竹）器上就得到黑色或褐色的花或字。

（七）第七章碳族元素　无机非金属材料

1. 晶莹多彩的玻璃

我们日常生活中使用的玻璃制品可多啦：窗玻璃、穿衣镜、灯泡、眼镜、茶杯、酒瓶、玻璃工艺品……它们的共同特点是透明，可以做成各种各样的形状，还不怕腐蚀。

据说，玻璃是古代腓尼基商人偶然发现的。运载天然碱的腓尼基商船队在航行中遇到大风浪，无法法继续前进，只得就近抛锚，在沙滩上过夜。他们用碱块当石头，垒起炉灶，烧火做饭。当风平浪静后，他们收拾锅灶，准备扬帆启航，忽然发现沙滩上有一些闪闪发光的明珠似的东西，这就是最早的玻璃。

这个古老的传说告诉我们，玻璃是由砂子做主要原料熔融而来的。砂子的化学成分是二氧化硅。二氧化硅的熔点很高，加进纯碱（碳酸钠）可以大大降低熔制的温度，使熔浆容易流动。不过，这样做出来的玻璃像浆糊一样，能溶解在水里，我们把它叫做水玻璃，就是硅酸钠溶液。

加进石灰石，给水玻璃“吃”钙片，熔融时和水一样流动的玻璃液冷却后就成为我们常见的玻璃了。在古墓里发掘出的古埃及啥舍苏女皇的项链——一串墨绿色的玻璃珠，是四千年前人类历史上最早的玻璃制品，当时比金银首饰还要珍贵呐！只是那时熔炼温度不高，玻璃珠不很透明。玻璃在很长时期里，一直是王公贵族厅堂上的摆设和艺术品，如今已成为非常当通的生活用品和建筑材料。用玻璃制作的用具和仪器品种繁多，价钱便宜，很受欢迎。盖房子的时候，总少不了玻璃做的门窗；法国巴黎的世界博览会大厅由钢筋镶嵌大面玻璃做成，采光很好，号称“阳光大厦”。普通的窗玻璃、油瓶、酒瓶等带有淡淡的绿色，这是制造玻璃的原料里含有二价铁离子杂质带来的绿色。有些药瓶、啤酒瓶、酱油瓶却是棕黄色的，这仍然是铁的杂质造成的，不过不是二价铁离子，而是三价铁离子。

要制造没有颜色的玻璃，选用的原料里必须不含铁质。可是，自然界的砂子、石灰石以及纯碱，或多或少总会有一些铁的化合物。怎样消除玻璃中的绿色呢？化学的办法是：往玻璃浆里加进一定比例的二氧化锰。二氧化锰是氧化剂，它把绿色的二价铁离子氧化成黄色的三价铁离子，锰变成了紫色的三价锰。黄色和紫色合成白色，玻璃就变成无色透明的了。玻璃里含有不同的金属化合物，会被“染”上各种颜色。加氧化亚铜，可以得到红色玻璃；加氧化钴——蓝玻璃；加氧化铬——绿玻璃。

玻璃也会“老化”。它本是无定形的过冷液体，分子、原子的排列杂乱无章。但是经过长时期的分子运动，玻璃里会出现局部排列稍有秩序的微小晶体，使玻璃透光性下降，好像蒙上了一层雾气，怎么擦也擦不掉，人们从擦不亮的老玻璃这件事里得到启发，干脆让玻璃经过淬火处理，使内部分子排列整齐一些，微晶化。这样的微品玻璃很像金属，不像一般玻璃那么娇脆。微晶玻璃茶杯不怕摔，不炸裂，用来做大型反射望远镜，不胀不缩，在冷热剧变的环境里仍然可以正常工作。微晶玻璃做个车刀，削铁如泥；还可以加工成人造骨骼。用微晶玻璃做的炒锅，干净，美观，能直接摆上宴席。

2. 毒气的克星——木炭

自从1915年德军首先在战场上使用毒气——氯气以来，新的毒气不断在战场上出现，如沙林，芥子气等，于是对方就要研究新的防御方法。对氯气，人们发规可以用碳酸钠，硫代硫酸钠钠等来防御。人们又发现依洛托品可防御光气，醋酸镍可防氰气，但某种药品只能防御一种毒气，那么士兵在战场上除携带笨重的防毒面具，纱布外，还要带上碳酸钠、依洛托品、醋酸镍等各种防毒气的药物，这样极不方便而且装备太过复杂昂贵。

能不能找到一种万能的防毒剂呢?

俄国著名化学家谢林斯基找到了答案，谢林斯基发现，前线士兵遇到毒气攻击的应急方法之一是被毒气笼罩时，把外套脱下裹在头部，遮住口鼻，静坐不动，或把头钻进松散的泥土中，这种方法救了许多人的性命。谢林斯基想：棉布和泥土有一定的吸收毒气能力，能否找到一种吸毒气更强的物质呢！经过许多化学家的多次挑选，选中了吸附力很强的木炭，谢林斯基不顺个人安危，亲自做了一个实验，在一间化学实验室里，灌满毒气——氯气、光气、氯气的混合气体。在这间密封的实验室中，他用纱布包住一块木炭，按住口鼻，在里面整整坐了五分钟，安然无恙，于是一种高效的万能毒气防御剂就这样诞生了。

木炭是木柴经炭化制得，是一种高效的吸附剂，它可以用来除食品中的焦糊味，清除水中异味，可用在制糖厂澄清糖汁，实验室中用来澄清各种有机溶液。为了提高木炭吸附力，即增大其活性比表面积，科学家将木炭脱水、脱油，终于制成了万能防毒剂，毒气战的克星。

现在仍在使用的防毒面具就是一个与面部吻合很好的橡胶面具，里面加上块经脱水脱油处理的活性炭。

神奇的力量往往蕴含在普通事物中，木炭强大的防毒气功能再次证明了这个哲理。

3. 手表中的“钻”

如果你戴过机械表，你是否注意到在它的表盘上，有“17钻”或者“19钻”等字样。这是表示，手表里有17粒或19粒钻石。钻石，原指金刚石，也就是金刚钻。后来，人们把其他一些坚硬的宝石也叫做钻石。显然，从字面就可以知道，手表的钻数越大，质量越好。一般的闹钟没有钻数，标明“5钻”“7钻”的钟就是上品了。钟表里为什么要用宝石呢？拆开钟表，你会看到它的主要的定时结构是由许多小齿轮及支架轴承组成。齿轮不停地转动，带动秒针、分针和时针准确地向前移动。支架齿轮的轴承必须经受住无数次的磨擦而很少损耗变形，才能保证钟表报时的准确。这坚硬、耐磨的轴承是由人造红宝石做成的。钟表里有多少个这样的宝石轴承，就标明是多少钻。自然界的宝石十分珍贵。它们都是在特殊的地质压力和温度条件下生成的晶体。它们十分稀少，又晶莹瑰丽，坚硬非凡。金刚石的摩氏硬度是10—矿石硬度的上限，素有宝石之王之称。所以金刚石采掘起就非常困难，在矿区，往往要劈开两吨半岩石，才可能获得1克拉金刚石（注：克拉，原是一种植物，其种子有一奇异的特性，恰如好0. 2克，所以最初用作重量宝石单位，后来演变成钻石的专有单位）。1979年全世界挖到的金刚石仅一千多万克拉，一辆卡车即可载走。名贵的金刚钻价值连城，成为稀罕的珍宝。金刚钻用在工业上，是无坚不摧的“切割手”。“没有金刚钻，莫揽瓷器活”已成为民间俗谚，如此说就是因为玻璃刀上有一小粒金刚石，切割玻璃全靠它。金刚石车刀削铁如泥，金刚石钻头钻探速度高，进尺深。银嵌了金刚石的牙钻能划刻牙齿，成为牙医的必备工具。

通常闪烁着星光的红宝石和蓝宝石并非金刚石，而是掺杂了微量有色金属的三氧化二铝，也叫刚玉宝石。真正的金刚石是由纯碳元素组成。随着做手表需要的钻右及宝石在其他工业的广泛应用，人们在想：能不能做人造宝石呢？金刚石的组成很简单，但人工制造绝非易事（如果那样从廉价的石墨合成金刚石，化学家早都成为巨富）。1892年法国化学家莫瓦桑从在陨石中发现微量金刚石的事实受到启发，在高温高压（加联接）下合成了金刚石的微晶，制造刚玉则相对简单一些，刚玉的化学成分是极普通的三氧化二铝。我们脚下的泥土里就含有不少三氧化二铝，不过，红宝石、蓝宝石是纯净的三氧化二铝掺杂了微量的铬或钴使它显出漂亮的鲜红色或者蔚蓝色，于是，人们从铝矾土中提炼出纯净的三氧化二铝白色粉末，再将它放在高温单晶炉里熔融、结晶，同时掺进微量的铬盐或者氧化钴，这样就得到了人造红宝石和蓝宝石。人造红宝石有除了作手表里的“钻”，精密天平的刀口和电唱机里的唱针外，还是激光发生器的重要材料，常用的红宝石激光器中就有红宝石，以产生深红色的激光。最古老的装饰品、稀世的珍宝最终发展成为科技产品、现代工业的重要材料。化学正是伴随着社会、经济的发展而发展着。

4. 杂质带来的亮丽色彩

你不希望饮用水、食品或药品中含有杂质，但宝石中肯定会有杂质，就是杂质使得红宝石、绿宝石有了相应的颜色。

宝石是地壳深处的熔岩形成的较大的晶体。红宝石含有刚玉，是铝和氧形成的化合物。纯的刚玉是无色透明的，但铬原子取代铝原子时，就呈现出了红色，从而形成了红宝石。绿宝有是铍、铝、氧、硅形成的化合物，铍取代铝后，颜色就变成了亮绿色。

5. 玻璃陶瓷

玻璃陶瓷是玻璃与陶瓷的结合物。将玻璃与陶瓷的粉状物长时间加热共熔而成，坚硬、耐热、不脆、抗震且多孔，其微孔占总体积的30%，每个微孔的直径约0.02微米（相当于4000个一般原子的尺寸）。

由于玻璃陶瓷兼有两者的许多优点，在宇航工业上有重要应用，如制作宇宙飞船的前锥体和航天飞机上用的绝热片。它还兼有微孔玻璃的特点，在化学工业中起分子筛的作用，由于微孔多、比表面大，因此可用于吸收水或脱色以及除去某些痕量杂质。此外，还可以将玻璃陶瓷进行深加工，例如将它在1200℃的条件下保持一段时间，微孔将消失变成致密玻璃，由于铝含量高，原子经过重排，气孔小，具有透明陶瓷的功能。

查阅资料：复合材料的应用和发展前景。

6. 石头也能织布？

自古以来，人们用来织布的，通常只有两种原料：一种是植物纤维，就是棉花和麻等，它们可以织成各种棉布和织物；另一种是动物纤维，那就是蚕丝和毛等，可以织成美丽的丝绸和呢绒。可是在科学技术的发展下，增加了人造纤维等新品种，特别是近年来增加了一种新的纺织原料，它既不是植物又不是动物，而是毫无生命力的矿物，也就是最普通的石头。

用石头制成玻璃纤维，再织成布，叫玻璃布。由于它具有耐高温、耐潮湿、耐腐蚀等许多特性，因此它越来越多地在电器、化工，航空、冶金、橡胶、机械、建筑、轻工业等部门，代替原来所用的棉布和绸缎呢绒。

查阅资料：

（1）硅及化合物在信息技术、材料科学等领域的应用。

（2）制造芯片的硅晶体的生产原理和基本过程。

《从生活中学化学》读本之二

（一）第一章氮族元素

1. 汽车安全气囊

这是一个你永远不希望发生的反应：你汽车上的安全气囊鼓起来了。为了起到安全作用，气囊必须即刻膨胀。一旦撞车，传感器发生指令是气囊展开。一股电流激发固体化学药丸释放出大量的氮气充满气囊，整个过程只需1/25秒的时间。气囊已相当于320公里/小时的速度爆炸充气。鼓起一秒钟后，气囊中的气体通过一些小孔泄气，气囊缩小。气囊中的氮气不可燃且对人体无害。事实上，其充当了救生员的角色。

2. 光化学污染

光化学污染是由汽车、工厂等污染源排入大气的碳氢化合物和氮氧化合物（NOx）等一次污染，在阳光的作用下发生化学反应，生成臭氧、醛、酮、酸、过氧乙酰硝酸酯（PAN）等二次污染物，参与光化学反应过程的一次污染物和二次污染物的混合物所形成的烟雾污染现象叫做光化学烟雾。光化学烟雾的成分非常复杂，但是对动物、植物和材料有害的是臭氧、PAN和丙烯醛、甲醛等二次污染物。人和动物受到主要伤害是眼睛和粘膜受刺激、头痛、呼吸障碍、慢性呼吸道疾病恶化、儿童肺功能异常等。

光化学烟雾的形成及其浓度，除直接决定于汽车排气中污染物的数量和浓度以外，还受太阳辐射强度、气象以及地理等条件的影响。20世纪40年代，在美国加利福尼亚州洛杉矶首先发现了光化学烟雾。

3. 砒霜

砒霜主要成分三氧化二砷。由于毒性强烈，砒霜早已被看作是杀人武器。两千多年来。砒霜就一直与“中毒”、“暴死”这样的词汇联系在一起，因而“声名狼藉”。

少量的砷对人体无害，甚至有益。但这并不意味着人们要盲目地“采取有潜在危险的方式”补充砷元素。

4. $NaNO_2$与食盐的鉴别法

由于$NaNO_2$是一种强氧化剂，误食$NaNO_2$能使正常含+2价铁离子的血红蛋白氧化成+3价铁离子的高铁血红蛋白，失去血红蛋白载O_2交换CO_2的能力。由于$NaNO_2$具有像食盐一样的咸味，所以在建筑工地的炊事人员将工业用盐$NaNO_2$误作食用盐而导致民工中毒的事件多次发生。如何鉴别$NaNO_2$和普通食盐呢?

（1）加热法如果是在建筑工地上可将待检盐放在铁锅里加热（干烧），由于NaCl的熔点801℃远高于$NaNO_2$的熔点271℃，如果出现熔化并伴有臭味气体生成的现象即是$NaNO_2$

（2）加酸法试管里加入少量待检盐，加几滴盐酸或稀硫酸或食醋，如果出现红棕色NO_2气体的定是$NaNO_2$

$2NaNO_2+2H_2SO_4=2NaHSO_4+NO_2+NO+H_2O$

5. 五种开水不能喝

研究表明，饮用开水的重新煮沸会造成水中亚硝酸含量的超标。医学专家介绍，水中的亚硝酸过量、超标，可不同程度地引起人的身体倦怠、乏力、嗜睡、昏迷、全身青紫、血压下降、腹痛、腹泻、呕吐，日久还能引起恶性病。如此说来，开水也是不可随便乱喝的，而防治开水污染的方法很简单：坚决杜绝开水的重复利用，重复煮沸。具体有以下几点：（1）在炉灶上烧了一整夜或很长时间，饮用时已经是不冷不热的开水。（2）自动热水器中隔夜重煮的开水。（3）经过多次反复煮沸的残留开水。（4）盛在保温瓶中已非是当天的水。（5）蒸过饭肉等食物的剩开水。此外，专家还提醒人们，凉白开水不能在空气中暴露太久，否则会失去生物活性，从而失去很多特殊功能。

6. 如何减轻蚊、蜂叮蛰痛痒

蚊叮、蚁咬和蜂蛰所出现的痛、痒和红肿的现象，都是蚁酸在作怪。如果遇到这种不输快的事情，只要在患处涂一些稀氨水（浓度为1%）或浓肥皂水，让蚁酸和这些碱性物质发生一场“化学战”，中和生成盐和水，红疙瘩的痛痒也减轻了。

7. 氮的循环

氮是蛋白质的基本组成元素之一。所有生物体都含有蛋白质，所以氮的循环涉及到生物圈的全部领域。氮是地球上极为丰富的一种元素，在大气中占79%。氮在空气中含量虽高，却不能被多数生物体所直接利用，必须通过固氮作用。固氮作用的两条途径，一是通过闪电等高能固氮，形成的氨和硝酸盐，随雨水落到地面；二是生物固氮，如豆科植物的根瘤菌可使氮气转变为硝酸盐等。植物从土壤中吸收铵离子（铵肥）和硝酸盐，并经复杂的生物转化形成各种氨基酸，然后由氨基酸合成蛋白质。动物以植物为食而获得氮并转化为动物蛋白质。动植物死亡后的遗骸中的蛋白质被微生物分解成铵离子（NH_4^+）、硝酸根离子（NO_3^-）和氨（NH_3）

又回到土壤和水体中，被植物再次吸收利用。

讨论：自然界碳、氮循环对维持生态平衡的作用。

（二）第二章化学平衡

1. 飞秒化学

自然和科学的桂冠诺贝尔化学奖授给了埃及出生的科学家艾哈迈德·泽韦尔，以满足它应用超短激光（飞秒激光）闪光成像技术观察到分子中的原子在化学反应中如何运动，从而有助于人们理解和预期重要的化学反应，为整个化学及其相关科学带来一场革命。

泽韦尔的飞秒光学实验技术，犹如电视节目通过慢动作来观看足球精彩镜头那样，他的研究成果可以让人们通过“慢动作”观察处于化学反应中的原子与分子的转变状态，从根本上改变了我们对化学反应过程的认识。

2. 诺贝尔奖的一大悲剧

1938年，瑞士化学家米勒试制成功一种白色晶体化合物，取名DDT。苍鹰、蚊子一碰到就死亡。经过反复试验，米勒认为DDT是一种很有效的杀虫剂。1942年，米勒所在的那家化学公司开始大量生产，并让它进入市场。农民用它杀害虫，居民用它杀苍蝇、臭虫。DDT确实发挥了神奇的作用。1948年诺贝尔生理学和医学奖给了米勒。但谁知这是一个典型的错误，它一定程度上恶化了环境。

DDT是一种人工合成的有机物，在自然界中它很难分解。长期地、大量地、不合理地使用农药，会造成环境污染。DDT问世后，经过相当长一段时间的使用，不少地区的环境受到污染。这些地区的粮食，蔬菜、水果、鱼、虾、肉、蛋、奶之中，都有了DDT，人吃了这些食物，体内就有了DDT。医学家发现，现代人的血液、人脑、肝和脂肪里都有DDT的残留物，不少人因DDT而慢性中毒。

查阅资料：符合“绿色化学”思想的化工产品。

（三）第三章电离平衡

1. 奇特的导电固体电解质

固体电解质是近20年来才发展起来的一种新型的固体材料。从它一问世就与能源科学建立起密切关系。固体电解质已经在燃料电池、高能量密度电池、固体电池、电化学器件、化学传感器、离子选择电极及彩电显示磁流体发电等有关领域中获得了广泛的应用。随着科学研究的深入和新材料的不断涌现，固体电解质必将获得越来越广泛的应用。例如：在微电子学方面，有人设想将微型固体电池引入集成电路，从而制成带电源的元件，这在电子技术上无疑具有深远的意义。固体电解质的研究在理论上也提出许多新问题。它的离子导电性主要的不是由于热缺陷，而是由于微观结构上的固有特点。当然，其导电机理还有待于进一步探索研究，一个崭新的学科分支叫固体离子学已形成，这是一门涉及固体物理、固体化学、材料科学的新的边缘学科。

2. pH的应用

pH的测定和控制在工农业生产、科学实验和医疗等方面都很重要。在工业上，例如：氯碱工业生产中所使用的食盐水的pH要控制在12左右，以除去其中的Ca^{2+}和Mg^{2+}等杂质。在无机盐的生产中，为了分离所含的杂质Fe^{3+}，常把无机盐溶液的pH调到5左右，此时Fe^{3+}形成$Fe(OH)_3$沉淀而分离析出，其他阳离子却留在溶液中。在农业上，土壤的pH关系到农作物的生长，有的农作物如芝麻、油菜、萝卜等可以生长在较大的pH范围内，有的却对土壤的pH反应非常敏感，如茶树适宜在pH约为4.0 ~ 5.5的土壤中生长。在医疗上，测定血液的pH可以帮助诊断疾病。例如，人体内血液的pH一般在7.35 ~ 7.45范围内，如果超过这个范围，便属于病理现象。在科学实验中，pH是影响某些反应过程的重要因素，因此测定和控制溶液的pH，就如控制温度和和浓度等同样重要。

3. 海水中有淡水区域吗？

海水是咸的，这是人人皆知的事实，但在浩瀚的大洋中确实有淡水区域。在古巴东北部不远的大西洋里，就有一片直径约30米的淡水区域，因为它的存在，往来的船只常常到这里补充淡水。

为什么大西洋中会有淡水区域呢？原因是这里的海底有一个巨大的泉眼，泉水滔滔涌出，每秒钟的涌水量达到40立方米。这些泉水来自地层下面能透水的岩层，就像自来水管样通到近海，成为海底泉水冒了出来。泉水源源不断地涌出来，把盐水排开，形成一个较稳定的淡水区，使苦咸的海水不能混杂进去。

4. 泡沫灭火器的反应原理

泡沫灭火剂由两种物质组成：玻璃瓶中装有明矾［$KAl(SO_4)_2 \cdot 12H_2O$］、钢瓶中装碳酸氢钠溶液，待混合时，各自单水解产生的H^+和OH^-结合生成难电离的水，打破了各自的单水解平衡，分别向水解方向移动，水解能较彻底地进行，产生气体CO_2及沉淀$Al(OH)_3$。

5. 制做松花蛋的秘密

当你打开一个松花蛋发现里面的蛋白、蛋黄变成了固体状态时，一定想知道，鸭蛋里的液体为什么变成了猪皮冻的样子。原来，做松花蛋，起重要作用的是“灰料”，这层灰料是用纯碱、食盐、石灰和草木灰等配制而成的，灰料里的盐和碱通过蛋壳的气孔进入蛋里，使蛋白质胶体凝结成固体。而且盐和草水灰还能将蛋里的多余的水分析出蛋外并蒸发掉。这样一段时间后，鸭就变成松花蛋了。松花蛋的蛋黄是黑色的，是怎样变来的呢？这是应蛋黄在水解过程中放出了硫化氧，硫化氯又与铜、铁、锰、锌等元素反应生成硫化物的缘故。不过，这些副产物不影响松花蛋的质量，也不会对人体有害处。松花蛋吃起来鲜美可口，这是因为蛋白质在酸碱条件下，又能发生水解反应，生成一种氨基酸。这种氨基酸中有两种谷氨酸能与配料中的纯碱发生反应，生成谷氨酸钠，谷氨酸钠就是烹调上常用的味精，这样松花蛋吃起来自然鲜美可口了。

（四）第四章几种重要的金属

1. 金属污染物

所谓金属污染物泛指能引起污染的金属元素的不同化学形态。它们之所以对人及生物体有害，大致可分为3种情况：一是某些元素的化合物本身就有毒，如铅、镉，由于它们不常见，生物体从一开始对它们就没有建立起相应的防御机制；另一种是元素间的相互作用、相互竞争导致的失控，例如铜和锌都是必需的有益元素，同属第四周期，化学性质有某些相似，两者在肠粘膜或金属硫蛋白中可以相互竞争结合部位，从而相互抑制其吸收，过多的锌会抵抗铜的生理作用，如同时铜缺乏，则促使缺铜更严重，从而引起相应疾患；第三是最佳浓度范围之外，元素缺乏及过量积累也会导致中毒，例如，必需元素硒的化合物常当作有毒物保存，铜在低浓度时广泛用作杀虫剂。这样，由于中毒条件极其多样，机制复杂，导致古往今来许多由污染引起的怪病。

实验：

（1）用生活中的材料制作简易电池。

（2）易拉罐的主要成分。

（3）电路板的化学刻蚀。

2. 燃料电池

燃料电池是通过某种燃料（通常为氢气，也可以是甲烷、煤气等）的电化学氧化和大气氧的电化学还原直接产生电能。与燃烧过程不同，燃料电池系统的工作效率极高，通常达到80%以上。这不仅提高了燃料的经济效益，减少了二氧化碳的排放量，防止了环境污染，而且，燃料电池电化学反应具有可控性，消除了有害污染物的生成，因此同普通的煤发电相比，环保优势十分明显。

尽管燃料电池种类繁多，优点突出，但是要实现商业应用，还需要做很多工作。但由于燃料电池清洁、高效，世界各地的科学家都将燃料电池作为对付大气污染、全球气候变暖以及对矿物燃料依赖日益加深等问题作为他们的研究领域加以研究。

查阅资料并交流："化学暖炉"、"热敷袋"的构造和发热原理。

3. 补钙莫忘防铅

作为防骨质疏松症的一种手段，补钙产品越来越受人们的欢迎。但是一项研究表明，补钙产品中往往含有微量但可以测得到的铅。在一段时间后会对健康造成影响。

佛罗里达大学的这项研究报告称，在美国市场上广泛销售的22种补钙产品中，有8种含有可测出的铅。该报告断定，这样的产品"能会构成一种原本很容易避免的公众健康问题"。"我们并不想让人们放弃补钙产品，但是我们同时认为人们接触的铅越少越好"。铅会导致儿童出现学习能力和行为方面的问题，并会使成年人患心血管病和肾病。

4. 塑料也能电镀吗?

当你看到有些衣服的纽扣，或收音机、电视机上按钮闪闪发光时，你也许认为是用金属材料做的。可是，当你把它拿在手里，它的重量是那么轻，这究竟是什么材料制成的？这种材料是塑料。

塑料是一种耐腐蚀的绝缘材料，但有一种叫"ABS"的塑料，一碰上铬酸，它的表面就受到腐蚀，产生很多微孔（电镀工艺叫做粗化）。粗化以后，可以采用化学方法，分别将氯化亚锡、硝酸银和硫酸铜等沉积到已腐蚀的塑料表面的微孔内，从而使塑料表面附着一层能导电的金属膜（电镀工艺叫做敏化）。有了这种导电层，就可以用电镀方法，将镍铬等涂覆上去，形成一种外观酷似金属的制品。目前，应用于塑料电镀的，仅限于"ABS"塑料，其他的塑料品种能否应用电镀，还在实验之中。

市场调查：不同类型电池的特点、性能、用途和回收价值。

5. 油条好吃莫贪多

1989年世界卫生组织把铝确定为食品污染源之一，每日摄入量应控制在4

毫克以下。不少人的早点往往吃油饼、面包和油条，而这些食品所用的发泡剂其主要成份是明矾和小苏打，食之，铝元素就直接进入人体危害健康。

制作油条的口诀是“一碱二矾三钱盐”，其中一碱指的是小苏打碳酸氢钠，二矾是硫酸铝钾的结晶水合物，三钱盐则是指食盐氯化钠。炸油条时，每1千克面粉通常需加500克水、4克明矾、10克碱和盐的辅料揉合制作，在烹炸过程中质量大致减少20%左右，这样，根据明矾的化学组成及铝元素的质量分数，通过化学计算可知，100克炸熟的油条里含铝量高达18.8毫克，远远超过规定量，照此换算，再加上日常生活中所使用的铝制炊具电饭煲、高压锅等和含铝胃药也会使人体摄入一部分铝元素的。所以，成人每天吃油条最好不要超过20克。

那么，铝元素侵入人体到底对健康有什么危害呢？研究表明，摄入的铝元素在人体积聚起来，会损害脑细胞，是老年性痴呆的病因之一。另外，铝离子还会与磷酸根离子结合生成磷酸盐沉淀而阻碍人体对磷元素的吸收。而磷元素是脑思维卵磷脂和骨骼形成的必需元素。

有没有不含铝元素的食品膨胀剂呢？有！现在市场上有一种“无铝发泡剂”，其成分是碳酸氢钠和磷酸二氢钠的混合物，一样起泡使面团膨松体积增大，而且带进的磷元素对人体有益。

因此，油条虽然好吃但切莫贪多。

6. 讨厌的硬水

在大自然中，水里总是含有一些溶解了的二氧化碳。当水流经石灰岩上面的时候，水中的二氧化碳和石灰石等作用变成了碳酸氢钙，而这种物质是易溶于水的，便被水带走了。

这种含有碳酸氢钙、碳酸氢镁的天然水称为暂时硬水。烧水的时候，温度升高了，原先溶解在水中的碳酸氢钙分解变成碳酸钙，沉淀后留在锅炉里，就形成了锅垢。这锅垢的害处很大，锅垢的传热本领极差，使大量的热能浪费掉；锅垢传热不均匀，当温度足够高时，就会引起爆炸。

现在，工厂里总是用各种方法来软化这种含有碳酸氢钙的硬水。软化硬水的常用方法是往水里加纯碱，因为碳酸钠能与碳酸氢钙反应，生成碳酸钙沉淀，过滤除掉沉淀后，水中碳酸氢钙的含量就很少了。

硬水不但在工业上有害，甚至还妨碍你洗衣服。你遇到过这样的事儿吗？本来该洗的衣服不算太脏，但是，擦肥皂一洗，水面上却满是花花的脏东西。这又是硬水干的坏事儿。肥皂的化学成分是硬脂酸钠，它能和硬水中的碳酸氢钙反应，生成白花花的沉淀物——硬脂酸钙。很明显，用硬水洗衣服，会浪费肥皂，而自然水如：海水、河水、湖水、井水，总是和石灰石打交道，大多数是硬水。在家里最便当的软化硬水的方法，是把水煮一下，去掉碳酸氢钙。

（五）第五章　烃

1. 沼气

沼气是有机物质如秸杆、杂草、树、人畜粪便等杂物在一定的温度、湿度、隔绝空气条件下经微生物发酵所产生的可燃性气体。

沼气是一种混合气体，其中含60%～70%的甲烷，此外还含有CO_2、H_2S、N_2、CO等。由于含有少量硫化氢等，所以沼气略带臭味。

沼气的发酵是一个复杂的生物化学过程，有许多微生物参与。这些反应大致经过以下两个阶段：第一步是分解菌的作用，将复杂有机物中的糖类、脂肪、蛋白质分解为简单有机物，主要是低级脂肪酸、醇、醛及CO_2、NH_3、H_2、H_2S等。第二步是甲烷菌的作用，把分解出来简单有机物转化为甲烷。例如：

$2C_2H_5OH+CO_2\rightarrow 2CH_3COOH+CH_4$

$CH_3COOH\rightarrow CH_4+CO_2$

要正常地产生沼气，就必须给细菌创造良好的生活条件，这些条件是:

（1）密闭　沼气发酵是多种嫌气性细菌活动的结果，所以要造成细菌活动的缺氧条件。在建造沼气池时一定要密闭，隔绝空气，不漏气，不漏水。

（2）适宜的温度　一般沼气池在20～40℃时产气量最高。

（3）充足的养分　细菌正常生成，需要从发酵原料中吸取充足的养分，主要是碳、氮和无机盐。沼气发酵原料中，人畜粪尿主要是氮素来源，作物秸杆等纤维素物质主要是碳素来源。

（4）充足的水分　一般要求发酵原料的含水量占总质量的80%左右，过稀或过浓都对产气不利。

（5）适合的酸碱环境　一般发酵池的酸碱度控制在pH为7～8.5。

2. 可燃冰——甲烷水合物

可燃冰外观为无色透明冰状晶体，是一种气体水合物。早在1778年英国化学家普利斯特里就着手研究哪些气体可以生成气体水合物，以及生成气体水合物的温度和压力条件。1934年，人们发现，在油气输送管道和加工设备中有冰状固体堵塞现象，经研究证明，这些固体不是冰，而是比冰熔点高的气体分子水合物。当时研究的目的是如何抑制和防止气体分子水合物堵塞管道和设备问题。

1965年，前苏联科学家预言，天然气水合物可能存在于海洋底部的地表层中，后来他们在西伯利亚冻土带发现了天然气水合物。从此，各国政府和科学家对大然气水合物作为潜在的能源，产了极大的兴趣。30多年来，对天然气水合物的结构、性能、形成、开采和应用进行了研究，使人们对天然气水合物有了比较深入的了解。

（1）天然气水合物的形成与储藏

天然气水合物，或称甲烷水合物，是笼形水合物，属于主客体化合物。水分子间以氢键相互吸引构成笼子，作为主体，甲烷作为客体居于笼中，以范德华力与水分子相互吸引而形成笼形水合物。笼子的空间与气体分子的大小必须匹配，才能形成稳定的笼形水合物。除甲烷外，Ar、Kr、O_2、N_2、乙烷、丙烷、氯氟烃和硫化物等都可作为客体形成笼形水合物。

应用X射线衍射等技术已确定不同大小笼形水合物的结构，有的呈五角十二面体，有的呈五角六角十六面体等。

甲烷水合物形成的条件为：

① 温度不能太高。海底的温度2℃至4℃适合甲烷水合物的形成，高于20℃就分解。

② 压力要足够大。在0℃时，只需要3MPa就可形成甲烷水合物。海深每增加10m，压力就增大0.1MPa，因此海深300m就可达到3MPa，越深压力越大，甲烷水合物就越越稳定。估计海深300m至2000m应有甲烷水合物存在。

③ 要有甲烷气源。一般认为，海底古生物尸体的沉积物，被细菌分解会产生甲烷；还有人认为，石油和天然气是在地球深处（地幔）产生并不断进入地壳的；海底岩层是多孔状介质。

在上述三个条件具备的情况下，可在介质的空隙中生成甲烷水合物。甲烷分子被若干个水分子形成的笼形结构接纳，生成甲烷笼形水合物，分散在海底岩层的空隙中。在常温常压下，甲烷水合物即分解为甲烷和水。1m^3的“可燃冰”可释放164m^3的甲烷，所以，“可燃冰”可看作高度压缩的天然气。

最有可能形成甲烷水合物的区域是：（1）高纬度的冻土层。如美国的阿拉斯加、俄罗斯的西伯利亚都已有发现，而且俄国已开采近20年。（2）海底大陆架斜坡。如美国和日本的近海海域，加勒比海沿岸及我国南海和东海海底均有储藏，估计我国黄海海域和青藏高原的冻土带也有储藏。估计全世界甲烷水合物的储量达1.87×1017m^3（按甲烷计），是目前煤、石油和天然气储量的二倍，其中，海底的甲烷水合物储量占99%。

（2）如何开采甲烷水合物

天然气是洁净能源，燃烧后不产生二氧化硫、氢氧化物和颗粒物等污染物。甲烷水合物是继化石燃料之后的潜在能源。

由于甲烷水合物是分散分布在岩石的孔隙中，难以开采。如果开采不当，甲烷气体逸入大气，将会使地球温室效应大大增强，造成灾难。甲烷在大气中占0.5%，但它造成的温室效应却是CO_2温室效应的20倍。

目前提出开采的设想有：（1）热解法；（2）降压法；（3）置换法。因CO_2比甲烷易形成水合物，如将液态CO_2送入海底，就可置换出笼形水合物中的甲烷。

不管用用哪种方法开采，都必须保证甲烷水合物中的甲烷不逸散到大气中，否则将引起灾难性后果。目前，世界各国科学家都在加紧研究这一技术课题。

3. 神奇的乙烯

1864年，美国人发现一件奇怪的事情，煤气灯泄露出的气体可使附近的树木提前落叶。

1892年，在亚速尔群岛，有个木匠在温室中工作时，无意中将美人蕉的碎屑当作垃圾烧了起来，结果美人焦屑燃烧的烟雾弥漫开来后，温室中的菠萝一齐开了花。

1908年，美国有些康乃馨的培育者将这种名贵的花卉移植到装有石油照明灯的芝加哥温室中，结果花一直未开。

针对上述事实，科学家们进行了大量的研究，结果发现原来这都是乙烯搞的鬼：煤气灯中漏出的是乙烯，它能使树叶早落。美人蕉屑燃烧后产生乙烯，它能使花儿开放。芝加哥温室中石油照明灯放出的乙烯，它却抑制了康乃馨花儿的开放。

看来，作为植物生长的调节剂，乙烯对不同的植物施展了不同的魔法。

4. 为什么聚乙烯软膜是透明的

为什么有些物质透明，有些则不透明？如果一束可见光通过薄膜，这束光完全不受任何影响，如入无人之境，就称这薄膜是透明的；但如果有一部分入射光被反射或者改变方向，使前进方向光线减弱、模糊，则这薄膜就不透明了。玻璃、食盐和明矾的晶体、许多宝石以及水和油等液体都透明。透明这一物理特性与物质的结构有关。同是聚乙烯，软的透明而硬的则不透明，这是为什么呢？同是软的薄膜，但聚丙烯就不透明，这又是为什么呢？

透明的聚乙烯薄膜主要用于农村温室或食品包装，柔软而易被拉伸。红外光谱剖析表明：其分子中的主链，每1000个亚甲基（$-CH_2-$）大约连接20～30个甲基；但不透明且软硬的聚乙烯，则只连接3个甲基。1g透明物结晶部分约0.4g～0.5g，密度低；而1g不透明物结晶部分0.6g～0.9g，密度高；熔点分别为115℃和135℃，由于有支链，故熔点下降。对于聚合物，由于结晶好，分子排列紧密，质点尺寸超过可见光波长的1/20以上，引起光散射，因而失去透明性。对于无机盐晶体，虽然也排列规整，但颗粒尺寸小，间距足够大，故仍然透明。

聚丙烯的结晶部分为0.6g～0.7g（相对于1g材料），形成带状和微丝状紧密排列的结构，并且内部还存在很多空隙，对光散射，因而透明性差。

（六）第六章烃的衍生物

1. 干洗技术与化学

干洗是一种不用水的洗涤方法。让有机溶液渗入衣物，就可以从纺织纤维的表面除去油污。用这种方法洗涤高级服装，可使服装不变形、不褪色。

干洗技术发明于19世纪中期的法国。一天，巴黎一家裁缝店的乔利·贝朗不小心碰翻了煤油灯。灯油洒在一条裙子上。乔利担心妻子回来抱怨，急忙拿起察看。只见煤油浸过的地方不仅没有污痕，反倒比别处显得更干净。乔利由引受到启发，他反复进行了试验。1885年，乔利·贝朗在巴黎开办了世界上第一家服装干洗店。

干洗诞生后的最初50年间，使用的是苯、煤油、汽油、樟脑萜等溶剂。这些溶剂都具有可燃性，经常造成火灾。由于这一致命缺陷，使干洗技术难以推广。1897年，德国莱比锡的吕德维格·安特林使干洗技术向前跨进了一步。他发明了使用四氯化碳作干洗剂。四氯化碳的洗涤效果好，不易燃。但有一个令人讨厌的缺点，就是带有刺鼻的异味，而且对设备具有腐蚀性。到1918年，欧洲开始改用三氯乙烯来取代四氯化碳。从此，干洗业渐渐发展起来。

现代洗衣业已实现机械化。常用的干洗液是1928年发明的斯陶达溶剂和一种从石油中提炼而成的溶剂全氯乙烯，它们既无害于人体健康，又没有起火危险。因为干洗液的价格比较昂贵，因此在清洗完毕，往往还要将从衣物中排挤出的溶剂进行蒸馏后，再加以过滤。这样就可反复使用了。

2. 环保新时尚——汽车喝酒

喝酒的历史，已有几千年了，但汽车喝酒，在中国是近年才出现的新鲜事。酒精，即乙醇，具有与石油和煤炭等物质相似的燃烧性能。生产乙醇的原料非常丰富，它们是可以重复生产的玉米、小麦、甘蔗等农作物，并且生产周期也非常短。是非常好的再生能源。

乙醇同石油一样，在燃烧过程中，都将产生二氧化碳，排放到大气中。经光合作用，它们被植物吸收，而植物经过加工生产出酒精，酒精燃烧再形成二氧化碳再被植物吸收，如此循环往复，所以它不会增加大气层中的二氧化碳净含量，造成地球的温室效应。

除此之外，专家测试，燃烧乙醇汽油的汽车尾气中，有毒有害气体一氧化碳及碳氢化合物减少了30%左右。

通常我们使用的汽油中都添加了促进汽油完全燃烧的一种物质MTBE，这种物质非常容易污染地下水，危害人体健康。所以，在有些国家已被禁止使用。而乙醇是最好的绿色替代品。

据专家测试：汽油中加入10%酒精不影响汽车的动力性，在车辆使用寿命内也不会对车生明显的腐蚀作用。希望汽车喝酒能成为环保新时尚。

3. 纯酒精消毒效果好吗？

医生在给病人注射药液之前，总要用蘸有酒精的药棉在病人的皮肤上擦几下。这是为了杀菌消毒。酒精能杀菌消毒，这是人家都知道的。但酒精为什么能杀菌消毒？什么样的酒精杀菌消毒的效果最好？大家就不一定能够答上来了。

酒精是一种有机化合物，学名叫乙醇C_2H_5OH。酒精的分子具有很大的渗透能力，它能穿过细菌表面的膜，打入细菌的内部，使构成细菌生命基础的蛋白质凝固，将细菌杀死。

照这样说来，要使酒精的杀菌消毒效果好，当然是酒精越浓越好了。然而奇怪的是，纯酒精反而不能彻底杀死病菌。这是为什么呢？

原来，浓度几乎达到100%的纯酒精使蛋白质凝固的本领固然很大，但是它却使细菌表面的蛋白质一下子就凝固起来，形成了一层硬膜。这层硬膜阻止酒精分子进一步渗入细菌内部，反而保护了细菌，使它免遭死亡。

在纯酒精中搀入一定量的水以后，酒精就不会使细菌表面的蛋白质一下子凝固，于是大量酒精分子钻进到细菌体内，使其中的蛋白质都凝固起来，细菌就难逃一死了。人们经过反复的试验，知道浓度为75%的酒精杀菌力最强，所以医用消毒酒精一般都是含75%的纯酒精和25%的水。

4. 水果为什么可以解酒

饮酒过量常为醉酒，醉酒多有先兆，语言渐多，舌头不灵，面颊发热发麻，头晕站立不稳……都是醉酒的先兆，这时需要解酒。

不少人知道，吃一些带酸味的水果或饮服1－2两食醋可以解酒。什么道理呢？

这是因为，水果里含有机酸，例如，苹果里含有苹果酸，柑橘里含有柠檬酸，葡萄里含有酒石酸等，而酒里的主要成分是乙醇，有机酸能与乙醇相互作用而形成酯类物质从而达到解酒的目的。

同样道理，食醋也能解酒是因为食醋里含有3–5%的乙酸，乙酸能跟乙醇发生酯化反应生成乙酸乙酯。尽管带酸味的水果和食醋都能使过量乙醇的麻醉作用得以缓解，但由于上述酯化反应在体内进行时受到多种因素的干扰，效果并不十分理想。因此，防醉酒的最佳方法是不贪杯。

5. 吸烟的危害

吸烟危害健康已是众所周知的事实。不同的香烟点燃时所释放的化学物质有所不同，但主要是焦油和一氧化碳等化学物质。香烟点燃后产生对人体有害的物质大致分为六大类：

（1）醛类、氮化物、烯经类，这些物质对呼吸道有刺激作用。

（2）尼古丁类，可刺激交感神经，引起血管内膜损害。

（3）胺类、氰化物和重金属，这些均属毒性物质。

（4）苯并芘、砷、镉、甲基肼、氨基酚、其他放射性物质。这些物质均有致癌作用。

（5）酚类化合物和甲醛等，这些物质具有加速癌变的作用。

（6）一氧化碳能减低红血球将氧输送到全身去能力。

吸烟对人体的危害　一个每天吸15到20支香烟的人，其易患肺癌、口腔癌或喉癌致死的机率，要比不吸烟的人大14倍；其易患食道癌致死的几率比不吸烟的人大4倍；死于膀胱癌的机率要大两倍；死于心脏病的机率也要大两倍。吸香烟是导致慢性支气管炎和肺气肿的主要原因，而慢性肺部疾病本身，也增加了得肺炎及心脏病的危险，并且吸烟也增加了高血压的危险。

烟的烟雾（特别是其中所含的焦油）是致癌物质，就是说，它能在它所接触到的组织中产生癌，因此，吸烟者呼吸道的任何部位（包括口腔和咽喉）都有发生癌的可能。尼古丁能使心跳加快，血压升高，烟草的烟雾可能是由于含一氧化碳之故，似乎能够促使动脉粥样化累积，而这种情形是造成许多心脏疾病的一个原因，大量吸烟的人，心脏病发作时，其致死的机率比不吸烟者大很多。

大多数吸烟者喜欢将一定量的烟吞下，因此消化道（特别是食道及咽部）就有患癌疾的危险。肺中排列于气道上的细毛，通常会将外来物从肺组织上排除。这些绒毛会连续将肺中的微粒扫入痰或粘液中，将其排出来，烟草烟雾中的化学物质除了会致癌，还会逐渐破坏一些绒毛，使粘液分泌增加，于是肺部发生慢性疾病，容易感染支气管炎。明显地，“吸烟者咳嗽”是由于肺部清洁的机械效能受到了损害，于是痰量增加了。

膀胱癌可能是由于吸入焦油中所含的致癌化学物质所造成，这些化学物质被血液所吸收，然后经由尿中出来。

目前，我国9-12岁的少年中约有10-15%吸烟；12-15岁的初中学生中约有35%以上吸烟；16岁以上的高中生、大学生中吸烟者占75%。就全国而言，平均开始吸烟的年龄1996年比1984年提前了3岁。年龄最小的烟民仅7岁。世界卫生组织估计，在世界范围内，死于与吸烟相关疾病的人数将超过艾滋病、结核、难产、车祸、自杀、凶杀所导致死亡人数的总和。

讨论：如何减少或避免甲醛等挥发性有机物、氡等对居室空气的污染。

6. 香料的功用

人们一直在研究对人有益的香味，并研制生产有益香味的香料。

香料具有防腐杀菌性能。几千年前，古人就知道用香料涂抹的尸体可以保存很长时间，檀香、乳香、安息香等首先在庆典和宗教仪式上作为焚香使用，古埃及人用乳香制造的香尸（木乃伊），至今还保存在金字塔里，我国出土的古尸千年不腐，其中也有龙脑、安息香等香料的功劳。欧洲人很早就懂得用丁香、豆蔻等香料腌肉，不但可口而且经久不变质。

香料也具有很好的药用功能。我国古代的药物著作中对龙脑、沉香、胡椒、砂仁、丁香和肉桂等芳香物质分别作了医疗性能的介绍，将它们用来做通窍醒脑、调气、止痛、活血舒筋和散淤消肿的药物。芳香物质中，麝香通经络治中风，苏合香开郁豁痰，丁香善治牙痛。印度气候炎热，人们很早就懂得食用咖喱这种有丁香、肉桂、芫荽、豆蔻等多种香料配成的调料，来防治由食物霉变引起的热带肝病。200多年前，法国人把熏衣草当作家庭良药，用来治疗神经性心跳、气胀疝痛和周期性偏头痛等。东欧人用香紫苏水洗澡，治疗关节炎，收到意想不到的功效。目前有一种化香疗法：让病人坐着，一面嗅着阵阵花香，一面听着悦耳音乐。医药学家用香叶天竺葵治疗神经衰弱，用迷迭香和薰衣草来治疗气喘病等，取得很好疗效。

香料还有驱蚊作用。我国生产的驱蚊油，含有邻苯二甲酸二甲酯等香料；国际上出售一种驱蚊烛，完全不用杀虫剂，只用香料，点着后蚊子5米内闻味而逃。花露水含酒精70%，既香飘四溢，又可消毒杀菌，还有防止蚊虫叮咬，并可止痒和消肿，这也与其含有多种香料有关。

香料同人们的生活关系越来越密切。如人们食用的糖果、饼干、汽水、面包、冰淇淋等食品里，有些含有的果香，就是来自于加入的菠萝精、草莓精、香兰素等人造香料。食品的香味可以增进食欲。又如，在制造皮革、橡胶、涂料、油墨时，也要添加一些香料，用来覆盖掉原来的难闻气味，使产品更受欢迎。生活中给人们带来美妙感觉的香水、空气清新剂等更是与香料密不可分。

7. 香味的来由

冬去春来，桃红柳绿，花香遍野；夏去秋来，桃李满枝，果香满园。大自然慷慨地四季飘香，人们不禁要问：这些香味是从何而来的?

很早，药剂师和化学家就对香味发生了兴趣，发现在芳香植物中含有能挥发的芳香油，而芳香油都是由好多种有机物组成的。例如，茉莉油是由乙酸苄酯、苯甲酸苄酯、邻氨基苯甲酸甲酯和吲哚等组成的；薄荷油是由薄荷脑、薄荷酮和乙酸薄荷酯等组成的：香草的主要成分是香草醛；紫罗兰花香的主要成分是紫罗香酮；风信子香味的主要成分是苯乙醛；梨香的主要成分是乙酸乙酯和乙酸异戊酯；草莓香味的主要成分是丁酸乙酯和丁酸异戊酯：菠萝香味的主要成分是丁酸乙酯、丁酸丁酯、丁酸异戊酯和异戊酸异戊酯等。能发出香味的主要是一些芳香族化合物酮和醛以及多种低级酯类化合物。

8. 铁刀削水果后何以会变黑

大家都有这样的经验：用小刀削杨桃、藕、梨、苹果等水果以后，小刀和水果往往会出现一层黑色，这是什么道理呢?

原来在多数水果中或多或少含有一种叫鞣酸的有机化合物。比较生的水果以及像菱、藕等，吃起来常有一些涩味，主要就是由鞣酸引起的。鞣酸遇上铁质或者其他重金属以后，就会发生化学作用，生成黑色的难溶于水的鞣酸铁或者其他相应的鞣酸盐。于是小刀和水果相接触过的地方，就变黑了。

小量鞣酸铁对人体没有什么害处，因此削水果时，水果上沾上了这种黑色，可以不必介意。事实上，用铁锅来煮藕、菱、鲜蚕豆等时，煮出的汤总是又混又黑，也就是这些食物中含有的鞣酸和铁作用生成了鞣酸铁的缘故，吃了这些汤也不是没有什么吗？事实上更有益处，因为人体需要铁来制造血红蛋白。

由于鞣酸铁难溶于水，因此削过水果的铁刀，不要用手巾或手帕去擦。否则手巾的棉纤维会像吸附染料一样将鞣酸铁吸附住，结果难以洗去而造成污渍。如果已经沾上了这种污渍，可用稀草酸钠溶液擦洗，然后用水冲去就行了。

9. 醋的诸多妙用

醋是日常生活中常用的调味剂，它约含3%-5%的乙酸，除了调味品外，醋还有许多用途：(1）煮排骨、炖骨头或烧鱼时加点醋，不但能将骨头里的钙、磷、铁等溶解在汤里从而被人体吸收，而且还能保护食品中的维生素免被破坏。(2) 烧马铃薯或牛肉时，加点醋，易烧酥。(3) 喝点醋，能预防疾和流行性感冒。(4) 喝点醋，能醒酒。(5) 鱼骨哽喉，吞几口醋，可使骨刺酥软，顺利咽下。(6) 发面时，如多了碱，可以加些醋把碱中和，这样蒸出的馒头就不会变黄变苦。(7) 洗头发时，在水中加一点醋，可以防止脱发，并使头发乌黑发亮。(8) 洗涤有色布料时，在水中加一点醋，不易掉色。(9) 醋对治疗脚气病很有效：食醋1000克、明矾50克泡脚。

（七）第七章　糖类、油脂、蛋白质

1. 炒菜时不宜把油烧得冒烟

炒菜时，有的人喜欢把油烧得冒烟甚至快燃烧起来才放菜，特别是在使用植物油的时候，觉得油不烧热，菜里就会有生油气。须知这是一种不好的做法，油在高温时，容易生成一种多环化合物，一般植物油含的不饱和脂肪酸多，更容易形成多环化合物，实验证明，多环化合物易于诱发动物得膀胱癌。一般将油烧至沸腾就行了，油的“生气”便可以除去。

2. 防衰老的的10种食物

苹果：含有纤维素、维生素B和维生素C，可调节人体生理功能。

矿泉水：可使皮肤柔软、白洁，有助于消化解毒。

胡萝卜：富含维生素A，可使人头发保持光泽，皮肤柔软。日本人称胡萝卜为长寿食品。

脱脂牛奶：含有维生素D和钙，使人得骨骼和牙齿强健。

贝类：含有维生素B12，有助于保持皮肤光泽。

小鸡：含有无脂蛋白和维生素B，有利于增加皮肤弹性。

菠菜：含有维生素E和铁质，有助于保持皮肤和指甲的美观。

麦芽：富含维生素E和蛋白质，有助于头发的生长。

橙子：有助于增加皮肤弹性，减少皱纹。

金枪鱼：含有大量维生素D、钙和磷，有助于牙齿和骨骼的健康。

3. 厨房里的化学

煮饭、烧菜，这已经是司空见惯的事了。但不知大家有没有想过，食物为什么要经过烧煮？这里面有许多科学道理，其中最重要的一点，就是使食物易于被人体消化和吸收。

大家都知道，人是通过消化食物来吸收其中的营养的，食物的消化过程是一系列复杂的化学反应过程，而化学反应速度的快慢，与反应物质表面积的大小，反应时的湿度和催化剂有很大关系。食物中的蛋白质、脂肪和淀粉都是不易溶于水的，这就给人们的消化、吸收带来困难，食物通过烧煮后，吸收了水分，并受热膨胀，分裂，部分变成可溶于水的物质，从而使其在人体的胃肠里容易被酶催化发生化学反应，而为人体所吸收。例如：淀粉颗粒不溶于冷水，而在温水中，它会吸收膨胀、破裂，变成糊状，然后与水反应，很大的淀粉分子变成许许多多的小分子——低聚糖、单糖。米、面等主食都含有大量淀粉，经过烧煮后，就容易被人体的消化系统吸收了。

煮饭烧菜既是一门科学，又是一门艺术。一堆生菜，经过烹、炸、炊、闷后，变成一盘色、香、味俱全的佳肴，除了离不开掌勺人的手艺外，其中也蕴含着许多化学知识。如烹调调味品的添加顺序是有先后的，而不是凭操作者的兴趣，否则，色、香、味都会有所影响。调味品的添加顺序是以渗透力强弱为尺度的。渗透力强的后加。炒菜时，应先加糖，随后是食盐、醋、酱油，最后是味精。如果顺序颠倒，先放了食盐，便会阻碍糖的扩散，因食盐有脱水作用，会促使蛋白质的凝固，使食物的表面发硬且有韧性，糖的甜味渗入很困难。还有个别原则，是没有香味的调料（如食盐、糖等）可在烹调中长时间受热，而有香味的调料不可以，以免香味逃逸，味精的主要成分为谷氨酸钠，受不了烹调的高温，只能在最后加入。

烧煮食物时，加调味品的时间，对食物中发生的化学变化也有关系。食物中的蛋白质本身具有胶体的性质，遇氯化钠等强电解质，会发生凝聚作用。例如：豆浆中加入食盐，它就会凝聚，成为豆腐脑。在煮豆、烧肉时，如果加盐过早，一方面汤中有了盐分，水分难以渗透到豆类或肉里去；另一方面食盐使豆或肉里蛋白质凝聚，变硬。这两方面都使豆或肉不易煮烂，当然也不利于人体消化和吸收。

烹煮食物的火候，也就是温度对食物的影响很大。一般来说，温度升高，可以加快反应速度。例如：炖煮食物的温度约为100度（水的沸点），炒的温度约为200至300度（油的沸点比水高），油炒比油炸的温度略低一些，但比炖煮的温度要高很多。所以，把肉煮酥焖烂的时间要比炒、炸多几倍，锅中的温度与拌炒也有关系。拌炒可使食品受热均匀，但过分炒会使锅中温度降低，而且拌炒多了食物与空气中氧气接触的机会也会增多，食物中的维生素C易被氧化而遭到破坏。所以拌炒以后加锅盖是必要的，一则可以防止降低锅温，二则可以防止维生素氧化而降低营养价值。

很多家庭在烧鱼时都喜欢加些酒，你知道这是什么道理吗？死鱼中三甲胺更多，鱼死得越久，腥味越浓。三甲胺不易溶于水，但易溶于酒精，所以烧鱼时加些酒，能去掉腥味，使鱼更好吃。酒可去掉鱼类的腥味，也可去掉肉类的腥味。酒的作用并不仅仅如此，食物中的脂肪在烧煮时，会发生部分水解，生成酸和醇。当加入酒（含乙醇）、醋（含醋酸）等调味辅料时，酸和醇相互间发生化学反应，生成具有芳香味的酯。

烹调食物确实是一门科学。厨房中的化学是无处不在的，比如：液化气是一些低级烃类的混合物，而烃类物质是无色无味的，但为什么家用液化气一旦泄漏却有难闻的气味呢？其原因，目的何在？当洗涤油腻的容器时，可用洗涤剂或热碱液，其原理又是什么呢？让我们在今后的学习、生活中继续探索、挖掘。

4. 基因食品五大隐患

首先是毒性问题。一些研究学者认为，对于基因的人工提炼和添加，可能在达到某些人们想达到的效果的同时，也增加和积聚了食物中原有的微量毒素。

其次是过敏反应问题。对于一种食物过敏的人有时还会对一种以前他们不过敏的食物产生过敏，比如：科学家将玉米的某一段基因加入到核桃、小麦和贝类动物的基因中，蛋白质也随基因加了进去，那么，以前吃玉米过敏的人就可能对这些核桃、小麦和贝类食品过敏。

第三是营养问题。科学家们认为外来基因会以一种人们目前还不甚了解的方式破坏食物中的营养成分。

第四是对抗生素的抵抗作用。当科学家把一个外来基因加入到植物或细菌中去，这个基因会与别的基因连接在一起。人们们在服用了这种改良食物后，食物会在人体内将抗药性基因传给致病的细菌，使人体产生抗药性。

第五是对环境的威胁。在许多基因改良品种中包含有从杆菌中提取出来的细菌基因，这种基因会产生一种对昆虫和害虫有毒的蛋白质。在一次实验室研究中，一种蝴蝶的幼虫在吃了含杆基因的马利筋属植物的花粉之后，产生了死亡或不正常发育的现象，这引起了生态学家们的另一种担心，那些不在改良范围之内的其他物种有可能成为改良物种的受害者。

最后，生物学家们担心为了培养一些更具优良特性，比如说具有更强的抗病虫害能力和抗旱能力等，而对农作物进行的改良，其特性很可能会通过花粉等媒介传播给野生物种。

5. 维生素A和B

维生素A有两种。一种是维生素A醇（只存在于动物性食物中）；另一种是胡萝卜素。防止夜盲症和视力减退，有助于对多种眼疾的治疗（维生素A可促进眼内感光色素的形成）；有抗呼吸系统感染作用；有助于免疫系统功能正常；生病时能早日康复；能保持组织或器官表层的健康：有助于祛除老年斑；

促进发育，强壮骨骼，维护皮肤、头发、才齿、牙床的健康；外用有助于对粉刺、脓包、疖疮，皮肤表面溃疡等症的治疗；有助于对肺气肿、甲状腺机能亢进症的治疗。维生素A可贮藏于体内，并不需要每日补给。

维生素A缺乏症症状：维生素A缺乏的主要症状有：眼睛、鼻子发炎，眼睑肿胀，视力下降，眼睛出现豆腐渣样分泌物，有时上下眼睑粘在一起；运动失调。

维生素A是脂溶性物质。维生素A的消化与吸收需要矿物质和脂肪。

富含维生素A的食物：胡萝卜、黄绿蔬菜、蛋类、黄色水果、波菜、豌豆苗、红心甜薯、青椒、鱼肝油、动物肝脏、牛奶、奶制品、奶油。

维生素B1又称硫胺素或抗脚气病维生素。属于水溶性维生素，在酸性溶液中稳定，但在中性及碱性溶液中则容易分解。

维生素B1的主要功能是调节体内糖类的代谢。如果缺乏它，则依靠糖类代谢产生的能量来维持功能的神经系统首先受到影响，产生多发性神经炎、脚气病、下肢瘫痪、浮肿和心脏扩大等症状。此外，维生素B1还能促进胃肠蠕动，增强消化功能，促进人体发育。

维生素B1的食物来源主要有两方面。一是在谷类的谷皮和谷胚中、豆类、坚果和干酵母中含量丰富。因此，糙米和带麸皮的面粉比精白米面中含量高。二是在动物的内脏（肝、肾）、瘦肉和蛋黄中含量丰富。

维生素B2又称维生素G或核黄素。维生素B2是黄色针状品状，微溶于水，遇碱容易分解，遇光也容易分解。维生素B2进入人体后磷酸化，转变成磷酸核黄素及黄素腺嘌呤二核苷酸，与蛋白质结合成为一种调节氧化还原过程的脱氢酶。脱氢是维持组织细胞呼吸的重要物质。缺乏它，体内的物质的代谢紊乱，出现口角炎、皮炎、舌炎、脂溢性皮炎、结膜炎和角膜炎等。

维生素B2的食物来源主要有动物肝、肾等内脏，及干酵母，奶、蛋、豆类、坚果类和菜类等。

6. 大蒜的杀菌作用

大蒜中含有丰高的蛋白质、脂肪、糖类及维生素A、B、C等，蒜苗里还含有钙、磷、铁等成分。大蒜具有极强的杀菌力，因为蒜头里含有大蒜油，大蒜油以硫化二丙烯为主要成分，还含有微量二硫化二丙烯、二硫化三丙烯。

大蒜素遇碱、受热都会分解，所以用大蒜消炎杀菌宜使用生大蒜，不能与碱性物质一起用。吃过大蒜嘴里产生蒜臭，可将少许茶叶放在嘴里细嚼，或在口中含一块糖，蒜臭就可减少。

7. 如何清除蔬菜上的残余农药

家庭中清除蔬菜瓜果上残留农药的简易方法有以下几种：

浸泡水洗法：蔬菜污染的农药品种主要为有机磷类杀虫剂，有机磷杀虫剂难溶于水，此种方法仅能除去部分污染的农药。但水洗是清除蔬菜水果上其他污物和去除残留农药基础方法。主要用于叶类蔬菜，如菠菜、金针菜、韭菜花、生菜、小白菜等。一般先用水冲洗掉表面污物，然后用清水浸泡，浸泡不少于10分钟。果蔬清洗剂可增加农药的溶出，所以浸泡时可加入少量果蔬清洗剂。浸泡后要用流水冲洗2-3遍。

碱水浸泡法：有机杀虫剂在碱性环境下分解迅速，所以此方法是有效的去除农药污染的措施。可用于各类蔬菜瓜果。方法是先将表面物污冲洗干净，浸泡到碱水中（一般500毫升水中加入碱面5－10克）5－15分钟，然后用清水冲洗3－5遍。

去皮法：疏菜瓜果表面农药量相对较多，所以削去皮是一种较好的去除残留农药的方法。可用于苹果、梨、猕猴桃、黄瓜、胡萝卜、冬瓜、南瓜、西葫芦、茄子、萝卜等。处理时要防止去过皮的蔬菜瓜果混放，再次污染。

储存法：农药在环境中随时间能够缓慢地分解为对人体无害的物质。所以对易于保存的瓜果蔬菜可通过一定时间的存放，减少农药残留量。适用于苹果、猕猴桃、冬瓜等不易腐烂的种类。一般存放15天以上。同时建议不要立即食用新采摘的未消皮的水果。

加热法：氨基甲酸酯类杀虫剂随着温度升高，分解加快。所以对一些其他方法难以处理的蔬菜瓜果可通过加热去除部分农药。常用于芹菜、菠菜、小白菜、圆白菜、青椒、菜花、豆角等。先用清水将表面污物洗净，放入沸水中2－5分钟捞出，然后用清水冲洗1－2遍。

综合处理：可根据实际情况，以上几种方法联合使用会起到更好的效果。

8. 巧去衣物污渍的化学方法

造成衣物污渍的成分不同，化学去渍需有针对性，常见化学污渍去除法有下列7种。

蓝黑墨水迹：新染上的立即用洗涤剂洗涤，陈旧的可先在2%草酸溶液中浸几分钟，使墨水中黑色鞣酸铁还原。或用维生素C片揉擦，然后用肥皂或洗涤剂搓洗，即可除去。

红墨水迹：先用洗涤剂，再用20%酒精洗搓，最后用清水洗净。用0.25%高锰酸钾溶液滴上后搓洗，亦可除去红墨水迹。

圆珠笔油迹：将污迹用40℃温水浸透后，用苯或丙酮拭擦，然后用洗涤剂搓洗可除。

汗迹：可用1-2%稀氨水浸泡，然后在1%的草酸溶液中洗涤。也可将衣物放在3%的盐水里浸泡几分钟，再用清水漂清后，用肥皂或洗衣粉洗。

血迹：把白萝卜切成细丝，加些盐，挤出汁液，用来擦洗揉搓，即能除衣物上的血迹。

水果汁迹：新沾上的果汁，即用食盐水揉洗，如还有痕迹，可用稀氨水（氨水与水的重量比为1:20）滴上后揉搓，然后用洗净剂洗净。

铁锈迹：衣物上的铁锈黄迹，用洗涤剂或肥皂，不能除去，可用2%草酸温和溶液揉搓后，再用清水漂净。

讨论：如何选择合适的洗涤剂。

实验探究：温度对加酶洗衣粉的洗涤效果的影响。

9. 合成色素危害健康

在食品中添加色素并不是现代人的专利，其实，在我国古代，人们就知道利用红曲色素来制作红酒。自从1856年英国人帕金合成出第一种人工色素——苯胺紫之后，合成色素了也登台上场，扮演着改善食品色泽的角色。

现在常用的食品色素包括两类：天然色素与人工合成色素。天然色素来自天然物，主要由植物组织中提取，也包括来自动物和微生物的一些色素。人工合成色素是指用人工化学合成方法所制得的有机色素，主要是以煤焦油中分离出来的苯胺染料为原料制成的。

大量的研究报告指出，几乎所有的合成色素都不能向人体提供营养物质，某些合成色素甚至会危害人体健康。前苏联曾对苋菜红这种食用色素进行了长期动物试验，结果发现致癌率高达22%。美、英等国的科研人员也发现，不仅是苋菜红，许多其他的合成色素可能导致生育力下降、畸胎等等，有些色素在人体内可能转换成致癌物质。

我国对在食品中添加合成色素也有严格的限制：凡是肉类及其加工品、鱼类及其加工品、醋、酱油、腐乳等调味品、水果及其制品、乳类及乳制品、婴儿食品、饼干、糕点都不能使用人工合成色素。只有汽水、冷饮食品、糖果、配制酒和果汁露可以少量使用，一般不得超过1／10000。

目前我国批准使用的食用合成色素有6个品种，即苋菜红、胭脂红、柠檬黄、日落黄、靛蓝和亮蓝。虽然对这6种食用合成色素的危害性仍然没有定论，但它们没有任何营养价值，对人体健康也没有任何帮助，能不食用就尽量不要食用。

事实上，在巨大的经济利益的驱使下，我国食品中合成色素的超标、超范围使用现象屡禁不止，大家在购买食品时一定要小心，不要过分追求食品的色泽。

化妆品中色素的危害不容忽视。引起皮肤功能障碍的化妆品原料中最危险的是香料，其次就是色素和防腐杀菌剂，它们被称为化妆品的“三害”。

近年来，由于色素导致的皮肤病急剧增加，这种新型的皮肤病取名叫“化妆美容病”。化妆品中的色素与人类皮肤的色素沉着有一定的关系。色素沉着是在正常皮肤上出现的褐色斑点，严重影响形象，与人类使用化妆品的用心背道而驰。化妆品引起的色素沉着多数还伴有皮肤潮红、丘疹等炎症现象。色素还是导致人们对化妆品过敏的重要原因之一。常常引起烧灼、瘙痒、表皮脱落、轻微疼痛等过敏症状。

口红是人们最常用的化妆品之一，由于它是涂在嘴唇上的，很容易在吃饭时溜到体内。一般来说，咽下微量口红对身体不大可能造成危害，但是口红中含有色素，长期使用会产生蓄积作用，对机体造成潜在危害。

天然色素正在替代合成色素，与合成色素截然不同的是，食用天然色素不仅没有毒性，有的还有一定的营养，甚至一定的药理作用。目前，开发研制天然色素，利用天然色素代替人工合成色素已经成为食品、化妆品行业的发展趋势。

10. 水果亦暗藏杀机

有人错误地认为：水果营养成分高，多吃对人有好处。其实不然。比如，苹果含有糖分和钾盐，吃多了对心脏不利，冠心病、心肌梗塞、肾炎、糖尿病患者不宜多吃；柑橘性凉，肠胃不适，肾肺功能虚寒的老人不能多吃；梨子含糖较多，糖尿病人吃多了会引起血糖升高；柿子含有单宁、柿胶酚，胃肠不好或便秘患者应少吃，否则容易形成柿石；菠萝含有丰富的维生素A、B、C，以及柠檬酸、蛋白酶等，而且有消食止泻、降压利尿等功效。但是，有些特异体质的人吃了后会发生阵阵腹痛，甚至呕吐等不适应症，最好把削好的菠萝放在温盐水中浸泡后再吃。

对比试验：尿液中葡萄糖的检验。

11. 味精没有益

味精也叫味素，化学名称叫谷氨酸钠。它是一种白色晶体，常用面筋或大豆为原料经过化学加工而制成。

味精能水解成谷氨酸（氨基酸的一种），它具有强烈的鲜味。不过，在使用时应特别注意温度，注意烹饪方法，不要过早地放入味精，因为谷氨酸钠在120℃以上会发生化学变化变成焦谷氨酸钠，不仅鲜味减退，还有轻微的毒性，所以味精一般在出锅前加入。另外，忌和碱或小苏打同用，以免味精中的谷氨酸钠变成谷氨酸二钠而失去鲜味。

至于味精的用量，一般情况下，每人每天食用味精不宜超过6克，否则，可能产生头痛、恶心、发热等症状。过量食用味精也可能导致高血糖。另外，味精也不是越多越鲜，炒菜做汤时，放适量味精，能起到增鲜就可以了，味精放多了，反而会感到舌头发麻。产生一种似咸非咸，似涩作涩的怪味。

12. 豆浆变成豆腐脑

豆腐，人人爱吃。早点的豆浆、豆腐脑，菜品里的砂锅豆腐、麻婆豆腐，豆制品里的豆腐丝、豆腐干，花样可多呢！单是豆腐做的菜，一个盛大的宴席还摆不开呢！

大豆起源于中国，古称“菽”。培育大豆在我国已经有四五千年的历史了。大豆类含有丰富的蛋白质。每100克黄豆含蛋白质36克多，在各种食物里遥遥领先。煮豆易消化，但吸收率也只有65.5%，豆浆和豆腐就比较好消化，其中85－95%的蛋白质能被身体吸收。

豆腐是怎样做成的呢？把黄豆浸在水里，泡胀变软后，在石磨盘里磨成豆浆，再滤去豆渣，煮开。这时候，豆里的蛋白质团粒被水簇拥着不停地运动，仿佛在豆浆桶里跳起了集体舞，聚不到一块儿，形成了“胶体”溶液。

要使胶体溶液变成豆腐，必须点卤。点卤用盐卤或石膏，盐卤主要含氯化镁，石膏是硫酸钙，它们能使分散的蛋白质团粒很快地聚集到一块儿，成了白花花的豆腐脑。再挤出水分，豆腐脑就变成了豆腐。豆腐、豆腐脑就是凝聚的豆类蛋白质。

有人爱喝甜浆，往豆浆里加一匙白糖，豆浆没有什么变化。有人爱喝咸浆，在豆浆里倒些酱油或者加点盐，不多会儿，碗里就出现了白花花的豆腐脑。酱油里有盐，盐和盐卤性质相近，也能破坏豆浆的胶体状态，使蛋白质凝聚。这不和做豆腐的情形一样吗？豆浆点卤，出现豆腐脑。豆腐脑滤去水，变成豆腐。将豆腐压紧，再榨干去些水，就成了豆腐干。原来，豆浆、豆腐脑、豆腐、豆腐干，都是豆类蛋白质，只不过含的水有多有少罢了。

牛奶和豆浆差不多，也是胶体溶液。在新鲜的牛奶里，酪素，也就是蛋白质包裹着奶油，在水里分散开来，不停地运动，所以，牛奶总是均匀的乳白色液体。让牛奶发酵，做成酸牛奶，酪素就聚集拢来，凝结成块，像豆腐脑似的，很多人爱喝这种酸牛奶。

13. 果冻

果冻因其口感好颇受人们喜爱，尤其是青少年和幼儿，大有取代糖果作用的趋势。对于已解决温饱问题的人们来说，换换口味吃点果冻到也不错，但食之无甚益处。

果冻并非用果汁浓缩冰冻而成，一般是采用化学方法配制的，主要成分为增稠剂、合成香精、甜味剂、酸味剂和合成色素等。

用作增稠剂的多是海藻酸钠、琼脂、明胶和卡拉胶等。它们虽然大多数来源于海生或陆生植物，但制取过程中要经过酸碱处理及漂白等工艺程序，会使原有的纤维素及无机盐消耗殆尽。况且海藻酸钠、琼脂与饮食中的铁、锌元素结合，影响人体对这些微量元素的吸收，还能影响人体对脂肪、蛋白质的吸收，这对幼儿和青少年的发育成长是极为不利的。

人工合成的香精，如苹果香型的异成酸异成酯，香蕉香型的丁酸戊酯，菠萝香型的丁酸乙酯等对人体基本没有什么营养。

着色剂为食用色素，由于天然色素大多从植物的某些部分提取出来的，对人体健康一般无毒害作用，但着色力不强且量少价高，因此食品加工上使用的色素为人工合成的，是用化学方法从煤焦油的分馏产品出发经过多步反应制备的，不仅没有营养，还可能有一定的毒副作用，有的致泻，有的致癌，如“奶黄色素”进食较多可能引发肝癌，“橙黄色素”可能导致肠癌和恶性淋巴癌。目前，我国卫生部门明令禁止在婴幼儿食品中添加任何色素，容许使用的色素为苋菜红、胭脂红、柠檬黄和酸性靛蓝，用量也有严格的要求。

甜味剂如糖精、甜蜜素等少量食用虽无毒，也没有营养价值。

14. 蚊子喜叮哪些人

出汗多的人。汗液中含有大量氨基酸、乳酸及氨类化合物，蚊子对此非常敏感，一旦嗅到这些物质的气味就食欲大开。

肺活量大的人。肺活量大的人呼吸自然深长，呼出的二氧化碳较多，蚊子嗅到后群集而来。

皮肤色深，穿深色衣服的人。肤色或着颜色越深，对蚊子无反光作用，易受蚊子叮咬。因此，在盛夏时节，以穿浅色衣服为宜。

15. SOD与护肤

SOD是英语的缩写，含意是“超氧化物歧化酶”。人体中由于多种原因会产生游离的超氧离子，对细胞有明显的破坏作用，幸好人体里存在的SOD能催化超氧离子发生歧化反应使之生成过氧化氧，再由人体内的过氧化氢酶催化分解为无害于人体的水和氧气，这些酶的存在在保护着人体免受超氧离子的伤害。

SOD与人的健康有着密切关系，因此，生物学和医疗护肤方面对其极为关注。美国、德国和澳洲等国家已有药用酶SOD出售，我国生产的“大宝”护肤品就含这种成分，近年高考的化学试题也有这方面的知识。

如果护肤商品标有SOD成分，即表明该化妆品中含有这种酶。人的皮肤在分泌和代谢中所产生游离的超氧离子，单靠自身的酶常常不足以快速消除它，使用含SOD这种酶的化妆品将有助于把超氧离子转化为无害物质，延缓人体衰老，青春长驻！

16. 经常吃醋——容颜更美

女人吃醋越来越时尚，因为女人要想颜面肌肤润泽，青春长驻，关键是要减少体内的过氧化脂质，过氧化脂质不仅是多种疾病的元凶，同时也是美容的克星。而食醋恰恰具有降低过氧化脂质、抑制皮肤老化的作用，传说埃及艳后克娄巴特拉七世的美貌便和和醋有着密切的关系，克娄巴特拉七世的美容秘方是天天饮用溶解了珍珠的醋液，醋液本身好处多多，而溶于醋液的珍珠属于钙质，也对身体有益。

当然，除了过氧化脂质之外，日光中的紫外线，贫血、肝脏障碍等因素也会导致皮肤老化，女性也不容忽视这些不利于美容的因素，维生素E和C在防止过氧化脂质的产生方面比起醋来更为有效，所以多多食用含有这些物质的植物油和蔬菜也很重要。

吃醋虽然好处很多，但也要持科学态度，不可过量食用，成年人每日食醋量应在20－40克之间，最多不超过100克，老弱病人则应酌情减量，因为醋对钙有代谢作用，可造成骨质疏松，所以，患有胃溃疡、胆囊炎、肾炎、低血压、胆石症、骨损伤等病患者切忌吃醋，空腹也不要吃醋，以免胃酸过多而伤胃。

17. 化学洗浴的健身美容

洗浴不仅洗去个人身上的油腻污垢，而且能加速血液循环，使皮肤吐故纳新，更有活力，更健康。时下有的人喜欢进行沙浴和泥浴的健身活动，其道理就是皮肤能吸收泥沙中的营养元素，皮肤更加健美。市场上的沐浴液品种很多，本文所说的是几种家庭可行的简单洗浴。

根据沐浴成分不同，有酒浴、醋浴、茶浴、海水浴（盐水浴）和中草药浴等等。如酒浴，可使皮肤滋润光亮，增强抵抗力，还可治疗某些皮肤病、关节炎等；在洗澡水加入一汤匙食醋进行醋浴，皮肤会更加光滑细腻。现代化学分析，茶叶中含有多种氨基酸、多酚、生物碱、维生素和矿物质，本草上说茶味苦，微寒无毒，能轻身明目，久服安心益气。

英国、新西兰、澳大利亚等国就有茶浴的习惯，对皮肤、心肺都大有裨益。有人喜欢到大海里游冰，其实就是海水浴，每一升海水中大约含有氯化钠

27g，氯化镁3.8g，硫酸镁1.7g，硫酸钙1.3g，还有硫酸钾、碳酸钙、溴化镁等，人在海水中沐浴浸泡时，这些矿物质有助于消除疲劳、加速血液循环，缓解风湿病，增强肌肉的强度。在水中加点食盐洗澡，能使皮肤更具有弹性，充满活力。在洗浴液中加入一些药物，就是药浴，夏天给小孩洗澡时，有人在洗澡水中滴上几滴“六神花露水”是有道理的。我们喜欢洗温泉澡，温泉水为岩层中的水，含有较多的硫磺，具有杀菌的疗效，而且温泉水中还有多种矿物质，被皮肤加工吸收，有益皮肤健康。此外，如手脚麻痹酸痛血流不畅者，可用当归、赤芍、桃仁、鸡血藤、附子各100克煎水浴之；手脚麻木痰湿的，以制半夏、制南星、仓术、红花各100克共煮洗浴；腰酸背痛肾虚的人，将桂枝、鸡血藤、桃仁、附子各100克煎水沐浴；胃胀不适脾虚的，取茯苓、丁香、陈皮、淮山各100克熬汁浸浴等等。

中草药浸浴的健身方法适合任何人使用，它有助于促进人体血液循环和新陈代谢，排走体内毒素和水分，有延缓衰老、清洁皮肤、改善皮肤外观的作用。中草药浸浴不但有健身和美肤的功效，而且洗个热水澡行气活血，疲劳也可尽消，但要注意时间和水温的控制。一般来说，水温在39－40℃为宜，时间在30分钟左右。另外，浸浴过程中会增加血液循环和心脏负担，所以患有高血压、心脏病的人，或者在过饥、过饱、运动后、酒后和月经期间不宜浸浴。浸浴时和浸浴后应多喝水以解口渴及时补充水分。若于浸浴时感到头昏、手脚无力、心跳急剧者应慢慢离开浴缸停止浸浴，这可能是浸浴时间过长、水温过热或身体本身不适所致。

18. 脑白金与脑黄金

脑白金褪黑素保健品。有人认为，褪黑素是迄今为止最强的内源性自由基清除剂。它可直接清除游离的自由基，还能增强体内抗氧化酶的活性，从而对自由基的损伤其间接保护作用。但脑白金是否安全有效，近来为媒体所关注，众说不一。

脑黄金的成分，是不饱和脂肪酸二十二碳六烯酸的时髦用语，英文缩写为DHA，是合成记忆分子“卵磷脂”的反应物之一，可促进神经细胞发育，改善人的记忆功能。补充DHA有利于增强记忆，提高学习效率。实际上，鱼类和蛋类含卵磷脂较多，多吃含卵磷脂的食物，比吃脑黄金更能提高你的记忆力。

19. 第七营养素

我们知道，蛋白质、脂肪、碳水化合物、矿物质、维生素和水是人体必需的六大营养素。而人体无法消化吸收的纤维素则曾被排除在营养素之外。但现代科学已证明，食物纤维素也是维护人体健康必需的食物所含的营养成分之一。所以称之为第七营养素。

为了保障身体健康，我们应经常吃些粗粮、蔬菜、水果、黑木耳、海带和薯类等含纤维素多的食物。但应该注意的是，由于纤维素化学结构中带有羟基或羧基等侧链集团，因此会与某些元素（特别是钙铁锌和磷等）结合，影响人体肠道内有关矿物质的代谢平衡。因此，在增加对食物纤维素摄取量的同时，应增加对钙铁锌和磷等元素的摄入量，以保证体内代谢的平衡。

（八）第八章合成材料

1. 德国研制出智能纤维材料

智能化的纤维增强材料，它不仅具有重量轻、强度高的优点，而且能够根据外界环境变化做出变形。据德国弗朗霍夫协会介绍，智能化材料的核心部分是由压电纤维组成的传感系统，它能将外界的机械影响（如振动、冲击、磨损等）转变成电信号，计算机根据这些信号计算出合适的应变量，使材料变形，以抵消外界影响。

普通压电物质会降低材料的机械性能，因此弗朗霍夫协会下属的硅研究所研制成功一种具有压电性能的铅钛合金纤维。这种合金纤维具有很高的灵活度，能将机械变形放大3倍转换成电信号，将少量这种合金纤维掺入材料中，就能起到传感器的作用。纤维增强材料一般指碳纤维制成的合成材料。目前这种材料已广泛用于航空航天领域。其致命的缺陷是自重太轻，在机械冲击下易于发生震颤，因而限制了进一步推广。智能化的纤维增强材料则克服了这个缺点，它还能降低噪声，减少磨损。弗朗霍夫协会说，在航空工业中，智能化材料将用来制造飞机的弹性应变机翼。这种机翼能根据不同飞行状态自动调整到最佳状态，减少震颤，并能识别材料损伤。

2. 防弹衣为何能防弹?

最初的防弹背心内部是氧化铝陶瓷，外面粘上增强塑料，外表面再粘上硬度极大的碳化硅或碳化硼。这种避弹衣虽然重一些，但能有效地抵挡直径为7.6毫米的枪弹。以后人们不断改进，直到前几年推出了几乎完美的新式避弹衣，它采用强度极大的“凯芙拉尔”纤维为原料，每件只有1.5公斤，可以承受直径9毫米枪弹在5米距离上的射击。凯芙拉尔纤维就是人工制造的高分子化合物。它采用嵌入法把某些带有环状结构的芳香族分子嵌到尼龙的长链分子中，然后用特殊溶剂将此聚合物拉制成纤维。这种纤维虽然比尼龙重一些，但强度是尼龙的2.5倍，坚韧性不亚于钢，抗热性能好，到800℃才会碳化。实验表明，十二层左右的凯芙拉尔织物，足以抵挡步枪的子弹。

3.“尿不湿”会湿吗?

“尿布湿大王”是由高吸水性聚合物制成的。这种聚合物是人工合成的，本身不溶于水，却能吸收纯水达自身重量的数百乃至数千倍。高吸水性聚合物的制作方法有两种。一是通过接枝共聚的方法制得的，将一种亲水性高分子接到另一种亲水性高分子上，从而形成不溶于水却可在水中溶胀的产物，如在淀粉或纤维素上接上聚丙烯腈在经水解得到羧酸或酰胺，另一种方法是合成水溶性分子，再使之变为不溶于水的材料如高联聚乙二醇，聚环氧乙烷改性物等。高吸水性聚合物的吸水量受溶液的pH及含盐量的影响很大，如丙烯酸——乙烯醇共聚物吸收纯水可达自身重量的500-700倍，但吸收0.9%的的食盐水后，吸水量降为自重的40-100倍。

查阅资料：

1.高分子材料的应用与发展。

2.装修材料的变迁。

《化学与人类健康》校本课程

教学目标：

知识目标：了解化学与人类生存和健康的重要关系。了解食品及其添加剂、水、日用化学品、农药、化肥、医药化学品的有关知识。

能力目标：培养学生对信息的分析、合成、交流的能力，特别是多渠道获得信息与资料的能力。确定科研课题，体验科研的一般过程和方法。

情感目标：热爱环境，热爱生活，激发创造精神，增强主体意识，陶冶社会责任心和使命感。

教学纲要：

（一）地球上的化学元素

1. 地球上的化学元素的来源

提问：自然界中存在的天然元素是从哪里来的？

自然界中存在的天然元素是从哪里来的？是地球形成时固有的还是地球形成后合成制造出来的。现代科学告诉我们，地球上的化学元素来自宇宙，地球上不能制造出元素，因为制造元素需要很高的温度，例如几千万度，甚至几亿度的高温，地球上不具备这样的条件，当然无法制造出元素来。因此，讨论地球上化学元素的来源就要从地球形成入手，这就必然要追溯到宇宙的起源。

宇宙中元素是怎样诞生的？地球上的元素来自何方？元素的年龄有多大？

视频：观看荣获多项国际国内大奖的科教片《宇宙与人》

（1）元素家族的老大——氢和氦

最早的宇宙只有两种元素：氢和氦，氢约占76%，氦占24%。像太阳这样的恒星高温使原子核碰撞产生能量，同时产生新元素，但只能制造包括碳在内的大约10来种元素（锂、铍、硼等轻元素），比起宇宙间所有100来种元素而言，显然是不够的。

（2）宇宙大爆炸（150亿年前）

大恒星有几十亿度的高温，可以产生5至6个聚变层，而每层都有若干种较轻的元素聚变成较重的元素，产生极大的能量，同时产生极大的体积。然而，当聚变到铁元素时，情况突然发生逆转，极高的能量被拉向极小的核心，一瞬间亮起了灿烂耀眼的光芒，这就是超新星的爆发，物质的剧烈反弹与从核心涌出的光子和各种高能射线，形成超级宇宙风暴。这一瞬间，100余种元素的气体在宇宙中游荡，将创造宇宙中的一切奇迹，包括人类这种不可思议的智慧生命。

（3）化学元素的合成

当恒星的氧燃烧耗尽了，主要成分变为氦，当温度继续升高到1亿度时，发生氦核聚变，氦燃烧的主要产物是碳和氧，随着引力收缩、温度升高，当达到6亿度时，发生碳的核聚变反应，依次点燃更重的元素，如氧燃烧、镁燃烧、硅燃烧等，合成各种重元素，它们的年龄约为110亿岁。

（4）地球的形成

地球是由太阳系中原始星云里的气体、尘埃形成的。因此，地球上发现的元素应来自宇宙，地球上的化学元素来自太阳系的星际物质。

150亿年前宇宙诞生

50亿年前太阳系诞生

40亿年前生命诞生

500万年前人类诞生

400年前人类发现日心说

公元2000年人类进入高度发达文明

2. 化学元素

（1）元素的发现

18世纪中期，瑞典化学家卡尔·舍勒借助天平发现元素氧。

19世纪初，英国化学家戴维借助伏打（意大利物理学家）电池和电解法发现金属钠、钾等一批化学元素。

德国化学家本生和物理学家基尔霍夫发明了分光镜，建立了光谱分析法，找到了新元素铯和铷。

（2）门捷列夫的贡献　第一张元素周期表

（3）人造元素

（4）铀不是元素周期表的终点

3. 为什么说元素是宇宙万物的组成者？

（1）陨石的化学组成和结构。

（2）生命的起源？

（3）为什么说人类生活在化学世界中？

讨论：你了解哪些化学与生活的联系？

（二）人体中的化学

1. 人体中的化学元素

用现代分析测试技术对人体组成进行分析，知道人体至少由37种化学元素组成。

讨论：（1）什么是生命必需元素？（2）它们在人体中的作用？

维持生命所必需的元素。例如人体中的骨骼、牙齿不能没有钙；人体中的脂肪、糖、蛋白质、酶、核酸都含有碳、氢、氧、氮、硫、磷等元素构成的生命有机化合物；人体中有许多化学反应需要酶来催化，金属是重要的催化剂，因此，多种微量金属元素是人体所必需的；人体内体液中需要有电解质，氯化钠、氯化钾是良好的电解质，因此，体液中不可缺失K^+、Na^+和Cl^-；人体缺铁会患贫血症，缺硒患克山病、大骨节病，缺碘甲状腺肿大、智力障碍等。

投影　表：25种生命必需元素

2. 人体中重要的生命有机化合物有哪五种？它们在人体中的作用？

（1）氨基酸　100多种

投影　表：人体内的20种氨基酸，其中必需的9种。

（2）蛋白质

动物毛、发、蹄、角、腱、肌肉，蛋白酶催化，血红蛋白调节血液中的氧。

（3）脂肪

人体能量来源，脂肪对蛋白质有保护作用，节食时，脂肪转为热量维持生命，不会先分解肌肉中的蛋白质。

（4）糖类

又名碳水化合物：纤维素、淀粉、葡萄糖、果糖等。

（5）核酸

3. 人体中的化学反应

（1）催化反应

提问：为什么人的体温能自动调控在37℃左右呢？

人体内的生物氧化反应是在温和的条件下、在酶的作用下逐步进行的，因此，热量也是逐步放出的，这样不至于突然使体温升高而损伤肌体，又可以使热量得到有效的利用。此外，人体内还有完善的调控机制。当人体内发生生物氧化反应时，必定伴随着发生磷酸化反应（二磷酸脲苷ATP与磷酸反应形成三磷酸腺苷ADP），这是个吸热反应。当人体需要能量时，ATP通过水解变为ADP，同时放出能量。这类水解反应也是在特定的酶催化下进行的。

（2）生物氧化反应

人通过呼吸从空气中得到氧，来氧化进食的食物，进行生物氧化反应的。

（3）酶促化学反应

（三）化学元素与人体健康

1.常量元素

常量元素：在人体中含量高于0.01%的元素。碳、氢、氧、氮、磷、硫、钙、钠、钾、镁、氯、硅等12种，占人体质量的99.71%，其中氧最多，人体内水占体重的2/3，所以说水是生命不可缺失的物质，没有水就没有生命。

O　缺氧窒息　急救吸氧

Ca　众所周知，钙是构成骨骼和牙齿的重要元素。钙缺乏时婴幼儿可患佝偻病，老年人则易患骨质疏松症。多孔隙、脆弱、骨折、驼背变矮。钙缺乏的防治方法有，多吃含维生素D及钙、磷丰富的饮食，如牛奶、小鱼虾类、藻类、蘑菇、蛋类以及补充钙制剂，并适当增加户外活动或晒太阳等。

K　Na　Cl　应保持平衡，运动后出汗多需补充盐分，导致恶心、乏力、头晕，但Na过量，也会危害健康，使骨癌、食道癌、膀胱癌发病率上升；高血压患者食盐不超过6g/d。

“少吃点盐多留点健康”，一是降低工业食品生产企业用盐量，二是要向公众宣传过量摄取食盐的危害。人对盐的感觉是在出生后最初几个月内建立的，因此不科学摄取食盐的习惯应该从婴幼儿期就开始培养。正是由于人们从小养成了“口味重”的习惯，才促使食品企业在生产过程中不断增加用盐量，以迎合消费者的口味，并由此形成了恶性循环。

Mg　是人体不可缺少的矿物质元素之一。镁几乎参与人体所有的新陈代谢过程，在细胞内它的含量仅次于钾。镁影响钾、钠、钙离子细胞内外移动的“通道”，并有维持生物膜电位的作用。镁元素的缺乏，必然会对人体健康造成危害。

缺镁易引发心血管疾病，镁通过对心肌的抑制，使心脏的节律和兴奋传导减弱，从而有利于心脏的舒张与休息。若体内缺镁，会引起供应心脏血液和氧气的动脉痉挛，容易导致心脏骤停而突然死亡。另外，镁可减少血液中胆固醇的含量，防止动脉硬化，同时还能扩张冠状动脉，增加心肌供血量。而且，镁能在供血骤然受阻时保护心脏免受伤害，从而降低心脏病突发造成的死亡率。同时，科学家还发现，镁可以防止药物或环境有害物对心血管系统的损伤，提高心血管系统的抗毒作用。镁元素与癌症的发病率呈相反关系。凡是土质含镁量高的地区，癌症发病率偏低；而含镁量较少的地区，癌症发病率较高。

成人每天的需镁量为300～700毫克。一般地区的居民不应该发生缺镁。但是，有些不良的饮食生活习惯致使缺镁现象日益严重起来。如果鱼肉虾蛋等动物性食物在人们食谱中所占比例过大，那么其中大量的磷化合物即会阻碍镁离子的吸收；精加工后的白米、白面使镁的损失高达94%；纯净水不宜长期饮用；饮酒会使食物中的镁在肠道吸收不良，并使体内的镁排泄增加；如果咖啡和茶喝得太多太浓，也能造成人体内缺镁；食盐过多同样会促使细胞内镁含量减少。

2. 微量元素

微量元素：人体中含量低于0.01%的元素。铁、碘、钒、氟、硅、镍等13种元素，其中10种为微量金属元素。

Fe　铁是构成红细胞和血红蛋白的重要原料。缺铁贫血世界20亿人，儿童、青少年、妇女占50%。头晕、耳鸣、食欲不振、心悸、面黄、发干、记忆力衰退。补铁（Fe^{2+}）盐，难吸收、易氧化。卟（bu）啉铁（德）化学家费舍尔（1990年诺贝尔奖）“丙酮法”提取，成本高，残留有害健康。1994年张廷壁教授采用生物工程技术从天然植物中提取成功，解决了半个多世纪的世界难题。缺铁的防治：（1）多吃含铁丰富的食物，如海带、紫菜、木耳、香菇、豆制品、肉类、禽、动物肝肾和高蛋白食物。（2）应用铁制炊具烹调菜肴。

F　骨骼、牙齿的成分。防龋齿、防骨质疏松。

Se　增强免疫功能，防治多种疾病。“抗癌之王”、抗衰老、防治心血管病、保护肝脏、对某些金属有解毒作用、防治克山病（1935年黑龙江克山县，心肌坏死为主要症状地方病）、大骨节病。补硒食品有：海产品、肉类、奶制品、谷物，药物有富硒酵母，Na_2Se_3易吸收，慎用人工添加含高硒保健品，过量硒中毒，50～200微克/天为安全范围。

I　碘是人体内制造甲状腺激素的主要原料之一。每日碘的摄入量低于50毫克时，可引起甲状腺肿大；低于25毫克时，可发生克汀病。防治方法：长期食用碘盐，多吃海带和紫菜等食物。对严重缺碘的克汀病患者，还要服用碘化物和干甲状腺制剂等。

Zn　它参与各种、核酸及蛋白质的合成，影响细胞分裂、生长和再生，对处在生长发育旺盛期的婴儿、儿童和青少年非常重要。另外，它与人体免疫、创伤愈合、性机能等也有密切关系。缺锌人体生长迟缓，性器官发育不良，贫血等。缺锌的防治：（1）母乳初乳中含锌量最高，新生儿应尽量哺初乳，如母乳不足，也可用牛羊乳补足。（2）婴儿应按时添加含Zn量多的辅食，如蛋黄、鱼、肝末、肉末等。（3）儿童膳食中，也应添加含锌量较高蛋白质，如乳类、蛋类、肝、鱼及肉类等。补锌食品还有：牡蛎、蛤（ha）、螺、蚝（hao）、虾。15-20mg/d。

Al　0.00009%微量元素，尽管地壳含量丰富，但人体中仅微量，没有任何生理功能。过量铝对健康有害，对脑组织及智力的损害显著，加速衰老，老年痴呆者之中铝摄入过量者为健康人4倍，口服胃药$Al(OH)_3$制剂，血铝浓度高，影响P、Ca吸收，骨萎缩、骨折。1989年世界卫生组织正式将铝作为“食品污染源之一”。明矾净水、药物、铝制水具、炊具，铝制品贮存饮料、罐头、酸性食品，面食发酵解剂（磷酸铝钠盐）。

调查：矿泉水中的微量元素及其作用。

3. 致癌元素

肯定致癌元素:

砷（As）自然界以硫化物形式存在。砒霜。农业上杀虫剂，工业上保护皮革、纤维染料。皮肤癌、肺癌。

铬（Cr）肺癌

镍（Ni）肺癌、鼻癌、鼻窦癌

可疑致癌元素：

铍（Be）、镉（Cd）“痛痛病”铁

潜在致癌元素：钴、硒、铅（贫血、肝炎、肺炎、神经衰弱）；汞（水俣病）等。

作业：搜集有关化学与人体健康的文章、书籍，如：食品与健康、食品污染、营养食品、食品添加剂与健康等。

［查阅资料并讨论］铅、碘元素对人体健康的影响。

（四）食品与营养

1. 人体所需营养素

（1）蛋白质——人类生命健康之本　动物蛋白和大豆蛋白。

（2）脂类——不能多又不能少的营养素。

[讨论］食用油脂对人体健康的意义。

[讨论」低脂类食品与人体健康

体内过剩的脂肪往往是诱发部分恶性疾病的重要因素，所以人们一直都在致力于开发低脂食品。但由于脂肪是食品能量的集中来源与必需脂肪酸的唯一来源，也是脂溶性维生素的载体，单纯减少对脂肪的摄入将对人体健康带来某些不利影响。

（3）糖类——生命活动的主要能源。

（4）矿物质——浇灌人体大厦的物质。

（5）维生素——新陈代谢的催化剂。

在人体内不能产生热量，也不参与人体细胞组织的构成，但参与人体的新陈代谢，促进生长发育，提高人体抵抗疾病的能力。

［投影］表:主要维生素的分类、功能和来源。

［问题］你了解“黄金搭档”吗?

（6）水——生命的篮。

（7）膳食纤维——没有营养的营养素。

纤维素不能被人体消化吸收，但能刺激肠胃蠕动，对机体有重要的生理功能。

2. 食物中的主要营养素

（1）谷类食物——人类的主食。

（2）豆类——植物肉　重视大豆蛋白质的营养。

（3）蔬菜、水果的营养价值。

（4）肉类食物的营养价值。

（5）水产品的营养价值。

（6）蛋类——人类理想的营养库。

（7）奶——优良的营养保健品。

3. 均衡饮食营养

（1）日常膳食指南　食物多样化，谷类粗细搭配；多吃蔬菜、水果；每天吃奶类、豆类及其制品；经常吃鱼、禽、蛋、瘦肉；食量与活动要平衡，保持体重；清淡少盐，讲究卫生。

［作业］设计满足营养标准的一日食谱

（2）调配平衡营养

十类营养型食品将走俏：蔬菜灌汤食品　山楂食品　杂骨食品　蚯蚓食品　燕麦食品　花卉食品　米糠食品　核桃食品　蛋粉食品　桑葚食品

［实验探究］鲜果中维生素C的还原性。

［收集资料］“绿色食品”的发展。

（五）食品添加剂与未来食品

1.食品的化学污染

［提问］什么是绿色食品？无污染（限制使用或完全不用农药）；无化学添加剂；有营养价值。

（1）水质污染

（2）农用化学品的污染　化肥、农约、生长调节剂

（3）喂养过程中的污染　　1996年英国“疯牛病”（是用污染动物尸体加工成饲料喂养家畜造成的）；1999年比利时“二恶英”（养鸡场突然出现鸡不生蛋、鸡肉生长异常现象。饲料中含有致癌物质二恶英）；“有抗奶”（48小时内注射过抗菌素）“瘦肉精”；（羟甲叔丁肾上腺素　兴奋剂）。

（4）加工过程中的污染　2001年广东“有毒大米”（白蜡油、抛光）　面粉中添加增白剂

（5）包装材料的污染　塑料袋装食品是健康的杀手

2. 食品添加剂

（1）防腐剂

苯甲酸钠、山梨酸钾、亚硫酸钠、对羟基苯甲酸钠（饮料、果酱）丙酸钠（面包、巧克力）

（2）抗氧化剂

（3）调味剂

酸味剂、甜味剂、鲜味剂（味精）

（4）着色剂

（5）食用香料和香精

（6）营养强化剂　未来食品添加剂的主流

3. 未来食品与人类健康

（1）化学合成食品　人造食品和全素烤鸭

（2）转基因食品

［问题］你了解转基因食品吗？

调查或实验：食品中的膨化剂。

活动：查阅一些食品的标签，了解其中的营养成分和所含的添加剂。

（六）水是生命之源

1. 水是生命存在和发展的必要条件

2. 水的循环

3. 水的污染

［讨论］水是怎样被污染的？水污染的类型？

(1) 化学性污染

无机污染物质：酸、碱和一些无机盐类。腐蚀船舶和水下建筑物，影响渔业。

有毒物质：重金属，有汞、镉、铅、砷等元素。

有机有毒物质：有机农药、多环芳烃、芳香烃等，很难被生物所分解。

耗氧污染物质：生活污水、工业废水中碳水化合物、蛋白质、脂肪和酚、醇等。

植物营养物质：含氮、磷等植物营养物质。

油类污染物质：石油泄漏。

(2) 物理性污染

悬浮物质污染：固体物质和泡沫塑料等。生活污水、垃圾和采矿、建筑、食品加工、造纸、农田水土流失所引起的。

热污染；水温升高、溶解氧含量降低、有毒物质的毒性增加。放射性污染。

(3) 生物性污染　生活污水，特别是医院污水和某些工业废水污染水体后，往往可以带入一些病原微生物。

(七) 日用化学品与人的健康

1. 化妆品的分类与性质

2. 化妆品的正确选用与使用

3. 洗涤用品与人的健康

(八) 农药与人体健康

1. 农药的概述

2. 农药与人类健康的影响

3. 残留农药的消除

[研究性课题] 1. 农药对人体健康的危害? 2. 蔬菜残留农药的祛除方法?

(九) 化肥与人体健康

1. 化肥概述

2. 化肥与健康

3. 净化我们的家园

(十) 医药化学品与人类健康

1. 化学药物概述

2. 医药与人类的关系

3. 合理用药

[研究性课题]　PPA 为什么被“拿下”?

[查阅资料] 常用药物的成分、结构与疗效。

《让生活更美丽——日用化学品》校本课程

日用化学品也可以称为家用化学品，是指用于家庭日常生活和居住环境的化工产品，广义地讲，也包括了用于办公室和公共场所的化学品。目前我国日用化学品的应用十分广泛，它已渗透到人们的衣、食、住、行等生活的各个方面。日用化学品具有种类繁多、使用分散、需求量大、使用人群广泛、接触时间长等特点。常见日用化学品根据使用目的大致可分为化妆品、洗涤剂、消毒剂、黏合剂、涂料、家用杀虫（驱虫）剂等几大类。

随着人们生活水平的不断提高，日用化学品与人们的生活及工作越来越密不可分，大量化学物品正在以前所未有的速度进入到人们的家庭。日用化学品的使用不但促进了社会文明的进步，使人们的生活更加丰富多彩，美化了生活环境，使人们的生活更舒适、更方便，也为人类预防疾病、保障健康发挥了重要作用。但是，被广泛使用的日用化学品在给人们带来极大方便的同时，也会给人们的健康带来潜在的威胁。因此，了解和掌握日用化学品的相关卫生学知识对于现代的人们来说是极其重要的。

日用化学品大多属于精细化工产品，我们生活中使用的日用化学品大多数是由多种化学物质构成的。同其他化学品一样，由于使用不当，日用化学品中的某种或某些组分也会对人体健康造成威胁，甚至是永久性的严重损害。尤其值得一提的是，日用化学品的使用者绝大多数是普通民众，而非专业人员，他们只注重使用效果，对产品本身的特性、不良影响等了解很少。如何预防人们因使用日用化学品而产生的健康危害，不仅是预防医学工作者需要深入研究的课题，也是广大群众需要了解的科普知识。例如：清洁与化妆的日用化学品可能产生哪些危害？它们为什么会产生毒副作用？如何鉴别它们的真伪优劣？如何避免和消除日用化学品对人体健康的损害及对环境的破坏？

（一）化妆品与健康

化妆品与药物不同，药品是直接起治疗作用的，一般在治愈后即停药，很少长期使用。而化妆品则是经常使用的，甚至要天天擦抹，是连续地直接地与皮肤接触的。这就要求化妆品对人体皮肤不能有任何损害。

合理地擦用一些护肤化妆品，可保护皮肤不致干裂，能防止细菌从皮肤侵入体内。人体的足底、手掌等角质较厚的部位容易发生皲裂，尤其是严冬季节在户外作业者，皮肤常常会因脱水、缺乏皮脂而皲裂。如果擦一些脂性强的护肤化妆品，就能使皮肤减少水分蒸发，从而促使角质层水化，使皮肤变得柔软润滑。但是，如果选用化妆品不当使用水溶性基质的化妆品，则将导致皮肤水分继续蒸发而加重皲裂。

为了保护皮肤的健康，选日用化妆品时应注意商标、出厂时间。不可随便购买粗制滥造和变质的商品，否则将会对皮肤造成损害。有的劣质化妆品中加有含杂质的凡士林及檀香油、柠檬油、佛手柑香油等光感物质。涂敷这类化妆品的人，在日光曝晒下会发生细胞损伤，引起外源性光感性皮炎的炎症反应。还有某些劣质化妆品中重金属含量过高（如铅、铂、镉等），若长期使用，则可引起重金属中毒。

所以，在使用化妆品时，一定要根据自己皮肤的特点，选择合格的化妆品。否则会对健康有害而无益。

（二）化妆品原料及其作用

化妆品的原料种类很多，性能各异，作用也不相同。油性物质是化妆品的基础成分，为了使油水乳化增溶等，需加入表面活性剂。为调整化妆品在皮肤上的感觉和保湿性则需要加入黏性物质和保湿剂。香料则是化妆品气味的关键原料，气味是化妆品重要质量标准之一。

1. 油质原料

在化妆品中使用的油质原料主要有：油脂类、蜡类和醇类。油脂类包括动物性油质如牛油质、貂油，植物性油质如椰子油、蓖麻油。蜡类有蜂蜡、羊毛脂。

2. 香料

香料在化妆品中用量很少但作用极大，选配合理可以掩盖某些组分的不良气味，使化妆品增加神奇色彩。目前化妆品使用的是天然和合成香料，通过调香而得到各种气味的香精。天然香料有动物性香料如麝香，植物性香料有玫瑰花、茉莉花、沉香木、柠檬皮、当归根等，它们都含有微量的香精油，只有通过提取才能使用。由于天然香料供不应求且价格昂贵，合成香料在化妆品中使用较多。合成香料的品种很多，从化学结构来分主要是：醇、醛、酮、酯、酚、氮化物，在调香中使用最多的是乙酸酯类，用它所调配的香型范围广，品种多。醇类的合成香料主要是玫瑰香型，醛类的合成香料主要是铃兰香型。

3. 表面活性剂

阴离子表面活性剂在化妆品中常用作乳化剂。例如脂肪酸的钠盐铵盐，三乙醇胺盐。用得最多是十二醇的硫酸盐。非离子表面活性剂中的甘油单脂肪酸酯广泛用于霜膏和奶液，它有优良的稠度稳定性。聚氧乙烯脂肪酸酯衍生物也常用在膏霜和奶液中，这类表面活性剂还有增稠作用。阳离子表面活性剂主要是高分子胺及季胺盐，这类表面活性剂广泛用作杀菌剂及头发调理剂。

4. 其他添加剂

护肤品一般做成膏状、乳状，加入水溶性高分子能起到化妆品的分散稳定作用，以及乳化增黏成膜作用。如羧甲基纤维素钠、聚乙烯醇、丙烯酸聚合物等常加到乳液类化妆品或含有无机粉末的化妆打底用品之类的美容化妆品中。化妆品中常添加蛋白质、维生素、油脂等，细菌及霉菌在这样的环境很易滋生繁殖。为了防止化妆品变质，往往需加入防腐剂、抗氧化剂。常用的防腐剂有安息香酸、对羧基苯甲酸酯类。抗氧化剂有丁基羟基茴香醚、二丁基羟基甲苯等。过度照射紫外线对皮肤危害极大。紫外线能伤害皮肤引起红斑及水疱，还会促进色素细胞的黑素形成使皮肤变黑。防晒化妆品中常加入紫外线吸收剂，从而降低了照射能量。

（三）化妆品的分类与性质

化妆品的分类有多种，可按使用目的、使用部位、剂型（乳液、膏、霜、粉）、适用年龄、产品特点等进行分类。例如：按产品用途可分为：①护肤类：润肤霜、护肤霜、冷霜、珍珠霜、雪花膏等；②益发类：护发素、喷发胶、摩丝、生发剂等；③美容修饰类：爽身粉、胭脂、唇膏、眉笔、睫毛膏、指甲油、面膜等；④香水类：香水、花露水等；⑤特殊用途类：脱毛、美乳、除臭、祛斑、防晒、烫发等。按产品形态可分为：液状、粉状、乳状、合剂、胶冻状、膏状、块状、笔状、气溶胶状等。

目前我国使用的化妆品主要分成两类，一类是皮肤用化妆品，它包括清洁皮肤化妆品，护肤用化妆品，美化皮肤用化妆品，营养和治疗用化妆品。另一类是毛发用化妆品，包括清洁毛发用化妆品，保护、美化、营养治疗毛发用化妆品。

合成色素危害健康，化妆品中色素的危害不容忽视。近年来，由于色素导致的皮肤病急剧增加。色素沉着是在正常皮肤上出现的褐色斑点，严重影响形象，与人类使用化妆品的用心背道而驰。化妆品引起的色素沉着多数还伴有皮肤潮红、丘疹等炎症现象。色素还是导致人们对化妆品过敏的重要原因之一。常常引起烧灼、瘙痒、表皮剥脱、轻微疼痛等过敏症状。

口红是人们最常用的化妆品之一，由于它是涂在嘴唇上的，很容易在吃饭时带人体内。一般来说，咽下微量口红对身体不大可能造成危害，但是口红中含有色素，长期使用会产生蓄积作用，对机体造成潜在危害。

（四）化妆品的正确选用与使用

挑选化妆品前，你应知道自己的皮肤、毛发是干性、中性还是油性的，有针对性地选购。人的皮肤类型因年龄、性别、季节不同而不同，一般分成油性、中性、干性3种类型。

油性皮肤的皮脂分泌较多，特征是毛孔较大，面部发亮，易长粉刺。干性皮肤毛孔不明显，经不起风吹日晒，吃刺激性大的物质会出现红班疹。

皮肤还受其他因素影响而变化，青春期过后，油性皮肤逐渐向中性、干性过渡。夏季由于分泌机能旺盛，干性皮肤也会呈现油状，所以应使用清爽、透气的化妆品；冬天皮肤好与坏的原因与皮肤和化妆品的酸碱度（也就是pH）有密切联系。

使用新化妆品时，应先在自己皮肤上做一下过敏性试验，证实皮肤对化妆品无过敏反应时方可使用。具体做法是：在手腕内侧涂上化妆品，过24或48小时除去覆盖物，再经1～2小时，如涂抹化妆品处出现疹子或红肿，即为过敏反应，说明不宜使用这种化妆品。

（五）正确使用洗面奶

洗面奶是人们常用的护肤品，皮肤护理包括皮肤的清洁、整理、调理、营养等方面清洁皮肤不仅是保持肌肤卫生健康所不可缺少的过程，同时，也是皮肤护理的基础。

市场上销售的洗面奶品种繁多，根据产品结构、添加剂不同，可将洗面奶分为普通型、磨砂型、疗效型三种。也可按照皮肤清洁的化学组成和亲水、亲油性质，大体可分为三类：

泡沫型洗面奶。也就是表面活性剂型。通过表面活性剂又对油脂的乳化能力而达到清洁效果。这类产品对水溶型污垢的清洁能力比较强。皂剂洗面奶也是其中一类，但是由于其特性明显，所以一般会和普通表面活性剂洗面奶区别对待。

溶剂型洗面奶。这类产品是靠油与油的溶解能力来去除油性污垢，它主要针对油性污垢，所以一般都是一些卸妆油、清洁霜，等等。

无泡型洗面奶。这类产品结合了以上两种类型的特点，既使用了适量油分也含有部分表面活性剂。

油性皮肤：通常需要选择一些皂剂产品。

混合型皮肤：这种皮肤一般夏天用皂剂类洗面奶，在秋冬季节，因为油脂分泌没有那么旺盛，就换成普通泡沫洗面奶。

中性皮肤：这类皮肤是最容易护理的。一般选一些泡沫型洗面奶就可以了。当然如果在秋冬季节，感觉皮肤比较干的时候也可以改用一些无泡沫洗面奶。因为现在一些无泡沫洗面奶在改进后不像以前一样感觉很难冲洗，洗后感觉不是非常油腻。

干性皮肤：这类皮肤最好不使用泡沫型洗面奶。可以用一些清洁油、清洁霜或者是无泡沫型洗面奶。

男性消费者的皮肤油脂分泌比较旺盛，可选用pH较高的表面活性剂型洗面奶，它的脱脂力较强，适用于油性皮肤；使用的频率可以高一些。女性的皮肤较为细腻、柔软，应选用柔和的乳液型洗面奶，它不仅可以清洁柔嫩的皮肤，又可以对皮肤起一定的滋养作用；婴、幼儿的皮肤娇嫩，不宜使用成人洗面奶。

（六）正确选择和使用防晒霜

阳光是造成肌肤老化与形成皮肤表面斑点的主要因素，哪怕是春天，如果任由阳光暴晒十分钟，皮肤就会早衰十天。只有做好防晒，有效预防黑色素的产生，晒不黑、晒不伤，才能时刻保持青春润泽。

防晒霜的防晒原理：防晒霜是通过无机或有机活性成分起防晒作用的，将皮肤与紫外线隔离开来。无机防晒成分通常是氧化锌、氧化钛等无机物，它们可以反射和散射紫外线辐射，称为物理防晒；有机防晒成分通常是OMC、羟苯并唑，它们可以吸收紫外线辐射，把辐射能量转化成热能，称为化学防晒。

除了美容问题外，紫外线还会造成更多的问题，最严重的就是皮肤癌。

1. 建议在购买防晒霜前作一次准确的皮肤测试。油性肌肤应选择渗透力较强的水性防晒用品，乳液状的防晒霜则适合各种皮肤使用。

2. 计算一下SPF值。一般说来，SPF指数越高，所给予的保护越大。按照美国皮肤科学会的说法，1个SPF值可以在阳光下保护皮肤不受日光伤害10分钟，因此，SPF为15的防晒剂可以保护我们150分钟。如果晒后出现皮肤红、肿、痛、痒则最好放弃该品牌的防晒霜，或提高SPF值。

选择清爽防晒品。除应认清外包装上的（不含油脂）的标识外，掌握一些小的识别技巧也很重要。可将所选中的防晒产品轻涂在手背或虎口处，若皮肤能很快吸收，无黏腻感、增白感，且没有光光的油亮感，感觉清爽湿润，就基本可以认定是一款合格的清爽防晒品。

防晒霜的使用。使用防晒霜不要像使用眼霜那样节省，每次用量可以大一些。在出门到阳光下（水中）活动的前30分钟使用防晒霜，这样可以让有效成分在面部充分渗入。

阳光弱、暴晒时间短的时候：先清洁皮肤，涂抹化妆水（如果是干性皮肤，适当抹一点润肤液），擦SPF15左右的防晒霜。阳光猛、暴晒时间长的时候：除了以上几个步骤外，要擦SPF15以上的防晒霜，每2个小时补擦防晒两用粉饼。如：夏日海滨一般应该在SPF30/PA++以上，而且应该是防水型的，还要要涂匀涂厚。涂防晒霜时，千万不要忽略了脖子、下巴、耳朵等部位，小心造成肤色不均。如汗水冲掉了防晒品，应每隔几个小时再涂一遍。即使作好了防晒措施，但如果阳光很强烈，夜里最好还要使用晒后护理品。

（七）牙膏

1. 牙膏消炎妙用

牙膏中含有薄荷脑、丁香油、生姜油等成分，有消炎、止痛、化瘀等功效。外出旅行中牙膏是必备之物，因为它除了洁齿外，还具有一些生活上的用途，可解除旅途中的不便。

（1）当皮肉因外伤碰破时，可以在伤处涂上牙膏进行消炎、止血，然后再包扎上。作为临时急救药，以药物牙膏效果最显著。

（2）当被蜂蜇了时，可以在蜇咬处涂上牙膏，这样就可以消除红肿，因为蜂毒是酸性物，而牙膏属属弱碱性，酸碱中和就解毒了。

（3）当被蚊叮、虫咬后，奇痒难忍，只要在叮咬处涂上牙膏就可止痒。

（4）旅途中发生头痛、头晕时，可在太阳穴涂上牙膏，因为牙膏中有薄荷脑、丁香油，可以镇痛。

（5）旅途中手脚受冻，出现红肿，又痒又痛，只要受冻部位不破，可用布沾上牙膏在红肿处摩擦。因为牙膏中有生姜油、薄荷油，可帮助活血消瘀。

（6）遇到有小面积的轻度灼伤，立即在患处涂上少量的药物牙膏，可减轻水肿，消炎止痛，并能预防扩大感染。

（7）夏季儿童很容易长痱子或疮疖，在洗澡时，可在湿毛中上涂上少量的牙膏，在患处揉5~10分钟，就可达到一定的治疗效果。

2. 牙膏去污妙用

夏天人们出汗多，衣领、袖口等处的汗渍不易洗净，搓少许牙膏；衣服染上动植物油垢，挤些牙膏涂在上面，轻擦几次；擦皮鞋时，在鞋油中加入少许牙膏擦拭，皮鞋更光亮；清洗鱼后，手上总会留下难以去除的腥味儿，先用肥皂将手洗净，再抹上牙膏反复搓擦，用清水洗净；牙膏可用来擦拭玻璃；除瓷器、糖瓷品的陈年积垢；电熨斗底部糊锈；水龙头下方水锈和水垢；银器表面黑色的氧化层；去除墙面蜡笔或铅笔等字迹；手表的轻微划纹。

将学到的小窍门在家中试验一下吧！

（八）洗涤用品与健康

洗涤用品和健康有关系吗？生活中，为了更好地清除污渍，人们选用了各种各样的洗涤用品。那么，你对这些直接与肌肤接触的洗涤用品带给人体的影响了解全面吗？我们又应该如何进行选择？

碱性洗涤剂带来“主妇手”。人体肌肤表面有一层弱酸性的天然皮脂屏障，让肌肤感觉舒适滋润，碱性洗涤剂会破坏这层保护屏障，带来粗糙的“主妇手”。

溶解性差的洗涤剂带来“瘙痒”。未能充分溶解的洗涤剂容易残留在衣物上面，残余的洗涤剂与肌肤长期接触，就会引发皮肤问题。采用液体式的洗涤剂就能很好地解决以上问题，不但不存在溶解的问题，其弱酸配方更能给肌肤带来温柔的呵护。

合成洗涤剂与“健康侵害”。合成洗涤剂的成分是利用石油工业的副产品开发而成，因其成本低廉而深受生产者欢迎。但是，这些渗透性强的化学成分也同样可以渗入人体，带来健康隐患。选择无毒无公害的天然洗涤剂是远离危害的最佳途径。

（九）香皂

香皂的主要成分是脂肪酸钠，多为通过油脂（植物油或动物油）皂化而成，对人体无毒副作用，容易被环境降解，可以说香皂是一种“天然”绿色产品。

香皂从其性质上可以分为弱酸性和弱碱性。正常的肌肤是弱酸性的，不用担心碱性状态的香皂会损伤肌肤，即使正常肌肤使用带有微弱碱性的香皂，也能保持皮肤的光泽状态。

但过敏性的皮肤，必须使用弱酸性香皂。由于这类人群皮肤的抵抗力较差，无法靠本身的力量由碱性回到弱酸性，使用弱酸性的香皂是他们最好的选择。香皂产品在使用时注意以下几点：

1. 洁面香皂最好选用含香料或色素较少、碱性稍弱些的淡色皂。

2. 婴、幼儿最好选用婴儿专用香皂，且不宜经常使用。

3. 使用药物香皂必须选用具备长期去臭、杀菌，对皮肤低刺激性的产品，例如硫黄皂，硼砂皂等。

4. 在使用香皂洁面或洗浴时应了解自己皮肤的性质。如干性皮肤最好选富含油脂的香皂，它具有保持皮肤水分、洁肤、润肤的效果；油性皮肤应选择去油脂效果好的香皂。

（十）肥皂

肥皂是脂肪酸金属盐的总称，日用肥皂中的脂肪酸碳数一般为10~18，金属主要是钠或钾等碱金属，也有用氨及某些有机碱如乙醇胺、三乙醇胺等制成特殊用途肥皂的。肥皂中除含高级脂防酸盐外，还含有松香、水玻璃、香料、染料等填充剂。肥皂包括洗衣皂、香皂、金属皂、液体皂等。

肥皂为什么能去污？肥皂的结构可以分成两个部分。一端是带电荷呈极性的羧基COO－（亲水部位），另一端为非极性的烃基碳链憎水部分（亲油部位）。在洗涤时，污垢中的油脂被搅动、分散成细小的油滴，与肥皂接触后，高级脂肪酸钠分子的憎水基（烃基）就插入油滴内，靠范德华力与油脂分子结合在一起。而易溶于水的亲水基（羧基）部分伸在油滴外面，插入水中。

肥皂能破坏水的表面张力，当肥皂分子进入水中后，具有极性的亲水部分，会破坏水分子间的吸引力而使水分子的表面张力降低，使水分子平均地分配在待清洗的衣物或皮肤表面。此结合物经搅动后形成较小的油滴，而不会重新聚在一起成为大油污，溶于水中，可被轻易地冲洗干净。

但普通肥皂不宜在硬水或酸性水中使用。在硬水中因生成难溶于水的硬脂酸钙盐和镁盐，在酸性水中会生成难溶于水的脂肪酸，大大降低其去污能力。

液体的钾肥皂常用作洗发水等，通常是以椰子油为原料制得的。

（十一）洗衣粉

洗衣粉是一种碱性的合成洗涤剂，而肥皂是由天然原料油脂再加上碱制成的。与肥皂相比，洗衣粉在使用过程中会产生大量的废水，特别是含磷洗衣粉的使用造成水体富营养化等问题。

沾在皮肤上的洗涤剂大约有0.5%会渗人血液，皮肤上若有伤口则渗透力提高10倍以上。进入人体内的化学洗涤剂毒素可使血液中钙离子浓度下降，血液酸化，令人容易疲倦。合成洗衣粉对人体的损害不容忽视。目前，市场上出现的洗衣粉的基本成分是烷苯磺酸钠，这是以石油为原料，经过一系列有机合成制造出来的。烷苯磺酸钠属中等毒性物质，导致动物出现腹泻、体重减轻、不活泼、脾脏缩小等症状。同时，可使下一代出现腭裂、无脑等严重畸形。烷基苯磺酸钠是协同致癌物，但作为一种表面活性剂，却是洗衣粉的主要成分之一。我们应尽量使用无磷、无苯、无荧光剂的肥皂粉，或者选用低磷、低苯的洗衣粉。

现在市场上出售的洗衣粉细分为超浓、加酶加香，超能去污、添加荧光增白剂等很多种，各有各的长处，所以在购买前先确认自已需要哪一类。

加酶洗衣粉中有一种叫做碱性蛋白质的生物催化剂，它能消化顽固的蛋白质污垢，洗净汗渍、奶渍和血渍效果特别好。在使用加酶洗衣粉时，水的温度不能超过60℃，否则会影响洗涤效果。

（十二）干洗剂

以水作为媒介对织物进行清洁的洗涤方式，我们称为水洗。以水洗的方式处理衣物时，会造成变形及皱折，对衣物有某种程度的损伤。由于衣料的种类及结构的不同，也会引起一些洗涤质量问题。例如，天然纤维由于吸水后易膨胀，干燥后会收缩，造成衣服的收缩或变形；羊毛制品受水的作用会造成其表面鳞片的粘合，出现缩水现象等。以干洗方式去除高档毛料衣服的油垢，只需以适当的机械，油性污垢就会被干洗溶剂溶解了。因此，干洗对于织物来讲是比较“温柔”的一种洗涤方式，可以克服水洗的缺点。

四氯乙烯干洗剂。它是一种脱脂力强的溶剂，对油脂有着很好的溶解作用，目前干洗业仍在普遍使用。但其仍有一定的毒性，会对土壤和水质造成污染，所以要求干洗机具有一定的密封性以免对环境污染。

人体经常接触四氯乙烯会引起头昏、头痛、眼花、恶心和呕吐等多种症状，急性吸入会表现出眼、鼻、喉、咽刺激性症状，较长时间的暴露可能引起中枢神经系统、肝和肾的损伤。

（十三）家用化学制剂与健康

常用的家用化学制剂主要有芳香剂、空气清洁剂、杀虫剂、灭蚊剂、发胶、墨水清除剂、涂改剂、打印修改液、胶贴剂等，其中芳香剂的使用最为普遍。这些化学制剂中一般会有苯和汞等毒性化学物质，大多数具有挥发性，这些有毒制剂刺激肾上腺素过多地分泌，并提高心脏对肾上腺素的敏感性，致使心跳加快、无规律，严重者发生急性心病，甚至死亡。国外就有吸入过量芳香型空气清新剂致死病例的报道。

有些化学制剂中毒物对神经系统具有毒性作用，使大脑功能严重受损，长期吸入这些毒性物质，会导致永久性的严重的脑损伤而无法恢复；有的毒物可破坏肝肾细胞，导致肝肾功能障碍；有的毒物还可刺激皮肤黏膜，引起皮肤病、过敏性呼吸系统疾病；此外，毒物对眼、鼻、胃等器官也可造成损害。家用化学制剂对人体尤其是对未成年孩子的严重危害应引起人们的警觉。

有关专家建议，应尽量限制使用家用化学制剂。在封闭的环境中以及孩子的房间内，最好不要用有强烈气味的家用化学制剂，如确实需要使用，应注意选择低毒产品。

《珍爱生命　远离毒品——青少年毒品预防教育》校本课程

根据教育部《毒品预防专题教育大纲》的要求，在中小学生中全面开展毒品预防主题教育。本课程力求客观、科学地介绍毒品的有关知识；充分认清毒品对人类的危害；吸毒对人体生理、心理的毒害机理；介绍青少年预防吸毒的方法和途径，希望同学们珍爱生命、拒绝毒品。

第一部分　吸毒的危害

为什么说毒品是万恶之源？

（一）吸毒对人生理、心理的毒害

1. 吸毒对身体的摧残

吸毒与皮肤感染　吸毒者多采用手臂静脉注射毒品，因细菌感染往往发生皮下脓肿、皮肤坏疽，急性蜂窝性皮炎、过敏性皮炎等症状。目前，很多毒品中掺有杂质，这些杂质可引起吸毒者的皮肤过敏。过敏反应可延及全身，表现为全身皮肤起“风团疙瘩”。发病初期可表现为局部不适感或灼烧感，严重者可出现大的水泡。

吸毒与肝脏疾病及其并发症　目前，很多资料证实，急、慢性肝炎是吸毒者中十分常见的病症。其发病机制有两种可能，一是通过注射器针头，污染的病毒和掺杂物，不洁溶剂、容器或多人共用注射器等传播了病毒性肝炎。二是毒品或掺杂物对肝脏直接或间接损害引起的中毒性肝炎。

吸毒与肾脏疾病　吸毒引起肾脏并发症的发生率增高的报道，近年来越来越多。大量文献对吸毒与肾脏疾病之间的作用作了广泛的探讨。吸毒引起肾脏并发症有如下几种：急性肾功能衰竭、急性肾小球肾炎、肾病综合症、肾脓肿。

吸毒与呼吸系统疾病及其并发症　口吸法一般是放烟具内或放锡箔纸上使海洛因雾化后将气体吸入，口吸法主要是将气体直接吸入呼吸道，故容易引起呼吸系统疾病。在静脉吸毒者中，约有2/3的并发症属于肺部病变。吸毒与呼吸系统疾病及其并发症有：鼻中隔穿孔、咽炎、气管支气管疾病、细菌性肺炎、肺结核。

吸毒与神经系统及并发症　吸毒可引起大脑神经细胞产生直接的、不可逆的损害，导致多种并发症。有脑栓塞、脑脓肿、肝性脑病、横断性脊髓炎、周围神经炎。导致急慢性精神障碍；同时，还会对心脑血管产生兴奋作用，导致急性心肌缺血和心率失常；严重的可产生惊厥、脑出血和猝死。

吸毒致死致残　据相关报道，全世界每年因吸毒或与吸毒有关的死亡人数约10万之众。

海洛因过量可引起患者中毒死亡。

吸毒可引起多种并发症，如果处理不当或不及时，也可造成死亡。

有的吸毒者，倾家荡产、夫妻离异、子女被卖或离家出逃，自己也因吸毒犯罪而被判刑，剩下的只有忧伤和苦恼，最后选择了自杀以求得彻底解脱。

吸毒容易感染艾滋病　目前，在国外的吸毒人群中，艾滋病静脉注射的感染率为23%，而在云南省边境一带的毒品重灾区，其感染率竟高达68%，而且还有不少感染者处于失控之中。

吸毒是感染艾滋病的重要因素之一。吸毒者之间共用不洁注射器，在静脉注射毒品，致使艾滋病毒在吸毒者中传播。吸毒者在毒瘾发作时，往往来不及也没有条件进行消毒，一根针管在他们中间传来传去互相注射。这样，使留在针具上的带有艾滋病病原菌的血液同毒品一起，进入吸毒者体内使之感染艾滋病。另一种渠道是性行为传播。对于许多吸毒者来说，他们还有淫乱行为。特别是靠卖淫赚钱购买毒品的吸毒妇女，更是传染和感染艾滋病的高危人群。

吸毒与艾滋病就像一对孪生恶魔，变本加厉地侵害着人类。

2. 吸毒扭曲人格，自毁前程

吸毒者沉湎于虚幻的自我体验中而不能自拔，丧失对人际交往的兴趣，丧失对生活的热爱，在精神上越来越堕落，成为毒品的奴隶。学习成绩直线下降，学习对他们来说再也没有意义，支撑他们空空驱壳的唯一目的便是设法获得毒品。毒品扭曲了人的灵魂，使上瘾者人格低下，丧失了人起码的尊严。

（二）吸毒对家庭的危害

家庭是社会的细胞，只有稳定的家庭才会有整个社会的安定。健康的家庭应是和睦相处，夫妻相亲相爱，尊老爱幼，遵纪守法，与邻里关系融洽，这样的家庭中培养出来的后代才会懂礼貌、讲文明，才有可能成为祖国的有用之才。我国是有着几千年历史的文明古国，在祖国大地上，有成千上万这样的良好家庭。然而，“白色的魔鬼”打破了这种宁静，吞噬了一个个美好的家庭，使数以千计的美好家庭陷入深渊，多少幸福家庭发生裂变，使多少先富起来的老板倾家荡产，使多少祖国的花朵在这白色的烟雾中夭折、枯萎。毒品就像一颗无声的炸弹，落在谁家，整个家庭就毁灭。

1. 倾家荡产

吸毒需要很多钱。目前，海洛因每克约200–350元，纯度高的海洛因每克达1000多元。瘾君子一般每人每天需1–2克，高者3–5克，这就意味着每天供吸海洛因的资金需要300–3000元。如此巨大的耗资，必然导致倾家荡产。

2. 妻离子散、家破人亡

一人吸毒必然导致家庭不和甚至破裂，最常见的是夫妻感情不和，以致离婚。因为，谁也不会与吸毒者和睦相处。即使夫妻双双吸毒，也不会有真正的夫妻感情，更不会有家庭的安宁与幸福。

父母吸毒，子女遭殃。他们自身难保，还有什么精力去照顾子女。年幼的子女失去家庭温暖，生活难保，不能上学，受不得正常教育，或者过早流入社会，备受磨难，走上歧途；或者被出卖，甚至被杀害。

（三）吸毒对国家、社会的危害

毒品滥用已成为全球性的问题，被认为是当今世界的瘟疫和社会的毒瘤。联合国卫生组织估计，目前世界上吸毒的人数已高达2–3亿，毒品贩子约100万人，20世纪80年代，全世界因吸毒毙命者达10万之众。

1987年6月，联合国秘书长德奎利亚尔在世界禁毒大会上向全世界发出警告：“滥用毒品与以前若干世纪瘟疫在世界许多地区恶性泛滥一样，对人类的现在和未来存在同样的威胁，若不加以制止，其后果将比瘟疫的祸害更为严重和可怕。”他还在1988年6月26日首个国际反毒品纪念日发表文章痛诉：“贩毒和吸毒已使数百万人丧失生命，并削弱了各国的经济，给整个人类社会造成极大危害。”

1. 毒品冲击各国财政

目前，全世界毒品走私交易额每年已达8000–10000亿美元，仅次于军火交易。每年大量的资金直接流入贩毒分子手中，这样一方面直接地减少了各国的财政收入；另一方面，贩毒分子利用这些资金，装备各种现代化的武器和先进的通讯设备，扩大贩毒队伍，充实贩毒人员，使贩毒队伍现代化、武装化、集团化。

2. 毒品使社会犯罪率增加

受毒品所致的中枢神经兴奋、致幻和抑制作用的影响，吸毒者易出现兴奋、狂躁、抑郁、幻觉（尤其是被害妄想）等精神病症状，从而导致行为失控，造成暴力犯罪和艾滋病、性病传播等一系列社会问题。

吸毒与犯罪是一对孪生兄弟。一方面是吸毒者成瘾后，摆脱不了毒瘾的煎熬，为了满足毒瘾铤而走险，就会走上偷窃、抢劫、绑架勒索、卖淫、贩毒，甚至杀人等犯罪道路；另一方面是贩毒分子进行疯狂的报复、恐吓、暗杀等活动，严重威胁人民生命财产安全，扰乱社会治安。

吸毒少年群体也有往黑社会演化的可能。青少年吸毒者，在资金缺乏时，只要闻到毒味，便一拍即合，很快结成团伙，为谋取毒资而结伙作案。一些屡教不改的刑事惯犯或贩毒分子混迹其间，而且往往被尊为“老大”，他们以毒品作为网罗组织、控制其成员的手段。吸毒少年群体有自己的小群体意识和独特的生活方式，他们的犯罪手段和作案手段极端残忍，社会危害性极大。久而久之，有的团伙就会演化为带有黑社会性质的吸毒犯罪组织。

第二部分　毒品的种类和性质

（一）毒品的定义

所谓毒品是指鸦片、海洛因、甲基苯丙胺（冰毒）、吗啡、大麻、可卡因以及国家规定管制的其他能够使人形成瘾癖的麻醉药品和精神药品。

《中华人民共和国禁毒法》第三百五十七条是这样规定的。从“毒品”这一法律定义看，有三个特性：（1）药用性（2）成瘾性（依赖性）（3）规定管制性（非法性）

（二）毒品的分类

1. 从物质产于某种原植物的角度分四类：

阿片类：鸦片、吗啡、海洛因等。

古柯类：古柯叶、可卡因等。

大麻类：大麻脂、大麻烟（大麻叶）等。

兴奋致幻类：冰毒、摇头丸、k粉、神仙水、麻古等。

2. 传统毒品：鸦片、海洛因是罂粟等植物再加工或半合成类，镇痛、镇静为主要功用。

3. 新型毒品：是相对鸦片、海洛因等取材于天然植物的传统毒品而言的。主要以化学合成为主，又称合成毒品，致幻剂、兴奋剂类，作用于中枢神经系统的一类精神药品。目前在我国流行滥用的合成毒品多发生在娱乐场所。

4. 传统毒品与新型毒品的区别

传统毒品	新型毒品
原植物加工	化学合成
鸦片　吗啡　海洛因	冰毒　摇头丸　k粉
镇痛　镇静	兴奋　致幻
吸食　注射	口服　鼻吸

（三）几种常见的毒品

1. 鸦片
2. 吗啡
3. 海洛因
4. 可卡因
5. 大麻
6. 冰毒（甲基苯丙胺）
7. 麻古　一种冰毒片剂，外观与摇头丸相似，主要成分是甲基苯丙胺和咖啡因。
8. 摇头丸
9. K粉（氯胺酮）
10. 三唑仑　又名海乐神、酣乐欣。

（四）吸毒为什么会成瘾

（五）吸毒成瘾的症状

躯体表面：涕泪交加，脸色灰黄，牙齿松动，皮肤松弛，声音哑颤，形体消瘦，未老先衰，手指焦黄，针眼密布，色素沉着，衣冠不整，生活邋遢，皮肤瘙痒，留下瘢痕。

神经系统：精神恍惚，情感冷漠，性情改变，人格扭曲，记忆力下降。

一个人在染上毒品后，心境总是处于抑郁、苦闷、胡思乱想或绝望状态。

（六）毒品戒断症状：

停止吸毒后12-14小时内，吸毒者开始出现焦虑不安、心烦意乱、涕泪不断、怕冷厌食、或寒热交替、周身皮肤呈鸡皮状。情绪极度激动或极度惊恐不安，浑身骨骼肌肉如无数虫啃蚁咬；双脚持续性抽动或全身阵发性抽动，剧烈挣扎，并伴随着撞墙、毁物、自残、伤人等暴力行为，备受痛苦。戒除毒瘾要痛苦地熬上几个星期，甚至几个月。

毒品先摧毁人的财富，再摧毁人的尊严，最后摧毁人的生命。

第三部分　青少年如何预防毒品

截至2010年底，全国仅发现登记在册的吸毒人员就达150余万人，滥用合成毒品人员达40余万人，其中75%是35岁以下的青年人，而实际人数远不止于此。因此，对青少年进行毒品预防教育十分重要。毒品“三预防”是指“学校预防、家庭预防、社区预防”，通过宣传教育，增强青少年的禁毒、拒毒的意识。

（一）如何辨别吸毒人员

1. 机械性地反复相似的动作
2. 出汗、健谈、高兴异常
3. 幻听、幻觉、妄想、言语不清
4. 步态不稳、反应迟钝
5. 头晕和呕吐

（二）如何预防毒品

1. 作为学校，要加强毒品预防教育，提高青少年识毒、防毒、拒毒意识。

学校应做好青少年的心理卫生教育，纠正某些青少年存在的反常心理倾向，如自卑感、逆反心理、焦虑情绪或其他精神障碍，借此提高学生的心理素质。提高青少年人格的顺应性，使学生可以应对各种心理压力，增强自身的心理耐受性和适应性，足以面对现实的生活，而不是在稍有挫折时，就沉湎或陶醉于烟、酒、毒品的境地中不能自拔。

2. 作为学生，要通过毒品预防教育宣传，提高自我控制能力。

（1）要树立正确的人生观和价值观

青少年在成长的道路上，从家庭到学校到步入社会，随着环境的变化会遇到各种各样的烦恼、困难以至挫折。面临困境，如果不具备良好的心理素质和解决问题的能力，很容易产生自卑、逆反、焦虑等情绪，因而也容易受到不良环境的影响，就有可能借助毒品寻求一时的解脱和情感上的满足。因此，青少年应该特别注意培养自己正确的人生观、竞争观和价值观，提高心理素质，纠正反常心理倾向，始终以积极向上的态度面对人生。这样才能在挫折和困难面前，增强自身的心理耐受性和适应性，克服不良情绪的影响，提高解决问题的能力，不至于因身处逆境而消极堕落。

（2）要倡导科学文明健康的生活方式

引导青少年参加健康向上的文体活动，如有一项艺术特长和两项体育爱好，使青少年的校内外生活丰富多彩。

（3）要正确运用压力排遣的方式方法

（4）要认清毒品的危害

在当前国内乃至国际吸毒者中，青少年所占的比例增大，其起因大多数是受人引诱，好奇模仿，他们并不知道毒品对自身会产生多大的危害。特别是我国现阶段的青少年，对毒品只是觉得新鲜、刺激、时髦，毒品究竟是什么，一旦吸食成瘾会产生什么样的后果，很多人并不清楚。因此，青少年要积极参与社会与学校组织的各项禁毒、戒毒的宣传活动，掌握有关知识，认清毒品的危害，以免上当。

（5）增强自制力

青少年热情、活泼、好奇心强，但往往缺乏自制力，喜欢尝试。据调查，有很多人第一次吸毒都是因好奇心而引起的。他们多是从好友、亲属和社会媒介中零星地了解到毒品的有关信息，对毒品一知半解，因而好奇心极强。所以，增强自制力，控制好奇心是十分重要的。

（6）谨慎交友，对毒品说“不”

随着年龄的增长，青少年的独立意识逐渐加强，同伴、朋友之间的相互影响日益加强，家庭的影响力则相对减弱。如果结交好的同伴，便会互相促进，积极向上；反之，则可能堕落。因此，青少年在交朋友时一定要慎重。

在众多吸毒者中，因受同伴影响而走上吸毒道路的人，占相对大的比例。染上毒瘾的同伴，常为了达到“以贩养吸”的目的而极力劝说朋友吸毒。如果已经有了这样的朋友，就要有坚定的立场和态度，要学会说“不”。如果有可能，还要劝说、帮助吸毒者摆脱毒品。

（7）合理使用药物

俗话说“是药三分毒”，在有些病症中，临床也采用“以毒攻毒”的疗法，可见药物在人体进行治疗的同时，也会给人带来其他副作用，在使用不当时，药物的副作用会大大超过它的治疗作用。我们日常使用的一些药物本身就具有致依赖特性，如果服用方法不合理，也会成瘾。这类药物的不良后果在短期使用时不太明显，长时间服用后才能反映出来。它虽不会导致严重的社会问题，但能给人的身心健康带来不同程度的损害。因此，我们在服用某种药物时，一定要在医生的指导下进行，不要擅自增加或减少剂量及延长用药时间，更不要不经过医生同意滥用药物。

（8）不盲目赶“时髦”

青少年关注潮流、崇尚时尚，往往会被某些社会现象所左右。当今社会是信息化的时代，世界各地所发生的事情可以通过多种渠道迅速传遍全球。青少年可以从计算机网络上获取各种信息，而现在网络上经常发布各地吸毒事件及吸毒的效应有关的各种资料，但很少有关于如何抵制毒品的信息。我们千万不要错把时事当潮流，盲目模仿而加入吸毒者的行列。

青少年心目中往往有某些偶像人物，如文体明星或有一定社会地位的人，他们的举止对青少年的影响很大。但不要错把某个明星吸毒也当时髦而盲从。

（9）从远离烟、酒做起

烟、酒也是成瘾性物质，使用后能改变人的情绪，随着服用时间的延长，使用者对它们也会产生一定的依赖性。使用酒精形成的依赖性和停用后产生的戒断症状要比吸烟严重得多，甚至可能会产生致命危险。

此外，烟草中的尼古丁和酒中的乙醇，在进入人体后均可作用于大脑中产生兴奋感的神经部位，这一作用机制与毒品进入体内的作用过程基本相似，只是毒品在大脑中作用范围更大、更强。因此，青少年应该不吸烟、不沾酒。

3. 不去毒品存在的高发场所

城市歌舞娱乐、洗浴桑拿、宾馆酒店、休闲会所等娱乐场所是毒品滥用的高发场所。由于合成毒品的最初使用没有明显的身体依赖性，短时间内可以给吸食者带来愉悦、欣快和迷幻感，同时，合成毒品常与时尚、享乐、狂欢等符号联系在一起，因此，具有较强的迷惑性和欺骗性，公众特别是青少年对其危害认识不足，一些娱乐场所成为合成毒品发展蔓延的温床，国内合成毒品滥用问题日趋严重。

4.　警惕合成毒品的陷阱

误区：“偶尔一试不会上瘾，可以释放压力。”

放纵会把自己带到危险的极端，生活可以娱乐，生命不可娱乐。

5.“自卫防毒”术

了解合成毒品的真相：合成毒品对身体的危害有滞后性，82%的合成毒品滥用者即使停止滥用8至12年，仍然有一些精神病症状，甚至导致精神分裂症。

坚决拒绝同伴吸毒的邀请：97%以上的人第一次吸毒都是受朋友“邀请”的，拒绝“邀请”不是懦弱的表现，而是对自己的生命负责。

避免因误食毒品而上瘾或遭到性侵犯：不要进入治安复杂场所。如果出入娱乐场所，要有警觉戒备意识，不轻信谎言，不轻易和陌生人搭讪，不接受陌生人提供的香烟和饮料，离开座位时要有人看守饮料、食物等。

看到周围人行为异常时注意保护自己：稳定自己的情绪，不要因惊慌而加重对方的不正常反应，同时及时抽身报警，避免伤害事件的发生。

不为他人保管、投递、买卖不明物品：如果被委托保管、投递、买卖的物品是毒品，在没有证据的条件下，有可能在法律上被认定为贩毒者的同谋。

不要盲目攀比，盲目追求时尚。

6. 作为学生还要参与禁毒公益性活动

每年的6月26日为“国际反毒品日”，宣传毒品的危害、参与禁毒公益性活动。你的正义感可以帮助数以千计的人免受毒品侵害。

学生写出一篇课后感受（800-1000字）。

综合实践活动简要介绍

一、每日“化”题

每日“化”题是在化学课前3-5分钟，由学生讲与化学有关的话题。4位同学为一个小组，课前由学生收集和加工信息，由小组代表上讲台发言时间一般不超过5分钟。学生平时注意收集相关资料的能力得到培养。

学生搜集的每日“化”题资料目录：

学生	题目	学生	题目
高雅	炒菜时加酒和醋有学问	季平	自来水不宜直接煮饭
孙鹭	甘油润肤的秘密	李莉	水果为嘛不好吃
齐瑞婕	食物的白藜芦醇	谢意	C_{60}的应用
金一	当豆腐遇见菠菜	霍莉莉	老陈醋原是醋酸造
邓菲菲	抗氧剂和食油	张艳	干细胞研究的新发展
郝月玲	麦芽糖	宋鑫	纳米材料的“怪脾气”
李莉	谁为鲜奶延长寿命?	王凯	吃水果不能代替吃蔬菜
褚凝	巧除衣服上的污渍（一）	刘韦华	常见的致癌物
杨平	巧除衣服上的污渍（二）	张泉	海底新能源
张艳	柿饼外的白粉	李博思	消暑凉袋中的化学
杨扬	脑白金与脑黄金	高伟发	干粉灭火常识
谢意	第七营养素	高燮忻	氟与人体健康
宋鑫	大蒜的杀菌作用	张津铭	最细的纳米超导线
常天宇	绿色食品和生态食品	宋涛	第三代空气污染
耿飞	防弹衣为何能防弹	卞志鑫	未来的燃料——氘
王昊	什么是白色污染	王晨	室内放射性污染
王凯	“白色污染”的危害	冯旭	汽车安全气囊
刘韦华	“白色污染”将变废为宝	庞亚利	防尘抗菌的衣服
张泉	面对基因食品的隐忧	吴冰	米糠油事件
李博思	“尿不湿”会湿吗?	刘奇	巧去鱼胆的苦味
高伟发	碘酒勿与红药水同用	张子斌	蒸锅水不能喝
高燮忻	没煮透的豆浆不能喝	戈大程	如何减轻蚊、蜂叮蛰痛痒
张津铭	防腐剂与早餐的选择	高磊	制作松花蛋的秘密

宋涛　活鱼不宜马上烹调
卞志鑫　白糖、砂糖、红糖的比较
王晨　鸡精成分有哪些
冯旭　调味出错巧补救
庞亚利　骨汤增钙的诀窍
吴冰　维持生命的营养素
刘奇　味精没有益
张子斌　饮豆浆四忌
戈大程　巧熬猪油
高磊　久置的红薯为何比新挖的红薯甜
李鑫　酱油非油
董晓丹　发酵粉发酵
张倩　袋奶别用微波炉直接热
朱玥　钢锅会变黑吗?
李饶　食用油滴滴有学问
徐津娜　变形鸡蛋
周旋　食用碘盐须知
杨扬　警惕生活中的放射线
谢意　检验加碘食盐溶液中的碘
宋鑫　致命的火神~燃烧弹
常天宇　战场上的魔影~化学武器
李鑫　污染水体的物质
董晓丹　补钙莫忘防铅
张倩　铁为何易生锈
朱玥　墨水为什么变坏
李饶　用葱汁写密信
徐津娜　越陈越香的花露水
周旋　巧炒菠菜
刘昕　粗盐为何易变潮
霍莉莉　合成纤维织物的存放
马京京　水果的颜色
季平　合成纤维织物的缺陷
吴艳静　巧开粘连已久的玻璃塞
张莹　工业酒精可饮用吗
李文君　纯酒精消毒效果好吗?
王琦　醋的诸多妙用
高津　隐形之谜
吴彦爽　水果解酒
耿飞　不安定的卫生球
王昊　熟番茄总是比生番茄酸

二、化学与社会、生活、科技知识竞赛

1.环境污染主要包括（　　）污染等

A.大气和土壤　　B.水和食品　　C.噪声　　D.以上全包括

2.下列大气污染物能与人体中血红蛋白质结合而引起中毒的气体是（　　）

A.　SO_2　　B.　CO_2　　C.　NO_2　　D.　CO

3.为了保护环境，防止污染大气，燃烧下列燃料中最理想的是（　　）

A.酒精　　B.氢气　　C.汽油　　D.硫化氢

4.大气层中臭氧的主要作用是（　　）

A.吸收 CO_2　　B.吸收红外线　　C.补充 O_2　　D.吸收紫外线

5.当今大量致冷剂的使用和排放，使大气臭氧层受到严重破坏，这种致冷

剂是（　　）

A 干冰　　B.液氧　　C.液氮　　D.氟里昂

6.“温室效应”是因为大气中（　　）

A.SO_2增加　　B.CO_2增加　　C.NO_2增加　　D.烟尘增加

7.酸雨的形成主要由于（　　）

A.汽车排放大量尾气　　B.森林遭乱砍滥伐，破坏生态平衡

C.工业中大量燃烧含硫燃料　　D.大气中二氧化碳含量增高

8.酸雨对土壤、森林和建筑物都有破坏腐蚀作用，通常是指（　　）

A.$pH<3.6$　　B.$pH<4.4$　　C.$pH<5.6$　　D.$pH<7$

9.将工业用盐当作食盐而引起中毒现象，该工业用盐对人有致癌作用，这种盐的化学式是（　　）

A.$MgCl_2$　　B.KCl　　C.$NaNO_2$　　D.$MgSO_4$

10.下列八种物质：①硝铵②硫铵③氯化钾④四氯化碳⑤氯酸钾⑥汽油⑦电木⑧火棉其中可列入易燃易爆物品，而不准旅客携带上火车的是（　　）

A.①⑤⑥⑧　　B.①④⑤⑥⑦⑧　　C.④⑥　　D.全部

11.把氢气作为新型燃料，具有的突出优点是（　　）

A.在自然界里大量存在氢气　　B.氢气轻，便于携带

C.燃烧氢气污染少　　D.氢气燃烧发热量高

12.铜、汞、铅等重金属盐能使人中毒，如误入口应采取的急救措施是（　）

A.喝大量蒸馏水　B.喝大量盐水　　C.喝大量鸡蛋清　D.喝大量葡萄糖水

13.下列物质用于保护食物，以免被微生物侵蚀而腐败的是（　　）

A.酒精　　B.食盐　　C.醋酸　　D.硝酸钾

14.水污染主要来自：①农业生产中废水、废液的任意排放　②雨水和土壤接触　③农业生产中农药、化肥的过量施用　④城市生活污水的任意排放。（　　）

A.①②③　　B.②③④　　C.①③④　　D.①②③④

15.粗盐在潮湿的空气中易潮解是由于含有（　　）

A.KCl　　B.$MgCl_2$　　C.$AlCl_3$　　D.$MgSO_4$

16.食品厂制糕点时需用到的物质（　　）

A.苏打　　B.小苏打　　C.大苏打　　D.芒硝

17.变色眼镜中的变色物质是（　　）

A.硝酸银　　B.卤化银　　C.水银　　D.银粉

18.不锈钢就是在普通钢熔有（　　）

A.Mg　Zn　　B.Cu　Sn　　C.Al　Pb　　D.Ni　Cr

19.铝制品不宜长期盛放酸性食品和碱性食品是因为铝制品表层属于（　）

A.金属铝　　B.碱性氧化物　　C.酸性氧化物　　D.两性氧化物

20.鉴别织物是蚕丝（真丝）或是人造丝的方法是（　　）

A.滴加浓硝酸　　B.滴加浓硫酸　　C.滴加酒精　　D.灼烧后嗅气味

21.常用作食品包装材料的是（　　）

A.聚氯乙烯　　B.聚苯乙烯　　C.酚醛树脂　　D.聚乙烯

22.家庭中洗涤热水瓶内少量的水垢，实际可行的方法是（　　）

A.用稀盐酸洗涤　　B.用食用白醋洗涤

C.用热碱水洗涤　　D.用食盐水洗涤

23.下列物质中，能制造飞机机身的合金材料是（　　）

A.不锈钢　　B.硬铝　　C.黄铜　　D.生铁

24.工业酒精不可当饮料，原因是（　　）

A.乙醇含量太高　　B.其中甲醇含量超标　　C.含重金属盐

D.含杂质多

25.医疗用的生理盐水中含NaCl（　　）

A　0.9%　　B　1.1%　　C　1.25%　　D　1.9%

26.人患甲状腺亢进病是由于人体缺少元素（　　）

A.钠　　B.氯　　C.铁　　D.碘

27.下列物质及其在医疗上的用途对应关系正确的是（　　）（1）芒硝——泻盐（2）$ZnSO_4$——收敛剂（3）$BaSO_4$——钡餐（4）Na_2CO_3——治疗胃酸过多（5）石膏——绷带

A.(1)(2)(3)　　B.(1)(3)(5)　　C.(2)(3)(4)　　D.(2)(3)(5)

28.下列物质用途不正确的是（　　）

A.8%－10%的NaCl溶液——生理盐水　B.75%的酒精——消毒杀菌

C.福尔马林——浸制生物标本　D.乙醚——麻醉剂

29.下列物质可用于消毒杀菌的是（　　）

（1）萘（2）硫磺（3）苯酚（4）福尔马林（5）双氧水（6）次氯酸

A.（2）　　B.（2）（3）（4）　　C.（1）（2）（5）　D.全部

30.新电灯泡的玻璃上常有一点暗红物质以除去灯泡内残留的氧，该物质是（　　）

A.Cu_2O　　B.Fe_2O_3　　C.红磷　　D.铜粉

31.某药品说明书上标明：本品每克含碘150毫克，镁65毫克，铜2毫克这

里所标的成分是（　　）

A.分子　　B.原子　　C.元素　　D.无法确定

32.为了检验汽油中是否含有少量水，可往汽油中加入少量的（　　）

A.胆矾　　B.无水 $CuSO_4$　　C.CuO　　D.$CaCO_3$

33.为了保证旅客的安全，铁路部门规定：严禁携带易燃物、易爆物、腐蚀品和危险品等进站上车。下列物质中。能携带上车的是（　　）

A.鞭炮　　B.白磷　　C.浓硫酸　　D.矿泉水

34.一些食物的近似pH如下：葡萄3.5－4.5；苹果2.9－3.3；牛奶6.3－6.6；鸡蛋清7.6－8.0；其中显碱性的一种食物是（　　）

A.鸡蛋清　　B.牛奶　　C.苹果　　D.葡萄

35.新买的铝锅、铝壶用来烧开水时，凡是水浸到的地方都会变黑，说明水中溶有（　　）

A.钾盐　　B.钠盐　　C.　钙盐　　D.铁盐

36.下面报道中，你认为科学的是（　　）

A.一窨井冒出大火，烧伤行人，估计是窨井产生可燃性气体和氮气遇明火引发的

B.识别街头贩卖的假银元，可用硫酸铜溶液浸泡，观察颜色有无变化

C.利用气球内的干冰释放出一氧化碳的原理，使气球始终处于充足了气的状态

D.不是企业消灭污染，就是污染消灭企业

37.近年来，北京公共汽车大部分采用天然气作为汽车的燃料，其主要目的是（　　）

A.防止石油短缺　　B.降低成本　　C.减少对大气的污染　　D.加大发动机的动力

38.国外施行用汽水（碳酸饮料）浇灌农田，它的动机是（　　）①对植物呼吸作用有利；②改良碱性土壤，调节pH值；③有利于土壤的 Ca^{2+}　Mg^{2+}被植物吸收；④加速光合作用进行

A.只有②③④正确　　B.只有②④正确　　C.只有①④正确

D.全部正确

39.下列环保措施主要目的是保护臭氧层的是（　　）

A.使用无铅汽油　　B.使用可降解塑料制品　　C.使用无氟冰箱

D.使用电喷汽车

40.2000年诺贝尔化学奖是由日本筑波大学的白川英树、美国宾夕法尼亚

大学的艾伦马克迪尔米德和美国加利福尼亚大学的艾伦黑格尔获得。三位科学家在导电聚合物的开发和研究方面做出了突出贡献。所谓导电聚合物是由某些聚合物（如聚乙炔）经化学或电化学掺杂后形成的、导电率可从绝缘体延伸到导体范围的一类高分子材料。导电聚合物应属于（　　）

A.氧化物　B.气态氢化物　C.复盐　　D.有机物

41.绿色化学对化学反应提出了“原子经济性”（原子节约）的新概念及要求。理想的原子经济性反应是原料分子中的全部转变成所需产物，不产生副产物，实现零排放。以下反应中符合绿色化学原理的是（　　）

A.乙烯与氧气在银催化作用下生成环氧乙烷

B.乙烷与氯气制备氯乙烷

C.苯和乙醇为原料，在一定条件下生产乙苯

D.乙醇和浓硫酸共热制备乙烯

42.室内内空气污染的主要来源之一，是人们现代生活所使用的化工产品，如绝缘塑料制的办公桌、化纤地毯及装饰的油漆等，会不同程度地释放出某种气体，该气体可能是（　　）

A.甲烷　　B.甲醛　　C.二氧化碳　　D.氮气

43.下列说法是报纸和广告宣传中的用语，其中正确的是（　　）

A.某报纸报道：从尿液中分离出的“青春素”是一种对人体有益的元素

B.长期饮用纯净的蒸馏水比饮用矿泉水对人体有益

C.某厂告称：负氧离子发生器由于产生O_3，对人体有益无害

D.与夏季比较，冬季大气中SO_2的含量偏高，这主要是燃烧煤造成的

44.纳米是一长度单位，11纳米为10亿分之一米。当有些物质的颗粒达到纳米级时，可以表现出特殊的性质，如纳米微粒TiO_2对化学反应具有光催化的作用，能吸收紫外线。下列有关纳米TiO_2的用途正确的是①对含有机物的废水进行处理　②可制成抗菌防霉变薄膜　③可制防晒霜　④用于汽车改造尾气的净化　（　　）

A.①②③　　B.②③④　　C.　①②④　　D.都正确

45.“绿色商品”是指对环境无污染的商品，下列属于“绿色商品”的是（　　）

A.含氟冰箱　　B.含铅汽油　　C.含磷洗涤剂　　D.含碘食盐

46.顺利运输鱼苗，必须满足四个条件：①需要保持充足的的氧气；②使鱼苗呼出的二氧化碳气体及时排出；③防止细菌大量繁殖：④水溶液pH值要调节在8－8.5。已知下列四种物质加入水中都可起到供氧杀菌作用（过氧化钙

极微溶于水)，在长距离储运鱼苗的水中，最好加入的是（　　）

A.过氧化钠　　B.氯水　　C.过氧化钙　　D.双氧水

47.商品“纯净水”、“太空水”、蒸馏水等作为日常饮用水，因缺少某些成分而不利于儿童身体健康发育，你认为制备上述商品饮用水时至少还需要添加的化学物质是（　　）

A.钙、镁的碳酸氢盐　　B.含碳酸钾的食盐

C.漂白粉消毒剂　　D.小苏打

48.微量元素是指人体内总含量不到万分之一，重量总和不到人体重量的千分之一的20多种元素，这些元素对人体的正常发育和健康起着重要作用，下列各组元素全部是微量元素的是（　　）

A.Na、K、Cl、S、O　　B.F、I、Fe、Zn、Cu

C.N、H、O、P、C　　D.Ge、Se、Cu、Mg、C

49.下列列物质都是常用的食品添加剂，但使用时必须严格控制用量的是（　　）

A.食醋　　B.蔗糖　　C.料酒　　D.亚硝酸钠

50.生活中的一些问题常涉及到化学知识，下列叙述正确的是（　　）

A.使用明矾可以软化硬水

B.硫酸钡难溶于水和酸是无毒的钡盐，可做X光透视肠胃时的药剂

C.铁制品在干燥的空气中易生锈

D.棉花、蚕丝和人造毛的主要成分都是纤维素

化学与生活知识竞赛

1.葡萄糖作为营养剂供给人体能量，在体内发生主要的反应是

A.氧化反应　　B.取代反应　　C.加成反应　　D.聚合反应

2.大米中含有丰富的维生素B1、B2，应怎样淘米营养素损失少？

A.用热水烫洗　　B.浸泡后再流水冲洗

C.用力搓洗　　D.根据米的清洁程度适当清洗

3.人体内所必需的下列元素中，因摄入量不足而导致骨质疏松的是

A.K　　B.Ca　　C.N　　D.Fe

4.我国政府以国家标准的方式规定在食盐中添加碘酸钾。据此回答下列问题：碘是合成下列哪种激素的主要原料之一

A.胰岛素　　B.甲状腺激素　　C.生长激素　　D.雄性激素

5.长期生活在缺碘山区，又得不到碘盐供应，易患

A.甲状腺亢进　　B.佝偻病　　C.地方性甲状腺肿　　D.糖尿病

6.下列说法错误的是

A.水在人体中作为反应介质　　B.水能调节人体的体温

C.水在人体内是一种很好的溶剂　　D.水不能经过食物代谢产生

7.下列食物属于碱性食物的是

A.面包　　B.海带　　C.大米　　D.鸡蛋

8.下列有关食品添加剂的说法中错误的是

A.食品添加剂可改善色、香、味

B.食品添加剂可补充食品的营养成分

C.食品添加剂可延长食品的储存时间

D.食品添加剂都是有益于人体健康的

9.食品店出售的冰激凌是硬化油，它是以多种植物油为原料而制得的，这时发生的是

A.水解反应　　B.加聚反应　　C.加成反应　　D.氧化反应

10.长期食用下列食物，可能引起人体酸中毒的是

A.鱿鱼干　　B.菠菜　　C.苹果　　D.西瓜

11.饮料中柠檬酸是

A.着色剂　　B.调味剂　　C.防腐剂　　D.营养强化剂

12.下列不属于抑酸剂的主要化学成分的是

A.氧化镁　　B.氢氧化铜　　C.氢氧化铝　　D.碳酸钙

13.下列药品属于天然药物的是

A.阿司匹林　　B.青霉素　　C.抗酸药　　D.麻黄碱

14.某人在检查身体时，发现尿液呈微酸性，医生建议他少吃下列食物中的

A.少吃苹果，梨等水果　　B.少吃菠菜、芥菜等蔬菜

C.少喝牛奶、豆汁等饮料　　D.少吃含蛋白质、脂防多的肉类食品

15.CCTV《科技博览》报道，2004年3月中科院首创用CO_2合成可降解塑料聚二氧化碳。下列相关说法不合理的是

A.二氧化碳塑料是通过加聚反应制得的

B.用工业废弃物二氧化碳生产塑料，有助于缓解温室效应

C.二氧化碳塑料不能在空气中燃烧

D.聚二氧化碳塑料的使用会产生白色污染

16.下列物质属于合成聚合物的是

A.蛋白质　　B.人造丝　　C.人造棉　　D.聚氯乙烯

17.PVC指的是

A.聚氯乙烯　　B.聚丙烯　　C.聚丙烯腈　　D.聚乙烯

18.有一张照片，一只可爱的小猫站在一块高分子合成材料上，下面是烈火灼烧，而小猫却若无其事。这说明此高分子材料一定具有的性质是

A.良好的导热性　　B.良好的绝缘性　　C.良好绝热性　　D.熔点低

19.埋在地下的输油铸铁管道，在下列各种情况下被腐蚀速率最慢的是

A.在潮湿疏松的土壤中　　B.在含铁元素较多的酸性土壤中

C.在干燥致密不透气的土壤中　　D.在含碳较多的潮湿透气的中性土壤中

20.制造焊锡时，把铅加进锡的重要原因

A.增加强度　　B.降低熔点　　C.增加硬度　　D.增强抗腐蚀能力

21.钢铁腐蚀发生得最普遍的是

A.化学腐蚀　　B.析氢腐蚀　　C.吸氧腐蚀　　D.摩擦损耗

22.光导纤维的主要成分是：

A.纯硅　　B.玻璃　　C.纯 SiO_2　　D.沙子

23. 普通玻璃的主要成分是：

①Na_2SiO_3　②$CaCO_3$　③ $CaSiO_3$　④SiO_2　⑤Na_2CO_3　⑥CaO

A. ①③⑥　　B. ②③④　　C. ①③④　　D. ③④⑤

24.当前，我国急待解决的“白色污染”通常是指

A.冶炼厂的白色烟尘　　B.石灰窑的白色粉末

C.聚乙烯等塑料垃圾　　D.白色建筑材料

25.“白色污染”主要危害是

①破坏土壤结构　②降低土壤肥效　③污染地下水　④危及海洋生物的生存

A.①②　　B.②③　　C.①②③④　　D. ②④

26.钛和钛合金被认为是21世纪的重要材料，它们具有很多优良的性能，如熔点高。密度小，可塑性好、易于加工，钛合金与人体有很好的“相容性”。根据它们的主要性能，下列用途不切合实际的是

A.用来做保险丝　　B. 用于制造航天飞机

C.用来制造人造骨　　D. 用于制造船舶

27.在面盆、痰盂等铁制品表面烧制糖瓷的目的是

A.防止铁生锈且美观　　B.增大厚度防止磨损

C.增大硬度防止撞坏　　D.美观和杀菌消毒作用

28.铝在人体内引起慢性中毒，引起老年痴呆症，1989年世界卫生组织将铝确定为“食品污染源之一”而加以控制。铝在下列使用场合一般无需控制的是

A.电线电缆　　B.牙膏皮　　C.制造炊具餐具　　D.糖果香烟包装

29.城市大气中铅污染的主要来源是

A.铅笔的随意丢弃　　B.使用含铅汽油的汽车尾气

C.蓄电池的使用　　D.化妆品的大量使用

30.下列说法中不正确的是

A.赤潮是水体富营养化的结果

B.含磷洗涤剂广泛使用与排放是发生赤潮的主要原因之一

C.在封闭的海湾更易发生赤潮

D.赤潮的发生是与人类活动无关的自然现象

31.有些垃圾可以用卫生填埋、焚烧、堆肥等方法处理。下列垃圾中，不适合用这样的方法处理的是

A.农作物垃圾，如秸秆等　B.电池　C.纸品　D.纯棉纺织品

32.下列家庭化学小实验不能达到预期目的的是：

A.用米汤检验食用加碘盐（含KIO_3）中含有碘

B.用醋、石灰水验证蛋壳中含有碳酸盐

C.用碘酒检验汽油中是否含有不饱和烃

D.用鸡蛋白、食盐、水完成蛋白质的溶解、盐析实验

33.维生素C具有的性质是

A.难溶于水　　B.强还原性　　C.强氧化性　　D.加热难分解

34.“垃圾是放错了地方的资源”，应分类回收利用。生活中废弃的塑料袋、废纸、旧橡胶制品等属于：

A.无机物　　B.有机物　　C.盐类　　D.糖类

35.酸雨是指

A.酸性的雨　　B.pH = 5.6的雨　　C.pH小于5.6的雨　D.pH = 5的雨

36.下列不是室内污染物的是：

A.CO　　B.甲苯　　C.尼古丁　　D.食品袋

37.垃圾资源化的方法是：

A.填埋　　B.焚烧　　C.堆肥法　　D.分类回收法

38.根据我国空气污染的特点，目前计入空气污染指数的项目暂不包含的是：

A.CO_2　　　B.SO_2　　　C.氮的氧化物　　D.悬浮物

39.根据所含成分，下列不属于同一种“油”的是

A.花生油　　B.菜子油　　C.牛油　　D.汽油

40.酱油中没有的成分是

A.氨基酸　　B.　糖类　　C.　食盐　　D.　脂酸

41.柿饼外的白粉是

A.果糖粉末　　B.葡萄糖粉末　　C.　淀粉　D.蔗糖粉末

42.生产面粉的车间严禁吸烟，主要原因是

A.防止火灾　　B.防止爆炸　　C.保护环境

D.保护工人免受尼古丁毒害

43.用自来水养鱼时，将水注入鱼缸以前需在阳光下曝晒一段时间，目的是：

A.使水的硬度变小　　B使水中次氯酸分解

C.起到杀菌作用　　　D.增加水中O_2的含量

44.室内空气污染的主要来源之一是泡沫绝缘材料、化纤地毯、书报、油漆等不同程度的释放出某气体，该气体是：

A.甲醛　　B.甲烷　　C.一氧化碳　　D.二氧化碳

45.环境污染已成为人类社会面临的重大威胁，下列名词与环境污染无关的是：

①温室效应②赤潮③酸雨④光化学污染⑤臭氧空洞⑥水俣病⑦潮汐⑧大脖子病⑨水华

A.②⑨　　B.　⑦⑧　　C.⑥⑦③　　D.⑥⑦⑧⑨

46.大气和水被污染时，可能引起人的牙齿和骨骼变酥，引起这种污染的元素是：

A.碘　　B.氟　　C.汞　　D.硫

47.环境污染主要包括（）污染等

A.大气和土壤　　B.水和食品　　C.噪声　　D.以上全包括

48.下列大气污染物能与人体中血红蛋白质结合而引起中毒的气体是

A.　SO_2　　　B.　CO_2　　　C.　NO_2　　　D.　CO

49.为了保护环境，防止污染大气，燃烧下列燃料中最理想的是

A.酒精　　B.氢气　　C.汽油　　D.硫化氢

50.汽车尾气中污染空气的是

①CO　②CO_2　③NO　④铅的化合物

A.①②　　B.①③　　C.③④　　D.①③④

劳动安全卫生防护与自救逃生知识普及竞赛

1.苯经呼吸道进入人体主要损害人的（　　）系统。

A.造血　　B.中枢神经　　C.泌尿

2.生产性毒物进入人体的主要途径是呼吸道和（　　）进入人体。

A.血液　　B.皮肤　　C.眼睛

3.化工装置发生火灾事故，首先应有效切断（　　）

A.水蒸气　　B.液体　　C.易燃气体、易燃液体

4.不属于常见的窒息性气体中毒的是（　　）。

A.一氧化碳　　B.硫化氢　　C.氢气

5.（　　）是预防尘肺病最根本的措施。

A.消除或降低粉尘　　B.佩戴防尘安全帽　　C.佩戴防尘口罩

6.在粉尘浓度较低的环境中作业时必须佩戴（　　）

A.棉纱口罩　　B.防尘口罩　　C.防毒面具

7.由电离辐射引起的职业病称为（　　）

A.射入病　　B.电离病　　C.放射病

8.在高温环境中劳动一定时间后，出现大量出汗、口渴、恶心、呕吐，还出现突然昏倒等现象，体温可达到40℃以上，这属于（　　）

A.先兆中暑　　B.轻症中暑　　C.重症中暑

9.火灾的三要素是助燃剂、（　　）、引火源，这三个条件缺一不可。

A.着火点　　B.可燃物　　C.发生空间

10.遇到火灾，拨打火警电话是（　　）

A.110　　B.119　　C.122

11.火灾使人致命的最主要原因是（　　）

A.被人践踏　　B.烧伤　　C.窒息

12.下列哪一种气体是属于易燃气体（　　）。

A.一氧化碳　　B.二氧化碳　　C.氧气

13.适用于扑救带电火灾的灭火介质或灭火器是（　　）。

A.水、泡沫灭火器　　B.干粉、泡沫灭火器

C.干粉灭火器、二氧化碳灭火器

14.易燃易爆场所不能穿（　　）

A.纯棉工作服　　B.化纤工作服　　C.防静电工作服

15.在使用手提式灭火器时，在与燃烧物（　　）左右距离处开启。

A.　5 米　　B.3 米　　C.1 米

16.火灾发生时，不宜采用的逃生方式是（　　）

A.整理行李　　B.　用湿毛巾捂住鼻子　　C.浓烟中在地上爬行

17.目前在手提式灭火器和固定式灭火系统中，广泛应用的灭火剂是（　）。

A.水灭火剂　　B.干冰灭火剂　　C.干粉灭火剂

18.建筑物内发生火灾时，应该首先（　　）。

A.立即停止工作，通过指定的最近的安全通道离开。

B.乘坐电梯离开　　C.向高处逃生

19.可燃气体的点火能量与其爆炸极限范围的关系是（　　）。

A.点火能量越大，爆炸极限范围越窄

B.点火能量越大，爆炸极限范围越宽

C.爆炸极限范围不随点火能量变化

20.当被烧伤时，正确的急救方法应该是（　　）。

A.以最快的速度用冷水冲洗烧伤部位

B.立即用嘴吹灼伤部位

C.包扎后去医院诊治

21.发现煤气中毒人员，采取以下行动中，（　　）急救方法是正确的。

A.迅速打开门窗通风，并将病人送到新鲜空气环境

B.在现场拨打电话求救

C.在现场马上给伤员做人工呼吸

22.关于严重烧伤、烫伤急救处理方法不正确的是（　　）。

A.不可私自撕去粘在皮肤上的衣服

B.尽快自己把水泡刺穿

C.不可给伤员过度降温

23.高层建筑火灾自救处理措施不正确的是（　　）。

A.迅速通过消防控制室掌握火灾信息，利用广播引导人员疏散

B.组织攻坚力量，深入各层抢救被困人员

C.组织人员不要利用机械或人工通风排烟的方法排烟放热

24.遭遇地铁着火时自救逃生措施不正确的是（　　）。

A.如果火势蔓延，应先行疏散到安全车厢

B.在有浓烟的情况下，捂住口鼻贴近地面逃离

C.要注意朝明亮处撤离，遇火灾可以乘车站的电梯逃生

25.燃气爆炸后的自救互救措施不正确的是（ ）。

A.在救援人员尚未赶到时，应该互帮互助，尽可能减少二次伤害

B.如发现伤者呼吸停止，不用立即抢救，要拨打报警电话等待救援

C.如发现神志不清者应该使伤者身体侧卧，保持呼吸道畅通

26.当有化学物品的液体或粉尘等异物进人眼内，引起眼灼伤，采用以下急救措施，表述不正确的是（ ）。

A.用手揉眼，把异物揉出来

B.应尽快用大量清水冲洗眼睛

C.反复做睁眼和闭眼的动作，用眼泪将异物冲洗出来

27.煤气中毒主要是指（ ）中毒。

A.一氧化碳　　B.二氧化碳　　C.硫化氢

三、实验探究

（一）肥皂水测定水的硬度

实验目的：了解硬水的性质和用离交换法软化硬水的原理及方法。

实验用品：试管、烧杯、量筒、简易离子交换柱、玻璃棒、滴管、漏斗、铁架台、阳离子交换树脂、 肥皂水、蒸馏水、自来水、硬水

实验步骤：

1. 检验硬水：在三个试管中分别加入5ml蒸馏水、自来水、永久硬度的水（如果没有，可在200ml蒸馏水中加入少量$CaSO_4$、$MgCl_2$，过滤除去不溶部分即得永久硬水）。用滴管分别向三支试管中滴加肥皂液，边滴边振荡试管，观察发生的现象。

2. 硬水的软化：

（1）如图（略）的离子交换柱中装入阳离子交换树脂，从上口慢慢注入永久硬水或自来水。当装满水后，打开下端的弹簧夹，使水慢慢流入烧杯中。

（2）向试管中加入5ml经过离子交换柱的水，调加几滴肥皂液，用力振荡，观察肥皂泡的情况。

结论与现象：

肥皂水可鉴别蒸馏水、自来水、硬水。蒸馏水中的肥皂水振荡后泡沫丰富，而自来水中产生沉淀，硬水中沉淀最多。Mg^{2+}、Ca^{2+}与$C_{17}H_{35}COO^-$结合生成白色沉淀。

（二）检验含碘食盐中所含的碘

实验原理：含碘食盐中含有碘酸钾（KIO_3），在酸性条件下IO_3^-能将I^-氧化成I_2，I_2遇淀粉试液变蓝。

实验用品：试管、胶头滴管、含碘食盐溶液、KI溶液、稀硫酸、淀粉试液

实验步骤：

1. 在试管中加入少量含碘食盐溶液，滴入几滴稀硫酸，然后再滴入几滴淀粉试液，观察现象。

2. 在试管中加入少量KI溶液，滴入几滴淀粉试液，观察现象。

3. 将上述两支试管里的液体混合，观察现象。

结论与现象：

步骤1、2中无明显现象

步骤3中液体变蓝

$IO_3^- + 5I^- + 6H^+ = 3I_2 + 3H_2O$　　　I_2遇淀粉变蓝

问题：步骤2中试管若放置一段时间也会变蓝，为什么？

答：因I^-被空气氧化，$4H^+ + 4I^- + O_2 = 2I_2 + 2H_2O$

四、参观化工厂

（一）化学联系社会生活实践报告——参观天津长芦盐厂有感

有的人以为化学离我们的生活遥不可及，但实际上我们的生活中处处离不开化学，化学工业是我们物质生活的源泉，通过这次实践活动，我对这一概念的理解更加透彻了。

我们的杨老师利用课余时间带我们来到了天津市长芦汉沽盐厂参加实践活动。到了那里得到了厂长和员工的热情招待，并且学到了许多课堂上学不到的知识。我们平常所吃的食盐就是在那里由海水晾晒、洗涤、再经过一系列净化加工而得到的。而且晒盐的副产品——卤水，在那里也是非常有用的化工原料。卤水经过进一步复晒首先提取氯化钾，然后提取溴素，提溴废液蒸发浓缩得到水合氯化镁，这些都是具有广泛用途的化工原料。例如：氯化镁是卤粉的主要成分，卤粉又是非常重要的建筑材料，溴素主要用于制药，这个厂的生产方式是高效环保的，晒盐或提钾采用空气吹溴是新工艺，将会使溴的产量大大提高，减少了溴在制盐提钾过程中的损失，提高了海水中溴资源的利用率。而且这个厂对废物的处理也是非常科学的，几乎实现零排放。另外这次参观使我

对化工设备也有一定的认识，员工带我们爬上“一座楼”，在那里我们见到了蒸发罐、保温沉降器以及结晶器，设备及管道的颜色也是非常有讲究的，红色代表蒸汽，蓝色代表冷凝水，黄色代表废弃物，这样有利于员工对管道的检查和维修。

由此可见，化学对于我们的生活真是息息相关，而且在我国的国民经济中发挥着重要的作用，是社会生活中必不可少的一部分，我们现在能做的只是把基础的科学文化知识学好，科技是第一生产力，这样长大后才能成为栋梁之材，为社会主义现代化建设贡献出自己的一份力量。（高三.1班　谢意）

（二）化学联系生活实践报告——参观化工厂有感

物质是由化学元素构成的，我们生活在由物质构成的世界中，所以我们的生活与化学可以说是息息相关，通过这次化学与生活联系的实践活动，我们进一步了解了化学与生活的关系，加深理解了化学对生活与生产实践的重要性。

天津是沿海城市，所以海盐化工是天津重要的化学工业，长芦盐场更是全国几大重要盐场之一，此次我们参观天津汉沽长芦盐厂是继我们在学校学习了理论知识和进行了部分实验之后的又一次实战活动。长芦盐厂主要生产氯化钠、氯化钾，此外还有溴素、氯化镁等。以下简介一下生产流程：

海水首先经日晒在滩田析出氯化钠，制盐后母液——苦卤将进入化工厂，在卤水池中进行二次晾晒，再提取氯化钾，生产过程一般分为兑卤、蒸发、保温沉降、冷却结晶、分解洗涤等工序，生产设备有蒸发罐、沉降器、热交换器等等，最后滤出粗钾，中间产物光卤石中分离出氯化钾以后，剩余滤液中还可提取氯化镁、溴素，可广泛用于建筑、医药等行业。

在这些工业生产流程中，运用到了化学反应的知识，并且还有和我们课本上相关的知识，但生产实践与化学学习不同，我们在参观中学到的更多是课本上没有的东西，也意识到我们的知识是远远不足的，所以我们要更加努力地学习科学文化知识，才能更好地投身到社会实践中去。（高三1班　吴艳静）

（三）驾着化学的翅膀飞翔——浅谈化学与生活

你去过化工厂吗？没去过吧！嘿嘿，我去过。天津长芦盐业责任公司是一个生产、销售工业盐和食用盐的企业。

在一个阳光明媚的早晨，我的化学杨老师带领我们一行五人踏上了“实地考察”的征程。

现在我来详细介绍一下我们参观的化工厂的生产流程和产品的主要用途。在国民经济中，盐化工占有一定的重要地位。氯化钾、氯化镁、溴素等均是化工生产的重要原料，搞好盐业资源的综合利用，不仅能变废为宝，而且能为国家多创财富，提高经济效益。

盐的形成过程十分复杂，源头是海水，经过晾晒，生成原盐、卤水，通过蒸发器、沉降器、真空结晶器冷却，又生成中间产物KCl、光卤石，加水搅拌生成精钾浆料，最后在离心机内洗涤，生成精钾盐、钾盐、溴盐、镁盐依次被提出，分类收集。进行再利用。卤粉还用于建筑是一种重要的材料。此外还可利用其他的手段从海水中提取我们所需要的物质，造福人类。

可见，化学与生活各方面息息相关，生活中柴米油盐酱醋茶，每一样必需品都是用不同的化学方法和生产方式制造出来的。通过这次参观，使我认识到了化学学习的重要性和必需性，同时也激发了我学习化学的兴趣。我深刻地体会到了“化学离不开生活，生活离不开化学”。学好化学知识，理论联系实际，以便在今后的学习生产工作中加以运用，为国家和社会做出我们应做的贡献。这是我的一点感受，在这里说出来，希望大家在平时的学习生活中注意化学与生活的联系，让源于生活的知识再用于生活。（高三1班　宋鑫）

（四）化学就在我们身边——化学联系社会生活实践有感

我们一直都觉得化学原料、化工生产离我们很远，是一些很抽象的概念。那些词只会出现在课本上、资料里，显得如此呆板，那么苍白无力。实践是检验真理的唯一标准，这是一句亘古不变的真理。前不久，我们通过对天津化工厂的参观，我们对一些化学原料、化工生产有了深刻地了解，觉得化学无时无刻不围绕在我们身边。

天津长芦盐业责任公司是一个生产销售盐的公司。天津化工厂是盐的生产基地。我们吃的食盐大部分来源于此，别看盐是我们生活中一样不起眼的食品添加剂，但它的作用的确不容忽视。它的形成要经过一个复杂而又精密的流程：源头是海水，经过晾晒，生成原盐、卤水，通过蒸发器、沉降器、真空结晶器冷却，又生成了中间产物，进一步分解为粗钾，加水推拌生成精钾浆料最后在离心机内洗涤生成钾、溴、镁盐依次被提出，分类收集，进行再利用。卤粉还用于建筑，是一种重要的材料。由此可见，化学原料、化工生产关系到我们吃住等多方面，与我们的生活是密切相关的。

化学离我们不再遥远，不再是与我无关。相反，它离我们很近，与我们息息相关，是生活中必不可少的一部分。它的发展推动了经济前行。现代化的大都市科学发展是精神支柱是生存的灵魂。只有把化学同生活社会发展联系到一起，才能使化学科技得到突飞猛进地发展。

请多发现你身边的化学，它们其实离我们很近很近。（高三1班　郝月玲）

参考文献

[1]王组浩，王磊主编．普通高中化学课程标准（实验）解读[M]．武汉：湖北教育出版社，2004
[2]王组浩，王磊主编．化学课程标准研修[M]．北京：高等教育出版社，2004
[3]胡国枢．生活教育理论——陶行知教育思想研究[M]．杭州：浙江教育出版社，1991
[4]周天泽．现代生活化学[M]．北京：首都师范大学出版社，1993
[5]曾广植．现代化学的前沿和问题[M]．济南：山东大学出版社，1989
[6]周天泽．开设《生活化学》课刍议[J]．大学化学，1991（06）
[7]　Pimental.G.C. 人人有关的化学教育[J]．牟松玲，华彤文译．大学化学.1988（03）
[8]周天泽．改善化学素质教育的尝试——开设《现代生活化学》课的体会[J]．大学化学，1991（01）
[9]闫娟枝．生活化学指引文科生学化学[J]．太原教育学院学报　2006（S1）
[10]王月娥，王海青．浅谈“生活化学”在中学化学教学中的作用[J]．雁北师院学报，1998（10）
[11]岳靖．生活化学中课程资源的挖掘和利用[J]．科学教育，2006（06）
[12]王云华．化学探究教学中有效情境创设的研究[D]．硕士学位论文，苏州大学，2008
[13]李琴．将社会生活中的化学渗透在化学教学中[D]．　硕士学位论文，华中师范大学，2008
[14]张翠红．让生活走进化学课堂[J]．科学之友，2010（09）
[15]吴富祥．创设生活化的化学课堂[J]．才智，2010（06）
[16]张文波．浅谈化学与生活在高中化学教育中的作用[J]．才智，2008（19）
[17]陈春芳．实施高中化学生活化教学的有效途径[J]．佳木斯教育学院学报，2010（01）
[18]文庆城，李凤．提升学生对化学的理解　培养科学素养[J]．中学化学教学参考，2004（Z2）
[19]赵岩松．谈谈化学教学与生活的紧密联系[J]．林区教育，2006（09）
[20]林玉燕．化学探究性学习[J]．福建教育学院学报，2006（09）
[21]唐天君．《生活化学》课程教学探讨[J]．成都电子机械高等专科学校学报，2003（04）

[22]赵莉.谈谈开设《生活化学》课的必要性[J].陕西教育学院学报，1994（02）
[23]黄梓平.关于《现代生活化学》课程的探讨[J].青海大学学报(自然科学版)，1998（03）
[24]陈腊生，张世勇，余建平.《化学与生活》课程中环境保护专题的内容分析及教学策略探讨[J].现代教育科学，2009（04）
[25]雷琳.浅谈在化学教学中培养学生学习兴趣的方法[J].辽宁教育研究，2003（02）

www.ingramcontent.com/pod-product-compliance
Lightning Source LLC
LaVergne TN
LVHW070932160826
845679LV00018B/1776
9787540253653